Martin Beheim-Schwarzbach

Rittersagen

Illustriert von Victor Ambrus

Ueberreuter

CIP-Kurztitelaufnahme der Deutschen Bibliothek

Rittersagen / Martin Beheim-Schwarzbach. Ill. von Victor Ambrus. –
Wien; Heidelberg: Ueberreuter, 1982.
ISBN 3-8000-2923-5
NE: Beheim-Schwarzbach, Martin [Hrsg.]

J 1267/1

Umschlag und Illustrationen von Victor Ambrus

Papier und Gesamtherstellung: Salzer - Ueberreuter, Wien
Printed in Austria

Tannhäuser

Ritter Windbeutel

Als noch die Kaiser aus dem Geschlecht der Hohenstaufen das »Heilige Römische Reich Deutscher Nation« regierten, lebte der junge Ritter Tannhäuser in – ja, wo lebte er? Er lebte überall und nirgends, wanderte durch die Länder Süddeutschlands, Österreichs und Italiens, blieb hier und da hängen, aber nie lange, nirgends für immer; er wohnte zu Gast in Schlössern oder nächtigte im Heu, ein Tippelbruder und Saufkumpan, ein Windbeutel und fahrender Musikant, ein Minnesänger und Poet.

Einen Ritter konnte er sich nur nennen, weil er von adlig-ritterlicher Herkunft war, aber ein Ritterleben führte er nicht, er hatte weder Roß noch Harnisch und führte kein Schwert. Statt dessen führte er die Laute mit sich und schlug sich mit Gesang und Geklimper durchs Leben. Das Adelserbe kam ihm nicht zu, denn er war der jüngere von zwei Brüdern und ging leer aus, darum zog er es vor, statt den armen Ritter zu spielen, gar keiner zu sein und den Künsten zu dienen.

Dichter und Sänger, ob seßhaft und vermögend oder beides nicht, waren an den Fürstenhöfen beliebt, fanden gastliche Aufnahme und wurden geehrt und gefördert, zumal, wenn sie die alten Tugenden und den Ruhm der Schlachten und die Schönheit der Frauen priesen. Und das tat Tannhäuser in seiner heitren und leichtlebigen Art, seinem lockren Witz und seiner schönen Sangesstimme. Geld konnte er nie lange im Säckel behalten, arm kam er auf den Burgen an, und arm verließ er sie wieder, wie reich ihn hohe Herren und edle Frauen auch bewirtet hatten. Und kehrte er einem Gasthaus wieder den Rücken, so trauerte der Schankwirt ihm nach, obgleich er doch ein Stückchen reicher geworden war.

Man nannte ihn den Ritter Windbeutel, und ein leutseliger Herzog, der Friedrich hieß mit dem Beinamen der Streitbare, schloß ihn ins Herz und schenkte ihm sogar einmal, nachdem er ihn bei den Pfandleihern ausgelöst hatte, einen hübschen Meierhof nahe der Donau; aber dort hielt es ihn nicht lange, zu Viehzucht und Feldarbeit war er nicht begabt. Er verpfändete seinen Besitz und zog wieder in die Welt, wanderte durch Schwaben, Bayern und Tirol, und das Fernweh trieb ihn nach Italien.

In der Stadt Pavia kehrte er bei einem deutschen Edelmann ein, und da machte er zum erstenmal mit der Liebe ernstliche Bekanntschaft. Sein Gastgeber hatte eine niedliche Tochter mit Namen Kunigunde, an die verlor er sein Herz. Mit Saitenspiel, Minneliedern und zärtlichem Geflüster betörte er ihr Herz, bis dem Vater das verstohlene Spiel unbehaglich wurde. Einem Habenichts wollte er sein Kind nicht geben. Er stellte den Jüngling zur Rede, und da bat dieser ihn gleich um die Hand Kunigundes. Da kam er aber übel an. »Meine Tochter«, sagte der Vater, »ist keine Blume des Feldes.«

Tannhäuser tat, als verstände er das nicht. »Wie meint Ihr das?« fragte er.

»Wer mit Euch herumzieht«, sagte der Vater, »muß sich nähren wie die Blümchen auf dem Felde, nämlich vom Tau des Himmels. Bis jetzt, lieber Ritter Tannhäuser, habt Ihr doch von nichts anderem gelebt als vom Himmelstau Eurer Gastgeber und von den Schulden, die Ihr hinterlaßt, wenn Ihr weiterzieht. Nein, daraus kann einstweilen nichts werden, mag auch mein Töchterlein noch so viele Tränlein verschütten. Kommt einmal wieder vorbei, wenn Ihr festen Boden unter den Füßen habt.«

»Es ist immer dasselbe«, murrte Tannhäuser, »der Mammon regiert die Welt. Mich aber soll er nicht regieren!« Dennoch prahlte er: »Daran soll es nicht fehlen. Übers Jahr seht Ihr mich wieder, und dann werdet Ihr staunen, wie prall der Beutel voll Dukaten ist, den ich Euch zu Füßen lege.«

Damit riß er sich von Kunigunde los und schied voller tüchtiger Vorsätze. Aber sie waren doch nur Prahlerei, denn aus dem Beutel mit Dukaten wurde sein Lebtag nichts. Pavia und Kunigunde sahen ihn nie wieder, und ein ganz anderes Abenteuer der Liebe wartete auf ihn.

Frau Venus

Er zog wieder wie zuvor in Deutschland von Land zu Land, von Burg zu Burg, war auf Schlössern zu Gast oder nächtigte in den Scheunen. Kunigunde vergaß er rasch, und auch manches andere Mädchen, dem er mit Gesang und Geflüster das Köpfchen verdrehete, vergaß er desgleichen. Ungebunden und ziellos zu leben, das war seine Art. Er ahnte nicht, daß dunkle Mächte es auf ihn abgesehen hatten, ihn in Fesseln zu schlagen, so sehr, daß eine Sage oder ein Märchen daraus entstand und davon gesungen und geraunt wurde.

Eines Tages wanderte er durch ein sonnenbeglänztes Tal. Es war Frühling, und er war guter Dinge. Da kam ihm eine Gestalt von ungewöhnlichem Aussehen entgegen. Der Mann war in einen schwarzen Mantel gehüllt, obwohl es doch sonnig und warm war. Er hatte ein schwarzes Barett auf dem schwarzwallenden Haupthaar, er hatte tiefschwarze Augen in der ledergelben Gesichtshaut und einen dichten kohlschwarzen Bart, und die Hände hielt er im Ärmel versteckt. Er war hochgewachsen und hager, und seine Augen funkelten dem Wanderer wie glühende Kohlen entgegen.
Tannhäuser war nicht von der furchtsamen Art, aber doch flößte der Anblick des Fremden ihm ein Gruseln ein. Jedoch fing der Mann ein freundliches Gespräch an: »Wohin des Wegs, junger Freund?«
»Nun, immer dahin, wo es hoch hergeht«, versetzte Tannhäuser, »und wo der Tisch für einen wandernden Sänger gedeckt ist.«
»Da seid Ihr auf der richtigen Fährte«, meinte der Schwarze. »Ihr wißt doch wohl, wo Ihr Euch befindet?«
»Keine Ahnung«, sagte Tannhäuser. »Ich habe gar kein Wegziel und wandre nur einfach drauflos.«
»Ihr seid im Gebiet des Landgrafen von Thüringen und nahe bei seinem Wohnsitz, der berühmten Wartburg, auf der sich eben jetzt lauter Dichter und Sänger zusammenfinden, um einen Preis zu gewinnen, den der Graf für den besten Sänger und Versemacher ausgesetzt hat. Auch ich will daran teilnehmen als der Meister Klingsor, der ich bin und der schon manchen Preis gewonnen hat. Laßt uns den Weg gemeinsam machen, ich kenne ihn und kann Euch führen.«
»Aber kommt Ihr denn nicht von dort?« fragte Tannhäuser. »Ihr kamt mir doch entgegen.«
»Falsch, Ihr müßt mit mir umkehren«, sagte der Schwarze. »Vertraut mir nur, ich kenne mich aus.«
Dem Tannhäuser war es recht, und sie schritten unter allerlei Gesprächen munter dahin. »Den Namen Klingsor hab' ich doch schon gehört?« meinte Tannhäuser, und die Antwort des Schwarzen war: »Kann schon sein, das ist ein Sammelname für Geister besonderer Art, die sich auf Zauberkünste verstehen.«
Das war, so schien es Tannhäuser, gewiß ein Scherz, und er ging nicht weiter darauf ein. Nach zwei, drei Stunden Weges tauchte ein bewaldeter Berg vor ihnen auf, und diesen krönten die Türme und Wälle der Wartburg und grüßten von weitem ins Land. Es war auch Musik von dort oben zu vernehmen, und je näher sie kamen, desto ausgelassener kam ihnen das Treiben vor. »Der Sängerkrieg scheint schon im Gang zu sein«, äußerte der Schwarze. »Da kommen wir grad zur rechten Zeit.«
Hier und da lugten Köpfe über die Mauerbrüstung und verschwanden wieder, aber einmal war es ein blonder Mädchenkopf allein, der ein wenig abseits auftauchte und herabspähte, und da wurde es dem Tannhäuser

auf einmal schwer und sonderbar ums Herz, und er meinte, dieses Kind müsse lieb und schön ohnegleichen sein, er wußte selbst nicht, warum und woher diese Empfindung ihm kam.

Da sagte Klingsor: »Für ein so leichtlebiges Herz wie Eures ist die da oben nicht das Rechte. Ihr seid ein Windbeutel – nennt man Euch nicht so? –, aber das Jüngferlein da oben ist Elisabeth, die Tochter des Landgrafen, und sie ist so tugendsam und fromm und mildtätig, daß man sie schon bei Lebzeiten als eine Heilige ansieht.«

Den Tannhäuser wurmte das ein wenig, daß der andere ihn einen Windbeutel nannte, der eines tugendsamen Geschöpfes nicht würdig sei, und er fing an, ihm zu erklären, daß auch er einen ernsten und guten Kern hätte, kam aber nicht sehr weit damit, denn er bekam nur ein Achselzucken und spöttisches Lächeln und zuletzt gar ein »Pah!« zur Antwort. Unterdessen waren sie eine Strecke des Weges, der nun steilan ging, weitergeschritten und hatten hinter einer Biegung des Waldpfades den stolzen Bau der Wartburg aus dem Auge verloren, so daß es gerade so aussah, als hätten sie sich verirrt. Auch war die ferne Musik aus Saiteninstrumenten und Flöten verhallt, aber statt dessen erklang ein anderes, viel süßeres Getön aus einer Grotte ganz in der Nähe, und als Tannhäuser näher hinzutrat, wurde es immer lockender und lieblicher mit schmelzenden und jubelnden Klängen, die ihn ganz umfingen und bezauberten.

Er blickte sich fragend nach seinem Gefährten um, konnte ihn aber nicht sehen, vielleicht war der Mann hinter einen Baum getreten, vielleicht auch, dieses neuen Erlebnisses nicht achtend, weitergegangen. Gut, mochte er nur, aber Tannhäuser wollte es genauer erfahren, was da vorging, und stand plötzlich vor einer Grotte, die sich inmitten des Walddickichts zu einer Schlucht erweiterte, aus der ein feuriger Glanz hervorbrach, als fände ein unterirdischer Sonnenaufgang in ihr statt; und er ging dem Glanz und den Klängen immer weiter nach, bis er ein Märchenbild und -treiben vor sich sah, das einer anderen Welt anzugehören schien.

Was sah er da? Einen Elfenreigen, ein Hin und Her schwebender holder Mädchengestalten in durchsichtigen Schleiern, die beschwingten Fußes auf ihn zukamen und ihm winkten, ihn umtanzten und ihn in ihre Mitte nahmen, und alle hatten ein süßes, verheißendes Mädchenlächeln auf ihren reizenden Gesichtern. Endlich trat eine aus dem Reigen heraus, faßte ihn bei der Hand – ihre weichen und kühlen Finger schlossen sich um seine Gelenke – und zog ihn, der es willig geschehen ließ, sachte mit sich fort. Es ging tiefer in einen Felsspalt hinein, an dessen Ende es sich wie die Pforten des Paradieses auftat.

Denn auf einem Pfühl, der mit lauter roten und weißen Rosen bestreut war, ruhte ein Weib, wie er schöner nie eins gesehen hatte. Ihr entblößter Leib schimmerte wie weiße Seide, ihre Augen strahlten mit tiefem Kornblumenblau ihn an, ihre Arme taten sich gegen ihn auf, indem er nun nahe

an sie herantrat und des Glaubens, eine Göttin vor sich zu haben, vor ihrem Lager auf die Knie sank. Da sagte sie mit leiser zärtlicher Stimme: »Kommst du endlich, mein Tannhäuser, zu deiner Venus, der einzigen und wahren Göttin der Liebe?« und zog ihn an sich.

Der Büsser

Viele Monate – er zählte sie nicht – genoß er die Freuden des unterirdischen Zauberreiches. Immer erklang Musik, ohne Unterlaß umschwebten ihn zarte, duftige Mädchengestalten, dienten ihm, lächelten ihn an und kitzelten ihn wohl auch, und auch kitzelten die leckeren Speisen, die ihm gereicht wurden, seinen Gaumen, und süßer Wein füllte die Becher und umfing seine Sinne mit wohliger Betäubung. Solcherart, im Nichtstun und im Genuß, verrann die Zeit, und das einzige, was die göttliche Frau Venus ihm zu tun erlaubte, war, auf der Laute, die sie ihm reichte, zu spielen und das eine und andere seiner Lieder zu singen, die droben in der Welt so manches Frauenherz betört hatten. Aber es sah nicht so aus, als ob dies auch sie betörte, die schon lange betört schien, denn sie lächelte nur ein wenig mitleidig und nahm ihm die Laute oft wieder fort und bedeutete ihm, lieber auf die Musik zu lauschen, die ihre Elfen und Sylphen und Feen machten und die viel lieblicher klang als die seine.

Nein, mehr durfte er nicht tun als genießen, und darum fing die Üppigkeit all dieser Genüsse im Fortgang der Zeit an, ihm schal zu werden und sich ihm als Überdruß aufs Gemüt zu legen, bis die Last dieses Überdrusses immer ärger wurde und zuletzt bis zur Öde und zum Ekel anschwoll. Dann hockte er mit schlaffen Sinnen da und mochte den Wein und die Speisen und die Mädchen nicht mehr und mußte an die Welt droben denken, die er verlassen hatte, an den würzigen Wald und die billigen Schenken und die stolzen Burgen und die Edeljungfern und die Bauerndirnen und dann, ja dann tauchte immer wieder die ferne Gestalt der frommen und lieblichen Elisabeth in ihm auf, die abseits vom Treiben auf der Wartburg gestanden und, wie er sich ausmalte, nach ihm ausgeschaut hatte, um ihn zur Teilnahme am Sängerkrieg zu laden. Sehnsucht nach Luft und Sonne, nach Waldesrauschen und Quellengemurmel ergriff den Gefangenen, dem es immer schmerzhafter auf die Seele fiel, daß er eine Schuld auf sich geladen, eine Sünde begangen hatte, indem er sich einem Götzendienst, dem Dienst an der heidnischen Frau Venus, ergab.

Als es nun schließlich ganz unerträglich wurde, raffte er allen Mut zusammen, trat vor Frau Venus und bat sie um Urlaub, da er, wie er sagte, sich noch einmal umtun wollte.

Da erschrak sie und vergoß Tränen, denn sie liebte ihren irdischen Ritter und wollte ihn nicht verlieren. Sie versuchte ihn umzustimmen, aber erkannte bald, daß sie ihn so nicht zu halten vermochte. Da sagte sie:

»So geh und tu dich in der Welt um, aber versprich mir, zurückzukommen, sobald du von der Welt genug hast.« Und das, so dachte sie bei sich im stillen, wird bald genug sein!
Das versprach er ihr, und sie sagte, indem sie ihn noch einmal umarmte: »So untreu du mir jetzt bist, so treu will ich dir sein«, und ließ ihn ziehen. Und auf einmal verstummten die zauberischen Klänge, und es verblaßte der Lichtschein, der von der Kuppel des Gewölbes erstrahlte; Dunkelheit umfing Tannhäuser, und ehe er sich's versah, fand er sich im Moos liegen, und über ihm rauschten die alten Bäume des Waldes.
Als er nun, noch ganz benommen, um sich sah, kam ein Pilger auf ihn zu, ein alter Mann mit Wanderstab, Pilgertasche und breitrandigem Hut, in der Kutte eines Mönches, und blieb vor ihm stehen. Dann ließ er sich vernehmen: »Habt ein Schläfchen getan, Herr Wanderer? Es ist wieder ein schöner Tag – wohin denn des Weges?«
»Ich bin unterwegs nach der Wartburg, am Sängerkrieg teilzunehmen«, erwiderte Tannhäuser.
Da lächelte der Alte und sagte: »Oh, das ist lange her, daß dort der letzte Sängerkrieg stattfand, und die Wartburg ist recht weit von hier entfernt. Es ist grad, als kämt Ihr eben aus dem Hörselberg hervor, der berüchtigten Venusstätte, und wäret noch bezaubert davon.«

Tannhäuser schwieg betroffen, und nach einer Weile fuhr der Alte fort: »Es ist eine große Sünde, dort zu verweilen im Schoße der Liebesgöttin, glaubt mir, Herr Wanderer und Sänger, wenn ich Euch so nennen darf, da Ihr doch am Sängerkrieg teilnehmen wolltet. Man nennt mich Eckart, den Getreuen, da ich als Warner und Mahner durch die Welt ziehe, um verirrte Menschenkinder vom Weg des Verderbens abzuhalten. Ich sage Euch: Geht nicht in den verfluchten Berg, den man den Hörselberg nennt, denn dort befindet sich ein Reich, in welchem für flüchtige Sinneslust die ewige Seligkeit dahingegeben wird. Wer sich je auf diesen Handel eingelassen hat, dem wird schwerlich Vergebung gewährt werden können, es sei denn durch eine Pilgerfahrt nach Rom und den Fußfall vor dem Heiligen Vater, der über die Christenheit wacht.«
Tannhäuser war inzwischen aufgestanden und hatte sich das Moos von den Kleidern geklopft und seinen Wanderstab zur Hand genommen, dann nahm er Abschied von dem Pilgersmann und setzte in tiefen Gedanken seinen Weg fort. Aber er hatte die Richtung verloren und wußte nicht, wohin er ging, denn zu sehr hatte das Erlebnis im Hörselberg ihn verwirrt. Endlich vernahm er das Läuten von Glocken und gelangte in ein Dorf, dessen Kirchlein gerade zum Gottesdienst rief. Da faßte er sich ein Herz und ging in die Kirche und trat nach dem Gottesdienst in den Beichtstuhl, um dem Pfarrer seine Sünde zu beichten. Da sagte der Pfarrer: »Diese Sünde ist groß und schwer, mein Sohn, und kann nur vom Heiligen Vater vergeben werden. So pilgere ungesäumt nach Rom und wirf dich dem

Heiligen Vater zu Füßen; vielleicht, daß er dir eine Buße auferlegt und dir Vergebung gewährt.«
Tannhäuser machte sich auf den Weg und traf auf der Landstraße einen Zug von Pilgern und Büßern; dem schloß er sich an, denn dies war der sicherste Weg, nach Rom zu gelangen. Sie waren alle zusammen viele Wochen, ja Monate unterwegs und litten mancherlei Entbehrungen, aber zuletzt gelangten sie nach Rom. Die Stadt der Sieben Hügel tauchte vor Tannhäusers sehnsüchtigen Augen auf, und nahe dem Petersdom schien ihm Befreiung von seiner Schuld zu winken. Er war abgezehrt und erschöpft, Hunger und Durst, Hitze und Kälte hatten ihm arg zugesetzt, und nun erfuhr er, daß der Heilige Vater in seinem herrlichen Garten spazierenginge, um über die Sünden der Welt nachzudenken.
Da verschaffte Tannhäuser sich heimlich Eintritt in diesen Garten, und es fügte sich so, daß die Wächter des Papstes mit ihren Hellebarden ihn nicht bemerkten. Er trat vor den Hüter der Christenheit hin, warf sich ihm zu Füßen und flehte reumütig um Vergebung und Gnade.
Lange blickte das Oberhaupt der Geistlichkeit schweigend auf den Sünder herab, der kniend im Flüsterton ihm sein Erlebnis beichtete und in seiner Seelenangst nicht aufzublicken wagte. Dann endlich vernahm er die Stimme des Papstes, die eintönig und hart klang und ihm wie die Posaune des Weltgerichtes ans Ohr drang:
»Allen Sündern kann vergeben werden, nur dem kann nicht vergeben werden, der bei Frau Venus im Hörselberg geweilt hat. Wer diese Schuld auf sich lud, der bleibt verworfen. Und ich sage dir, eher wird sich dieser dürre Stab in meiner Hand mit frischem Grün bedecken, als daß dir Vergebung zuteil wird.« Damit stieß er seinen knorrigen Stab, auf den er sich zu stützen pflegte, in die Erde und wandte sich ab. Seine Wächter ergriffen den Sünder und führten ihn aus dem Garten hinaus. Verzweiflung im Herzen, stürzte er davon.

Der falsche Richterspruch

Am anderen Tag nach diesem Spruch ging der Heilige Vater wieder in seinem Garten spazieren, um über die Sünden der Welt nachzudenken. Als er an die Stelle kam, wo der fremde Büßer vor ihm hingekniet war, sah er den dürren Stab mit frischen Blättern und Blüten geschmückt.
Staunend und tief ergriffen hob er seine Hände zum Himmel und betete: »O Herr, mit einem Wunder hast du mich, deinen Stellvertreter auf Erden, belehrt, daß deine Gnade unerschöpflich ist. Anders hast du geurteilt als ich, der ich in meinem Urteil gefehlt habe: du, der höchste Richter im Himmel und auf Erden. So vergib du auch mir in deiner Gnade, der du gesprochen hast: Richtet nicht, auf daß ihr nicht gerichtet werdet.«

Nach diesem Gebet befahl er seinen Dienern, den Pilger zu suchen und wieder vor sein Angesicht zu bringen. Sogleich suchte man überall in der Ewigen Stadt nach dem Fremdling, aber man fand ihn nicht, denn man wußte nicht, wohin er sich gewandt hatte.
Er aber, der sich solcherart verworfen und verurteilt fühlte, wanderte wochenlang, monatelang durch Italien und über die Alpen bis nach Thüringen in die Gegend, wo die Wartburg stand, bis er in den Wald kam, wo sich ihm der Hörselberg aufgetan hatte. Und als er den greisen Pilger, der sich den getreuen Eckart genannt hatte, von weitem daherkommen sah, versteckte er sich am Wegrand, bis der andere vorüber war. Danach klang süße, lockende Musik an sein Ohr, die zauberische Grotte tat sich vor ihm auf, die lieblichen Kinder nahmen ihn bei der Hand und führten ihn in das Innere, bis er vor der schönen Frau Venus, der Göttin der Liebe stand, die ihre Arme ausbreitete, um ihn zu empfangen. Fortan aber hat man nie wieder etwas von ihm gehört, und nur die Sage kündet seine Geschichte.

Parzival

WIE GAHMURET DIE KÖNIGIN HERZELOIDE GEWANN UND WIEDER VERLIESS

König Gamdin von Anjou starb und hinterließ seinem ältesten Sohn die Krone, die Herrschaft, die Burgen und die Länder; der jüngere aber, Gahmuret mit Namen, erbte nichts als eine Rüstung und ein Roß nebst einigen Knappen und Dienern – so bestimmte es das Gesetz des Landes Anjou. Er zog in die Welt hinaus und war bereit, an Stelle eines Königreiches, das ihm das Schicksal vorenthielt, kühne Abenteuer zu bestehen und so sein Glück zu machen.

Er gelangte ins Morgenland und gewann die Liebe der Sarazenenfürstin Belakane, der er mit seinem Schwert und seinem Mute beistand, ihr Land gegen ihre Feinde zu verteidigen. Da nahm sie ihn zum Gemahl und machte ihn zum Herrscher ihres Landes, aber es bedeutete ihm wenig, über ein Volk von Heiden zu herrschen. Neue Abenteuer lockten ihm mehr als diese Krone; er riß sich aus ihrer zärtlichen Umarmung und segelte aufs Meer hinaus. Nach mancherlei Irrfahrten warf ihn ein Sturm an die Küste Hispaniens. Hier erreichte ihn die Nachricht, daß der König des Landes Waleis gestorben war und daß die Königin, die Herzeloide hieß, ihre Hand und die Krone demjenigen Ritter versprochen hatte, der auf dem großen Turnier, das sie veranstalten wollte, den ersten Preis errang.

Dies lockte ihn mächtig, denn seine Kunst, das Schwert und die Lanze zu führen, hatte bislang über jeden Gegner triumphiert. Er ritt in die Hauptstadt des Landes und schlug am Rande des Turnierplatzes sein Zelt auf, und als Herzeloide ans Fenster ihrer Burg trat, fiel ihr Blick auf den stattlichen Ritter, der sich Gahmuret von Anjou und König eines fernen sarazenischen Landes nannte. Nie glaubte sie einen stolzeren Helden gesehen zu haben, und Glückseligkeit erfüllte ihr Herz bei dem Gedanken, daß diesem der erste Preis zufiele. Keinem anderen, dachte sie, könne sie ihre Hand in Liebe reichen.

Als die Kampfspiele begannen, stellte sich bald heraus, daß keiner dem Ritter Gahmuret gewachsen war. Er stieß jeden Gegner vom Roß und warf im Zweikampf zu Fuß jeden zu Boden, und da war manch einer, der nicht wieder aufstand. Mit klopfendem Herzen verfolgten die Zuschauer auf der Terrasse des Palastes und die Menge des Volkes am Rande der Wiese das erregende Schauspiel.

Als aber das Turnier zu Ende war und auf einstimmigen Beschluß der Schiedsrichter der erste Preis dem fremden Ritter zugesprochen wurde, hatte Gahmuret sich in sein Zelt zurückgezogen und kam nicht wieder zum Vorschein. Wie schlug das Herz der Königin in freudiger Begeisterung, aber alsdann in bitterer Enttäuschung, als sie vernahm, daß die Liebe Gahmurets einer schönen Sarazenenfürstin gehörte und er ihr die Hand zur Ehe nicht reichen könnte. Als sie ihn zum Festmahl bat, gebot ihm der höfische Anstand, ihrer Aufforderung zu folgen, denn es hätte eine schwere Kränkung der Königin bedeutet, sich ihrem Wunsch zu verweigern.

Um Mitternacht wurde der Spruch des Gerichtes feierlich verkündet und lautete: »Wer in diesem Turnier den Schild erhoben, den Helm festgebunden und die Lanze eingelegt hat, der hat sich damit dem Willen und Spruch der Königin und ihrer Ritterschaft unterworfen. Und so teilen wir dem Ritter Gahmuret von Anjou, König im Morgenland, den Preis des Sieges zu, den er zu beanspruchen hat und den anzunehmen nicht nur sein Recht, sondern auch seine ritterliche Pflicht ist.«

Da ging dem Ritter Gahmuret auf, daß er sich durch die Teilnahme an dem Turnier der Königin Herzeloide verbunden hatte. Sein Blick irrte unsicher durch den Raum und blieb am Antlitz der Königin haften, die ihm schöner als alle Frauen schien, die er gesehen hatte. Da mußte er zu ihr gehen und das Knie vor ihr beugen, und sie hob ihn auf und gab ihm den Kuß des Verlöbnisses.

Mit Pracht und Prunk und Wettspiel und Musik wurde die Hochzeit gefeiert, und so lebte die Königin Herzeloide im Glück unsagbarer Liebe.

Aber eine erfüllte Liebe war es nicht, und die Seligkeit währte nur ein Jahr. Sie erkannte bald, daß seine Sinne bei jener Sarazenenfürstin waren, die er nicht vergessen konnte, und daß er nicht nach ruhiger Königswürde und weisem Herrschertum trachtete, sondern nach einem unsteten Leben mit Wagnissen, Kämpfen und Abenteuern. Und eines Tages gestand er ihr, daß ihn ernste Ritterpflichten übers Meer riefen, weil ein ihm befreundeter Mohrenkönig von Eindringlingen arg bedrängt würde und ein gegebenes Wort ihn zwänge, dem Freunde zu Hilfe zu kommen. Sie wußte, daß sie ihn nicht halten konnte, und nahm ihm das Versprechen ab, zu ihr zurückzukehren. Dann ließ sie ihn blutenden Herzens ziehen.

Kurz darauf schenkte sie einem Sohn das Leben, den taufte sie Parzival, das bedeutet »Stoße durchs Tal«. Noch ehe das Kind sprechen konnte, traf ein Knappe von jenseits des Meeres ein und brachte ihr die Nachricht, daß Gahmuret, ihr Gemahl, im Kampf gegen heidnische Übermacht und durch einen bösen Zauber überlistet, getötet worden war. Das brach ihr schier das Herz, sie aß und trank nicht mehr und ließ ihre herrscherlichen Pflichten fahren und verfluchte alles Rittertum, das sich Abenteuern hingab, statt der Liebe oder Gott zu dienen.

Wie Parzival als reiner Tor aufwuchs, vom lieben Gott erfuhr und Rittern begegnete

Vom Schmerz ganz zerrissen, beugte sich Herzeloide über die Wiege ihres Kindes und klagte: »Dein Vater mochte nicht bei mir bleiben und ist im Streit erschlagen worden, und nun habe ich nur noch dich, mein Parzival, mein kleiner Prinz! Aber wahrhaftig, daß auch du einmal im Streit erschlagen wirst, das will ich nicht dulden. Ein Prinz und ein Ritter sollst du nicht sein, sondern ich will dich bewahren vor den Übeln und Gefahren der Welt, vor dem Übermut der Könige und Ritter. Niemals sollst du erfahren, wer du bist, mein Kind. Als ein unwissender Tor, aber reinen Herzens, sollst du aufwachsen, Waffen sollst du nicht tragen, töten sollst du nicht, und nicht sollst du getötet werden, vom Glanz der Höfe und vom Getümmel der Schlachten und von der Eitelkeit des Zweikampfes sollst du nichts wissen.«

So redete sie vor sich hin und in sein Herz hinein und weinte noch viele Tage.

Dann faßte Herzeloide einen Entschluß. Sie setzte einen Verweser für ihr Land ein und verließ mit ihrem Söhnchen und einigen wenigen Getreuen die Stadt.

Durch hohe Berge und dichte Wälder von der Welt abgeschnitten, lag in einer Rodung das Gehöft Soltane, das ihr gehörte, in tiefer Einsamkeit. Dort ließ sie sich nieder, fern von allem Getriebe der Menschen und in ländlichem Frieden, von nur wenigen Dienern umgeben und den Tieren des Waldes nahe. Dort sollte Parzival aufwachsen, keine Kunde von Königswürde und Rittertum sollte ihn hier erreichen. Das Gesinde mußte ihr feierlich schwören, dem Kind mit keinem Wort etwas von seiner Herkunft zu verraten.

Sie wurde zur Einsiedlerin, zur Bäuerin, sie arbeitete auf dem kleinen Acker, der das Gehöft umgab, und im Walde, nichts wollte auch sie mehr davon wissen, daß sie eine Königin war. Sie pflügte, säte, mähte und erntete und tat es den guten Leuten gleich, die bei ihr waren. Ihre Hände wurden rauh, ihr Goldhaar verfilzte, den Königsreif hatte sie daheim gelassen und auch allen Schmuck.

Auf der Wiese und im Wald wuchs Parzival auf und ahnte nichts von den Abenteuern, denen er entrückt war. Er kannte nicht einmal seinen Namen, denn seine Mutter rief ihn nur mit Koseworten. Doch eins konnte sie ihm nicht verwehren: den Bogen und den Pfeil. Denn als er um die zehn Jahre alt geworden war – die doch keiner gezählt hatte –, war er darauf verfallen, sich aus einem federnden Aststück der Esche und einer Schnur, die er im Haus zwischen Gerümpel gefunden hatte, einen Bogen und aus einem gradegewachsenen Zweig einen Pfeil zu machen, ohne daß ihm jemand dies beigebracht hätte, und er hatte Freude daran, seinen Pfeil in die Höhe zu schießen, hoch über den höchsten Baum oder über das Hausdach hinweg, und auch von weitem auf die Baumstämme zu zielen, und wenn er traf, machte es ihm solchen Spaß, daß er sich stundenlang damit beschäftigen konnte.

Eines Tages zielte er auf einen kleinen Vogel und traf ihn, so daß der Vogel zu Boden stürzte und hilflos zuckend und mit den Flügeln flatternd liegenblieb. Parzival trat herzu und kniete vor dem sterbenden Tier nieder und meinte den Schmerz und Todeskampf des kleinen Geschöpfes in der eigenen Brust zu fühlen. Er vergoß Tränen, lief ins Haus und klagte der Mutter das Leid, das er angerichtet hatte.

Da erschrak sie heftig, daß er sich eine Waffe gemacht und mit ihr getötet hatte, schalt ihn aus und nahm ihm Pfeil und Bogen fort. Fortan streifte er mit leeren Händen durch den Wald und dachte mit gequältem Herzen darüber nach, wie er mit Lust Schmerz ausgeteilt hatte, und es wollte ihm nicht in den Sinn, wie das zuging, und es ließ ihm keine Ruhe, daß er den Schießbogen nicht mehr hatte, um nach den Vögeln oder anderen Tieren schießen zu können, obwohl er doch Mitleid mit ihnen hatte.

Seiner Mutter versprach er, kein Tier mehr zu töten, und sie küßte ihn gerührt und sagte: »Da hast du wahrhaftig recht, liebes Kind. Was haben uns die armen unschuldigen Geschöpfe getan, daß wir sie blutig verfolgen? Gott hat sie doch geschaffen, damit auch sie sich ihres Lebens freuen.«

Parzival dachte lange darüber nach, was sie damit gemeint haben könnte, und fragte eines Tages: »Mutter, wer ist das, Gott?«

Wie sollte sie es ihm erklären? Nachdenklich, um die rechten Worte zu finden, strich sie ihm übers Haar. Dann sagte sie: »Ich kann ihn dir nicht zeigen wie einen Baum oder einen Hirsch oder eine Wolke. Er ist immer und überall. Er stirbt nie, und er hat alles Leben gemacht, wie er auch dich und mich gemacht hat. Sehen wirst du ihn nie, aber du kannst ihn fühlen, wenn du ganz, ganz still bist und nicht mehr an dich selbst denkst. Er strahlt wie die Sonne und ist zugleich dunkel wie die Nacht und ist so voll Fülle wie die Sterne am Himmel, die man nicht zählen kann. Darum sollst du ihn lieben, und er liebt ja auch dich. Er liebt dich so sehr, wie ich dich liebe.«

Über diese Worte mußte Parzival ernsthaft nachdenken und ging umher mit gefurchter Stirn vor lauter Nachdenken. Aber eines Tages sagte die Mutter etwas zu ihm, worüber er noch angestrengter nachdenken mußte. Sie sagte: »Der liebe Gott« – so nannte sie Gott – »hat aber auch einen Feind. Das ist der Böse, der Teufel. Auch er wohnt überall. Er strahlt nicht wie die Sonne, sondern er schillert wie Schlamm. Er riecht übel wie ein verfaulter Kadaver und ist häßlich wie eine Kröte. Er versteckt sich im Dickicht, aber auch in den Herzen der Menschen, und sie wissen es nicht. Ihn sollst du hassen und bekämpfen.«
»Wie kann ich ihn bekämpfen, Mutter?« wollte er wissen.
»Indem du Gott liebst«, erwiderte sie.
Indes er älter wurde, sprach sie mit ihm über vielerlei andere Dinge. Auch mußte ein Diener ihn lehren, Wild zu erlegen, und ungeachtet er sich vorgenommen hatte, niemals zu töten, vergaß er es doch und mußte es tun, damit sie lebten, und dumpf brodelte der Zwiespalt in seinem Herzen. Aber immer wieder überwog der Frohsinn seines Gemütes, und er wurde geschickt darin, das Reh mit so wohlgezieltem Wurf des Speeres zu treffen, daß es nicht litt. Er brach einen Weidenzweig vom Strauch, höhlte ihn aus und schnitzte sich eine Flöte, das hatte ihm einer vom Gesinde gezeigt. Er lernte von ihm Lieder und blies sie vor sich hin, wenn er im Wald auf einem Baumstamm saß und den Schmetterlingen zusah, die mit ihrer Buntheit seine ganze Freude waren. Zuweilen fing er sich einen und konnte sich daran nicht satt sehen, ließ ihn aber zärtlich wieder fliegen.
Einmal erdröhnte der Waldboden, und das Stampfen von Rossehufen kam näher. Da dachte er: Vielleicht ist es der Teufel, und sprang hinter einen Baum, den Jagdspieß wurfbereit in der Hand. Nur das Böse, dachte er, kann so häßlich und gewalttätig daherkommen.
Es brachen drei Reiter hintereinander aus dem Wald in die Lichtung. Der vorderste war ganz in Eisen gehüllt, das hatte er noch nie gesehen. Der mittlere, dessen Roß von dem vorderen am Zügel gehalten wurde, war mit einem Tuch bedeckt, das nur ein kleines Stück des Gesichtes frei ließ, und war eine Frau. Der dritte Reiter war wieder einer aus Eisen.
Da sprang Parzival aus seinem Versteck hervor, schwang seinen Spieß und schrie dem vordersten Reiter entgegen: »He, halt an, bist du Gott, oder bist du der Teufel?«
Sie hielten an, und der vorderste Mann klappte sein Visier hoch, daß Parzival sah, es war nur ein Mann mit buschigen finsteren Augenbrauen, und der sagte: »Es ist nur ein Kind. Und ein Narr obendrein. Geh aus dem Weg, Junge, und pack dich.« Damit stoben sie davon. Ratlos sah der Knabe ihnen nach.
Es dauerte nicht lange, dann kam noch ein eiserner Reiter in scharfem Trabe heran, auch dem trat Parzival in den Weg und fragte: »Bist du Gott oder der Teufel?«

Der Reiter zügelte sein Roß, klappte sein Visier hoch, beugte sich herab und sagte lachend: »Weder Gott noch Teufel bin ich. Wer bist denn du, Kleiner?«
Darauf wußte der Knabe keine Antwort, weil er seinen Namen nicht kannte, und er starrte den Reiter nur neugierig an.
Dann sagte er: »Wenn du nicht Gott und auch nicht Teufel bist, wer bist du dann?«
Der Mann erwiderte freundlich: »Ich bin ein Ritter, aber sage mir, sind hier nicht vor kuuzem drei Reiter vorbeigekommen, zwei Ritter und eine Frau?«
Parzival bejahte und fragte: »Was ist das, ein Ritter?«
Da mußte der Mann wieder über die Einfalt des Knaben lachen und sagte: »Nun, ein Ritter ist ein Ritter. Die beiden Ritter, hinter denen ich her bin, sind zwei böse Ritter, die meine Schwester entführt haben.«
»Dann sind Ritter Teufel?« fragte Parzival.
»Nein, wahrhaftig nicht«, war die Antwort, »sondern wenn es rechte und edle Ritter sind, sind sie Diener Gottes. Aber ich verstehe nicht, wie du so töricht fragen kannst. Du siehst gescheit und aufgeweckt aus, Kleiner.«
»Sag mir doch, was Ritter sind!« bat Parzival.
»Es sind vornehme, edle Männer, von vornehmer, edler Herkunft und Gesinnung, sie dienen Gott und den schönen Frauen, und weil sie viel untereinander kämpfen, tragen sie Rüstungen aus Eisen. Möchtest du nicht auch einer werden?«
»Ja, das möchte ich!« rief Parzival. »Kannst du mich nicht zum Ritter machen?«
»Nun, so schnell geht das nicht«, sagte der Ritter. »Zuvor mußt du von edler Herkunft sein und mußt das Schwert zu führen wissen und dich aufs Lanzenstechen verstehen, damit du im Zweikampf und in Turnieren deinen Mann stehen kannst; auch reiten mußt du können und mußt edlen und schönen Frauen dienen und sie verteidigen, wenn sie in Gefahr sind, und bei alledem mußt du Gott lieben und das Böse hassen. Aber zuallererst mußt du erwachsen und ein Mann sein, jetzt bist du ja noch ein Kind. Und wenn alles dies so ist, wie ich gesagt hab', dann geh zum großen König Artus auf sein Schloß Karidol und bitte ihn, dich zum Ritter zu schlagen.«
»Ja, das verstehe ich alles«, rief da der Knabe. »Nimm mich bitte mit, Ritter, und bring es mir alles bei!«
Da schüttelte der Ritter den Kopf und sagte, wie man zu Kindern zu sagen pflegt: »Ein andermal, Kleiner. Jetzt hab' ich keine Zeit. Ich will hinter den beiden Bösewichtern her, die meine Schwester geraubt haben, und mit ihnen kämpfen. Leb wohl, grüß deine Mutter, denn du wirst wohl eine haben, und sag ihr, sie soll dich nicht so dumm wie ein Bäuerlein oder einen Narren bleiben lassen!«
Damit sprengte er davon.

Wie Parzival als Narr in die Welt hinauszog

»Ich habe einen Ritter getroffen und möchte auch einer werden!« rief Parzival seiner Mutter gleich entgegen, als er zu Hause ankam. Er hatte sich beeilt, zu Hause anzukommen, und konnte es gar nicht abwarten, seiner Mutter zu sagen, wonach ihm der Sinn stand.

Da war Herzeloide sehr beklommen zumute, und sie suchte auf mancherlei Weise, den Sohn davon abzubringen, daß er in die Welt hinausziehen und ein Ritter sein wollte. Aber sie mußte bald einsehen, daß ihre Mühen umsonst waren, zu tief stak dem Sohn der ritterliche Sinn im Gemüt. Wie sorgsam war sie bestrebt gewesen, ihr Kind vor dem Schicksal Gamurets, ihres Gemahls, zu bewahren.

Aber noch gab sie das Spiel nicht verloren; Tage, Wochen und Monate vergingen, und immer noch stürmischer wurde das Begehren des Jünglings, seine erwachenden Kräfte mit den Kräften der Welt zu messen, er wurde zum Manne, und Kraft, Ehre und Edelmut reiften in ihm heran, aus eigenem Vermögen und ohne daß jemand diese Eigenschaften gesät und gezüchtet hätte.

Da mußte sie erkennen, daß Gottes Wille in dem Jüngling wirkte und daß es ihr unmöglich war, den Sohn für immer an sich und an ein Leben ohne Ereignisse zu binden. Darum entschloß sie sich schließlich zu einem letzten Wagnis: Als einfältigen Narren, als Tor wollte sie ihn ziehen lassen, denn vielleicht, so dachte sie, würde der Hohn und Spott der Welt ihm die Lust an Abenteuern vergällen.

»Wenn du wirklich ziehen willst«, seufzte sie, »kleide ich dich so zierlich und fein, daß du überall Wohlgefallen erweckst.«

Was tat sie? Sie sammelte bunte Flicken, nahm einen Kittel aus grobem Sackleinen und nähte die Flicken darauf, so wurde ein rechtes Narrenkleid daraus. Die Hose schnitt sie aus einem Kalbsfell, mit der rauhen Fläche nach außen, dem scheckigen Haar, auch das sah närrisch aus. Und aus dem Stall wählte sie als Reitpferd eine recht grobe und derbe Mähre, wie der Bauer sie auf dem Acker verwendet, und machte aus Schweinshäuten einen Sattel, und so war die Ausrüstung für den Jüngling fertig. Er war sich nicht dessen bewußt, welch absonderliches Bild er abgab. Als Waffe nahm er seinen kurzen Jagdspieß zur Hand und schwang sich frohgemut in den Sattel, nachdem er seine Mutter von Herzen zum Abschied geküßt hatte.

Sie aber prägte ihm noch mütterliche Lehren ein: »Sei zu jedermann, sei es ein Alter oder Junger, ein Reicher oder Armer, höflich und voller Achtung und suche mit niemandem Streit. Wo du aber Unrecht erkennst, da streite für das Rechte. Habe den lieben Gott im Herzen und halte den Bösen von dir fern. Und noch eins: Wo du, als Zeichen des Grußes, Reif oder Ring einer edlen Frau erwerben kannst, nimm Reif oder Ring und halt ihn in Ehren, das ist dir zur Freude, und küsse sie, wenn sie dir den Kuß in Keuschheit gewährt, das bedeutet Glück. Und nun vernimm endlich

deinen Namen, auf den du getauft bist: Du heißt Parzival. So lebe wohl, lieber Sohn.«

So wußte er nun seinen Namen, aber wer sein Vater war und welchen Ranges seine Mutter, das verriet sie ihm nicht. Sie blieb in Kummer zurück, und je weiter er fortritt, desto schwerer lastete der Kummer auf ihrem Herzen, bis es ihn nicht mehr ertrug und aufhörte zu schlagen. Sie starb, ohne daß er es erfuhr, und sie sahen sich nie wieder.

Er trabte aus dem tiefen Wald ins freie Land hinaus und begegnete Leuten, die über seinen närrischen Aufzug lachten, aber das nahm er freundlich auf und grüßte jeden freundlich zurück. Am meisten lachten sie, wenn er nach dem Weg zum großen König Artus fragte. Den konnte keiner ihm weisen. Und gefragt, was er denn dort wolle, erwiderte er: »Zum Ritter will ich mich schlagen lassen vom König Artus«, und dann lachten sie noch lauter, aber es verdroß ihn nicht.

Eines Tages kam er an ein Zelt, das im Schatten einer Baumgruppe stand, und durch den offenstehenden Zeltvorhang sah er eine schlafende Frau. »Das fügt sich gut!« sagte er sich und dachte an die Worte seiner Mutter. »Nun kann ich Reif oder Ring einer edlen Frau gewinnen.« Er kniete neben sie, zog ihr den Reif vom Arm und küßte sie auf den Mund.

Sie schlug die Augen auf, sah seinen närrischen Aufzug, stieß sein Gesicht von sich weg und suchte ihm den Reif wieder zu entreißen. Er sagte, indem sie miteinander rangen: »Habt keine Angst! Ich nahm Euch den Reif, weil meine Mutter es mir riet, und küßte Euch, weil das Glück bringt. Ich heiße Parzival, und Ihr, edle Frau?«

Da dachte sie, er wäre ein Page, der den Verstand verloren hatte, und rief: »Friß mich nur nicht auf! Ich bin Jeschute, die Frau des Grafen Orilus von Lalande, der dich totschlägt, wenn er dich hier findet, und mich dazu! Mach, daß du fortkommst, junger Narr. Nimm dies Stück Brot und trink diesen Becher Wein, und dann fort mit dir!«

»Ich fürchte mich nicht, warum sollte er mich töten?« entgegnete Parzival, aber sie drängte ihn fort und vergaß dabei, daß er ihren Armreif hatte, und so ritt er von dannen.

Wie Parzival seine Herkunft erfuhr und vor König Artus trat

Eines Tages, als Parzival auf seinem Ackergaul einen Abhang hinunterritt, vernahm er in der Nähe ein Geräusch, das wie das Schluchzen einer Frau klang. Indem er näher ritt, sah er eine Frau am Boden kauern, die den Kopf eines toten Mannes, der ein Ritter gewesen zu sein schien, im Schoß hielt. Dies war der erste Tote, den er zu Gesicht bekam, und es kroch ihm kalt über den Nacken, denn das Gesicht des Toten war ganz mit Blut bedeckt. Er trat an die Frau heran und sagte: »Wenn einer Euern Mann erschlagen hat, sagt mir, wer es war, und ich will ihn auf der Stelle rächen.«

Sie hob den Kopf und erwiderte: »Du bist absonderlich angekleidet, aber du scheinst ein mutiger junger Kämpfer zu sein, hast aber keine Rüstung und kein Schwert, um mit dem Mann, der meinen Verlobten getötet hat, anbinden zu können. Auch ist das ein Ritter und kann nicht mit einem kämpfen, der keiner ist und so daherkommt wie du, in einem Narrenkittel und mit einem Spieß.«

»Warum hat der Ritter Euren Verlobten erschlagen?« wollte Parzival wissen, und sie erwiderte, indem sie erneut in Tränen ausbrach: »Es war meine Schuld, denn ich war voller Hochmut und forderte einen zu hohen Preis für meine Liebe und wollte, daß die Männer um meine Liebe kämpften, und so hat dieser hier um meinetwillen sein Leben verloren.«

»Das ist schwer zu verstehen«, meinte Parzival nachdenklich. »Aber wenn Ihr einverstanden seid, will auch ich um Eure Liebe kämpfen und Euren Reif oder Ring gewinnen.«

»Du bist ein rechter Tor«, sagte sie. »Wie heißt du und woher kommst du?«

»Ich heiße Parzival, und meine Mutter heißt Herzeloide, aber wer mein Vater ist, kann ich nicht sagen, ich habe keinen.«

Da stutzte die Frau, und nach einer Weile sagte sie: »Wenn du Parzival bist und deine Mutter Herzeloide heißt, so kenne ich deine Geschichte und will dir sagen, wer du bist. Ich bin Sigune, das Kind des Bruders deiner Mutter, und ich weiß, was geschah, als deine Mutter erfuhr, daß Gahmuret, ihr Gemahl, getötet sei. Gahmuret war dein Vater, ein König im Morgenland, Herzeloide aber, deine Mutter, ist Königin des Landes Waleis und ist mit dir in die Einsamkeit gezogen, um dich vor den Gefahren und Übeln der Welt zu bewahren. So bist du also ein Königskind, und es gebühren dir Rüstung und Waffen eines Ritters. Was du aber tun sollst, um ein Ritter zu werden, das kann ich dir nicht sagen, das weiß ich nicht.«

»Ich weiß es aber«, erwiderte er und war froh, daß er klüger war als sie. »Ich gehe an den Hof des Königs Artus auf das Schloß Karidol und lasse mich von ihm zum Ritter schlagen.«

Danach trennte er sich von Sigune und verfolgte seinen Weg weiter, und nach einigen Tagen begegnete er einem Ritter, dessen Anblick ihn in Erstaunen versetzte. Alles an seiner Erscheinung war prächtig und flammte in feurigem Rot – Helm, Ringpanzer und Arm- und Beinschienen, auch das Zaumzeug und die Schabracke des Rosses.

Parzival dachte an die Ratschläge seiner Mutter und sagte: »Ich grüß' Euch, Herr Ritter. Eure Rüstung hätte ich wohl gern!«

Der Ritter mußte lachen und fragte: »Wer bist du, junger Narr, daß du so großspurig daherredest?«

»Ich bin Parzival, Sohn Gahmurets, Königs im Morgenlande, und meine Mutter ist die Königin Herzeloide von Waleis.«

»Davon habe ich wohl gehört«, sagte der Ritter, »aber kaum kann ich's glauben, denn du siehst nicht nach einem Königssohn aus.«

»Wenn Ihr mir erlaubt, mit Euch um Eure Rüstung zu kämpfen«, sagte Parzival, »werde ich wohl wie ein Königssohn aussehen.«
Ein Wort gab das andere, aber der Ritter weigerte sich, mit Parzival zu kämpfen. Dennoch war er, da ihm Gesicht und Gebaren des Jünglings von edler Art schienen, im Zweifel, ob der nicht doch die Wahrheit spräche, und nahm dessen Absicht, zum König Artus zu gehen, nicht mit Hohngelächter auf. Er sagte: »Gut, so bestelle König Artus meinen Gruß, und sag ihm, der Rote Ritter erwarte auf dem Turnierplatz vor der Burg den Mann, der mit ihm um diesen goldenen Becher kämpfen will.«
Damit zog er einen kostbaren Becher aus der Satteltasche und fuhr fort: »Einst habe ich die Königin Ginover, um ihres Dieners Lanzelot willen beleidigt, indem ich ihr aus diesem Becher Wein in den Schoß schüttete. Ich weiß, daß diese Schmach Sühne verlangt, und lasse den Herren von der Tafelrunde sagen, es möge, wer will, die Schmach an mir rächen und den Zweikampf auf Tod und Leben mit mir austragen.«
Parzival versprach, dies getreulich auszurichten, ließ sich von dem Roten Ritter den Weg zeigen und setzte seine Reise fort. Schließlich gelangte er, zu Tode erschöpft und auf dem Rücken seines Ackergauls, der solchen Beschwerden nicht gewachsen war, lahmen Schrittes an die Burg Karidol. Wie so oft wurde er vom Volk, das sich da ansammelte, ausgelacht, aber als König Artus erfuhr, daß ein Narr im Narrenkleid ihn zu sprechen wünsche, handelte er getreu seiner Regel, daß er für seine Untertanen stets zu sprechen sei, und ließ Parzival holen.
Da sah Parzival in der Vorhalle eine große Ansammlung von jungen Menschen, die bunt und lustig gekleidet waren, so daß alle ihre Farben durcheinander funkelten, und er meinte, in eine Schar höchst auserlesener Wesen versetzt zu sein. Er wandte sich an einen, der ihm zunächst stand, und sagte: »Ich sehe hier lauter Artusse, aber welcher ist denn wohl der König?« Da gab es Gelächter, aber der Gefragte war freundlich und sagte: »Nein, wir sind keine Könige und nicht einmal Ritter, sondern nur Knappen, aber die Besten von uns werden auch einmal Ritter sein. Ich selbst heiße Iwanet.«
Danach wurde er vor den König geführt, und der verbarg seine Belustigung über Parzivals Aussehen und ließ sich seine Geschichte erzählen. Da er klug und in allen ritterlichen Dingen wohlerfahren war, erkannte er die edle und hohe Abkunft des Jünglings und daß er zum Ritter berufen sei und fragte höflich nach seinem Begehr.
»Ich bitte Euch, Herr König«, sagte Parzival, »daß Ihr mich zum Ritter schlagt. Dann will ich Euch dienen.«
Zum Erstaunen aller stimmte der König nicht in das Gelächter ein, sondern erwiderte: »Das mag eines Tages geschehen, Junker, aber erst müßt Ihr eine richtige Rüstung und Waffen haben, auch ein gutes Roß, und im Turnier oder Zweikampf beweisen, daß Ihr kämpfen könnt.«

»Daran soll es nicht fehlen, es ist das, was ich will«, sagte Parzival. »Ich habe eine Bestellung auszurichten von einem, der sich der Rote Ritter nennt. Er begehrt mit einem zu kämpfen, der bereit ist, die Beleidigung, die er der Königin Ginover angetan hat, zu rächen. Er hat ihr einen Becher Wein in den Schoß geschüttet, und dieser goldene Becher mitsamt seiner Rüstung sollen an den fallen, der ihn besiegt. Den roten Harnisch und seine Waffen will ich mir von ihm holen.«

Ein Stimmengewirr erhob sich, als die Ritter das hörten, und sie wußten, daß es sich bei dem Roten Ritter um Ither von Gahawieß handelte. Gleich brach ein Streit darüber aus, wer sich diesem Ritter stellen sollte, und mehrere drängten sich dazu, den der Königin angetanen Schmach zu rächen, aber der König bestimmte, daß der das Recht zum Kampf haben sollte, der als erster gekommen war, und das war Parzival.

Als er nun in seinem Narrenkleid da stand, kamen einige Edelfräulein in den Saal, und eine von ihnen lachte laut auf, als sie ihn erblickte. Das war eine mit Namen Kunneware von Lalande, die einmal geschworen hatte, so lange in ihrem Leben nicht zu lachen, bis sie den Mann erblickte, dem der Preis höchster Ritterschaft gebühre. Und nun hatte sie dieses Gelöbnis beim Anblick eines Narren gebrochen.

Darüber entrüstete sich der Hofmeister und Truchseß Keye, dessen Amt es war, über die Innehaltung aller guten Regeln und Sitten zu wachen, schalt sie aus, daß sie um eines hergelaufenen Narren willen ein Gelöbnis gebrochen habe, und versetzte ihr zum Zeichen der Strafe einen Schlag mit seinem Amtsstab. Da hielt sie sich erschrocken die Hand vor den Mund, wurde rot vor Scham und brach in Tränen aus. Parzival aber, der es sah, nahm sich vor, dem Truchseß Keye sein unziemliches Verhalten eines Tages entgelten zu lassen.

Der Rote Ritter Ither wartete auf dem Turnierplatz vor der Burg auf den, der sich ihm stellte, und ihm trat Parzival, angetan mit seinem Flickenkittel, den kurzen Jagdspieß in der Faust, entgegen. Es schien ein ungleicher Kampf zu werden, aber er dauerte nur kurz und ging so aus, wie es keiner erwartete. Parzival rannte dem Gegner seinen Spieß wie ein geübter Jäger, der den wütenden Eber mit einem Stoß und Stich zu Boden streckt, mit solcher Kraft zwischen Helmrand und Halsschiene, daß er den Harnisch durchbohrte und der Ritter, ohne noch einen Laut auszustoßen, tot zu Boden sank.

Alle sahen erschüttert diesem Schauspiel zu, wie der Ritter Ither so umkam, und jammerten über sein elendes Ende, das doch eines kühnen Helden nicht würdig war, und mußten mit ansehen, wie der Sieger ihm den roten Harnisch und die Arm- und Beinschienen und den Helm abnahm und sich selbst anlegte, ohne darunter seinen Narrenkittel auszuziehen, denn dieser, so sagte er, sei von seiner geliebten Mutter gemacht und ihn wolle er bis ans Ende seiner Tage unter der Rüstung tragen.

Den Becher Ithers nahm er gleichfalls an sich und brachte ihn der Königin Ginover und beugte vor ihr das Knie, so daß die Schmach, die ihr widerfahren war, nun gesühnt war.
Danach zog er auf dem edlen Roß des besiegten Mannes wieder in die Welt hinaus, und wo immer er auftauchte, nannte man ihn, ohne seinen Namen zu kennen, den Roten Ritter.

Wie Parzival für Jeschute eintrat

Als Parzival nun in seiner schönen roten Rüstung und auf dem edlen Roß des Ritters Ither dahinritt, war ihm wie ein rechter Ritter zumute, und er dachte nicht daran, wie unrecht er getan hatte, diesen Ritter zu töten, der ihm doch nichts zuleide getan hatte.
Am Mittag dieses Tages holte er eine Gestalt ein, die auf einem mageren Klepper dahinritt und in Lumpen gekleidet war, und als er bei ihr angelangt war, sah er, daß es eine Frau war, der das Haar in wirren Strähnen herabhing und die unter ihren Lumpen fast nackt war. Und als er ihr ins Gesicht schaute, erkannte er die Frau Jeschute, der er den Armreif geraubt hatte.
Er hielt sie an und rief: »Edle Frau, was ist Euch geschehen? Erst vor kurzem sah ich Euch in Seide gekleidet in einem schönen Zelt liegen, und jetzt geht Ihr in Lumpen!«
Sie sagte: »Ritter, Ihr ähnelt von Angesicht einem närrischen Knappen, der den Verstand verloren hatte und mir einen Armreif nahm, aber Ihr könnt es wohl nicht sein. Wenn Ihr es aber doch seid, so hört, was Ihr angerichtet habt. Mein Gatte, Graf Orilus, zürnt mir so sehr, weil ich mich mit Euch eingelassen hätte und Euch erlaubt hätte, mir das Kleid in Unordnung zu bringen, und weil ich Euch meinen goldenen Armreif geschenkt hätte – daß er mir all meine Sachen genommen und mich verstoßen hat und mich nicht mehr liebt. Dort vorn reitet er, ich aber darf ihm nur in weiter Entfernung folgen.«
Darüber betrübte sich Parzival von Herzen, und er sprengte hinter dem Grafen Orilus her, hielt ihn an und sagte: »Ich fordere von Euch, daß Ihr auf der Stelle Eurer Gemahlin vergebt, denn sie ist unschuldig, und daß Ihr sie als Eure Gemahlin wieder anerkennt und Ihr den Kuß der Liebe bietet. Tut Ihr dies nicht, so sollt Ihr von meiner Hand sterben!«
Als sich nun der Graf Orilus sträubte, sich darauf einzulassen, riß Parzival ihn vom Pferd und rang mit ihm. Nachdem er ihn zu Boden geworfen hatte, würgte er ihn mit starken Händen und sagte: »Jetzt müßt Ihr sterben, außer Ihr begreift, daß Eure Gemahlin nicht Schuld an dem hat, was Ihr ihr vorwerft, und ihr den Kuß der Liebe und Versöhnung bietet.«
Da brachte Orilus mit Mühe und ohne Atem hervor: »Ich verspreche es, aber laßt mich los, Roter Ritter.« Parzival ließ ihn los, zeigte ihm den Armreif und sagte: »Hier ist der Reif, den ich ihr geraubt habe, und ich

tat es nur aus Höflichkeit. Wenn Ihr den Reif wiederhaben wollt, so stelle ich noch eine Bedingung, der Ihr Euch unterwerfen müßt, nachdem Ihr Eure Frau geküßt habt.«

Da küßte Orilus Frau Jeschute und tat ihr Abbitte, und dann fragte er finster, was das für eine Bedingung sei, und es sei unrecht, ihm noch mehr Bedingungen zu stellen, der Armreif sei Frau Jeschutes Eigentum und müsse ihr auch ohne Bedingungen zurückgegeben werden.

Parzival entgegnete: »Am Hofe des Königs Artus lebt ein edles Fräulein mit Namen Kunneware, die ist vom Hofmeister Keye arg gezüchtigt worden, daß es eine Schande ist, und Ihr sollt dorthin reiten und ihr Eure Dienste anbieten, und wenn sie es verlangt, sollt Ihr mit Herrn Keye kämpfen.«

Da mischte sich Frau Jeschute ein und rief: »Da sei Gott vor, ich will nicht, daß mein lieber Mann sich für eine andere Frau zuschanden schlagen läßt!«

Und Orilus sagte: »Kunneware von Lalande ist meine Schwester, und ich will gern hinreiten, wohin ich ohnehin wollte, und ihr meine Dienste bieten, nur macht Euch von dannen, Roter Ritter, damit wir unsere Ruhe haben, meine liebe Frau und ich!«

Darauf nahm Parzival Abschied von den beiden und ritt davon.

Wie Parzival von Gurnemanz von Graharz empfangen und unterwiesen wurde

Eines Abends erblickte er eine hochragende Burg mit vielen Zinnen und Türmen, und als er vorm Burgtor hielt und überlegte, ob er hier um Gastfreundschaft und ein Obdach für die Nacht bitten sollte, kam ihm ein alter, sehr schön und vornehm gekleideter Mann entgegen, der einen Jagdfalken auf der behandschuhten Faust hielt und sein Gefieder streichelte.

Parzival trat auf ihn zu, grüßte mit Anstand und fragte: »Sagt mir, edler Herr, wem diese herrliche Burg gehört und ob ich mir Hoffnung machen darf, zur Rast einzukehren.«

Der Greis erwiderte freundlich: »Ich bin Gurnemanz und war einst Ritter der Tafelrunde des Königs Artus. Auf diese meine Burg habe ich mich zurückgezogen, um meine letzten Lebensjahre in Ruhe zu verbringen. Wer aber seid Ihr?«

Als er erfuhr, wer Parzival war, lud er ihn ein, bei ihm in seiner Burg – Graharz war ihr Name – zu rasten und zu bleiben, so lange er wollte. Er ließ seinen Falken in die Höhe steigen. Der Vogel trug eine kleine silberne Schelle an den Beinen befestigt, und wie er sich in die Burg schwang, gab er mit dem Klang seiner Schelle dem Gesinde das Zeichen, daß der Herr eines Dienstes bedürfe. Sogleich erschienen mehrere Knappen und geleiteten Parzival in ein Turmgemach, wo sie auch Anstalten machten, ihm beim Ablegen seiner Rüstung behilflich zu sein. Das aber wollte er nicht dulden, er tat es allein, und da wurde der mit bunten Flicken besetzte Narrenkittel unter seinem Harnisch sichtbar. Darüber gab es viel verstohlenes Lachen und Getuschel unter dem Gesinde der Burg.

Am anderen Morgen fand er ein schönes vornehmes Gewand vor seinem Bett ausgebreitet, und nachdem er sich gewaschen und angekleidet hatte, trat Gurnemanz in sein Gemach und fragte nach höfischer Sitte und Regel, wonach sein Herz stünde und welche Wünsche er ihm erfüllen könnte. Parzival überlegte nicht lange, sondern erwiderte offen und einfältig, wie es seine Art war: »Meine geliebte Mutter hat mir eingeprägt, ich solle immer auf den Rat eines Mannes hören, der weiße Haare hat, und keine Gelegenheit versäumen, von einem solchen Manne, wenn er von edler Art und Abkunft ist, die Regeln und das Wissen des Lebens zu lernen. So bitte ich Euch, mich in Eure Dienste zu nehmen und mich zu lehren, was ich noch nicht weiß.«

»Das soll gern sein«, sagte Gurnemanz bedächtig. Und nun folgten für den unwissenden Jüngling Wochen und Monate, in denen er vieles lernte, was er noch nicht wußte und was zum Leben eines rechten Edelmannes gehörte.

Die heiligen Gebräuche des Gottesdienstes waren ihm fremd, von der Geschichte und den Wundertaten des Erlösers wußte er nur wenig; wer die Jünger und wer die Apostel waren, wer die Heiligen und wer die Geistlichen waren, die Frommen und die Unfrommen, und welches Amt die Kirche verwaltete und ihr Oberhaupt, der Papst, das alles lehrte ihn der vieles wissende, vielerfahrene Greis, sein Gastgeber, in seiner freundlichen, bedächtigen Art. Und die Geheimnisse des christlichen Glaubens lehrte er ihn, welches die Geheimnisse Gottes sind und deren letzte wir nicht wissen und ergründen und von denen nur der fromme Schauder vor der Größe Gottes uns gegeben ist.

Von einem der schönsten dieser Geheimnisse aber erzählte der Greis Gurnemanz ihm nur wenig und in kargen Andeutungen, weil es nur dem zugänglich ist, der dazu erwählt ist: von der Schale, die der Heilige Gral genannt wurde, in welche das Blut des Erlösers am Kreuz geflossen und die auf den Berg Montsalwatsch gebracht war und dort gehütet wurde als Hort des Glaubens und der Erlösung vom Bösen.

Vom Bösen aber, vom Teufel, erzählte der Greis Gurnemanz ihm nichts, weil ihn allzusehr schauderte, davon zu reden.

Mancherlei Lebensregeln prägte er seinem Schüler ein, Regeln des Anstandes, der Höflichkeit, der Duldung, der Hilfsbereitschaft, des Mutes – die den echten Ritter zieren und ihn vom unechten unterscheiden. Und eine Regel war darunter, die der Greis aussprach, als der Schüler allzu viele Fragen stellte, unter denen auch törichte waren, und die lautete: Stell keine unnötigen Fragen, die den Gefragten in Verlegenheit bringen. Diese aber war eine Regel, die den Schüler in Not und Kummer bringen sollte.

In der Morgenfrühe ritt Herr Gurnemanz mit seinem Schüler aufs Feld hinaus, wo er ihn in der richtigen Behandlung eines Pferdes und in der Reitkunst unterwies; alsdann, wie er das Tier mit dem richtigen Schenkeldruck zum Lanzenkampf lenken und wie er selbst die Lanze einlegen und den Schild zur Abwehr halten und bewegen müsse. Tagtäglich übte sich Parzival im Gebrauch der Waffen und erlangte hohe Meisterschaft darin; auch, wie er den Jagdfalken hegen und einsetzen müsse, und endlich, wie man Wunden verband und pflegte, um am Leben zu bleiben, wenn man verwundet war, und um dem verwundeten Gegner zu helfen; dies aber, dem verwundeten Gegner zu helfen, war oberste Ritterpflicht.

Eines Abends erschien zur Mahlzeit die Jungfer Liaze, Gurnemanz' Tochter, die sich zum ersten Male dem Gast zeigte, und Gurnemanz bat sie: »Mein liebes Kind, erlaube diesem Ritter, daß er dich zum Willkommen küßt, denn er verdient es.«

Parzival küßte sie, und ihr Vater sagte im Scherz: »Du wirst ihr weder Ring noch Reif rauben können, denn sie trägt keinen Schmuck. Gib aber acht, daß du ihr nicht das Herz raubst.« Denn er hatte den Jüngling so lieb wie einen Sohn gewonnen und nannte ihn du.

Wie Parzival das Herz der Königin Kondwiramur gewann

Aber doch spürte Parzival, als er sich alle ritterlichen Eigenschaften und Kenntnisse angeeignet hatte, daß es ihn in die Weite zog und daß es für ihn galt, sich durch gute Taten zu bewähren. Denn keiner war ein rechter Ritter, der sich solch stolzen Rang nicht erstritten und verdient hatte. Da konnte ihn auch die liebliche Jungfer Liaze nicht halten, die ihm schon gleich ihr Herz geschenkt hatte – seines aber war noch frei und von einer Sehnsucht, deren Ziel er nicht kannte, erfüllt.

So nahm er Abschied von Gurnemanz, dem Weisen, der sehr wohl einsah, daß es so sein müßte, und von Liaze, in deren Augen die Tränen standen, und ritt, wohin ihn sein Roß trug. Er ließ die Zügel hängen und träumte vor sich hin, indes der Weg, den das Tier ging, durch Wälder, durch staubige Einöden und über wilde Gebirge führte.

Einmal kam er an einen Fluß, über den eine schmale, baufällige, schwankende Brücke aus Brettern zu einer Stadt hinführte, die von einer starken Mauer umgeben war. Sein Roß scheute zuerst und wollte die Bretter, die gar zu lose befestigt waren, nicht betreten. Das schreckte den Reiter aus seinen Träumen auf und weckte seine Neugier: die Stadt drüben schien so von allem Leben verlassen zu sein. Er trieb das Roß mit festem Zügelgriff auf die schwankenden Bohlen, die auf einem dünnen Flechtwerk lagen, und gelangte glücklich hinüber vor die Mauern der Stadt.

Er pochte kräftig an das verschlossene Tor, aber lange Zeit rührte sich nichts. Er hämmerte kräftiger mit seinem Schwertgriff, und nach geraumer

Zeit zeigte sich in einer Luke der Mauerkrone das Gesicht einer alten Frau, die ängstlich nach dem Begehr des fremden Ritters fragte. Parzival gab Kunde, wer er sei, und bat um Einlaß. Da erfuhr er von der Frau, die Stadt, die Belrapeire hieß, befände sich in schwerer Bedrängnis: der junge König Klamide habe mit seinem Heer einen dichten Belagerungsring um die Stadt gezogen, um sie auszuhungern, er verlange ihre Unterwerfung und die Hand ihrer Königin Kondwiramur. Dieser Name klang dem jungen Ritter so, als habe er ihn schon vernommen, aber er wußte nicht, wo und in welchem Zusammenhang – vielleicht war er in seinen Träumen vorgekommen?

Er bat die Frau, der Königin zu sagen, daß er ihr seine Hilfe anböte, wenn ihr daran gelegen wäre. Kurze Zeit darauf erhielt er den Bescheid, die Königin erwarte ihn. Rasselnd öffnete sich das Tor, und er ritt in die Stadt hinein.

Ein Anblick, der ihn erschreckte, bot sich seinen Blicken. In den Straßen lungerten Gestalten, denen man ansah, daß sie halb verhungert waren, auch Tote lagen umher: die Stadt war schon seit Monaten umzingelt, und es herrschte bittere Hungersnot. Beim Anblick des stolzen Ritters schienen die Bewohner neue Hoffnung zu schöpfen, sie drängten sich herbei und streichelten das gepflegte Fell und die Mähne des Pferdes und bestaunten den roten Glanz der Rüstung und die rote Schabracke, und zaghafte Rufe wurden laut: »Bringst du uns Hilfe?«

Die Königin empfing den Ritter nach höfischer Sitte mit einem Kuß, nachdem er das Knie vor ihr gebeugt hatte, ohne etwas zu sagen. Denn er dachte an den Rat des weisen Gurnemanz, keine Frage zu stellen, die den Befragten in Verlegenheit setzen könnte. Sie lud ihn zu einem Mahl, für dessen Kärglichkeit sie um Verzeihung bat, denn es bestand nur aus einem kleinen Stück Brot. Dieses Stück Brot, erklärte darauf Parzival, sättige ihn vollkommen, aber gewiß sättige es nicht die Bewohner dieser Stadt und er sei bereit, für sie zu kämpfen, wann und wie immer die Königin es bestimme, denn ihr zu dienen sei ihm Freude und Pflicht.

Er wurde von zwei Knappen zur Ruhe in ein prächtiges Gemach mit einem üppigen Bett geleitet und legte sich schlafen, und seine Gedanken waren bei der schönen Königin Kondwiramur, die es galt aus der Not zu befreien. Als er in mondheller Nacht aus seinem Schlummer hochfuhr, glaubte er noch zu träumen, denn die herrliche Frau, an die er noch beim Einschlafen gedacht hatte, stand vor ihm, vom bleichen Schimmer des Mondes umflossen. Sie war allein, kein Page, kein Fräulein war bei ihr, und die Nacht war totenstill. Sie sah ihn mit ihren Augen von tiefer dunkler Bläue an, und er sah sie an, und ihrer beider Herzen standen in Flammen, und aller anderen Frauen Bild war aus seinen Sinnen verschwunden.

Sie sank vor ihm auf die Knie, legte weinend den Kopf auf sein Kissen und berichtete schluchzend und flüsternd ihre Geschichte: »Der König Klamide hat geschworen, mich zur Gemahlin zu gewinnen und diese Stadt sein eigen zu nennen. Ich aber will ihn nicht, denn meine ganze Seele sträubt sich gegen ihn. Aber ich muß mich ihm wohl fügen, ehe daß meine Untertanen alle verhungern! Ich habe nicht genug Männer um mich, die ein Heer bilden könnten, und die, die ich noch habe, sind nur kümmerlich bewaffnet, denn immer war Belrapeire eine Stätte des Friedens. Ach, ich bin verloren, und lieber möchte ich tot sein, als an der Seite dieses Eindringlings zu leben.«

So sprach sie und weinte auf den Knien vor ihm. Da zog er sie an sich und sagte: »Knien dürft Ihr nur vor Gott; ich aber will Euch trösten und für Euch kämpfen. Gewiß ist Gott mit mir, und meine Dienste beginnen zu der Stunde, die Ihr befehlt.«

Ein Strahl der Hoffnung erhellte ihr Gesicht. Sie sagte: »Morgen in der Frühe erscheint des Königs Klamide stärkster Degen, sein Name ist Kingrun, vor der Stadt und fordert sie zur Übergabe auf. Wenn sich aber einer getraut, sich mit ihm im Zweikampf zu messen, so soll der Ausgang über das Los der Stadt entscheiden.«

Parzival vernahm das mit Freuden, tröstete sie abermals und versprach ihr, sich dem Mann zu stellen.

Beim ersten Strahl der Sonne legte er seine rote Rüstung über dem Flickenkleid an und ritt zum Stadttor hinaus über die schwankende Brücke aufs freie Feld. Hier forderte er mit lauter Stimme den Ritter Kingrun zum Kampf. Er brauchte nicht lange zu warten. Mit eingelegter Lanze raste der Gegner heran, und so hart stießen die Kämpen aufeinander, daß beide aus dem Sattel stürzten. Dann zogen sie die Schwerter, und Stahl klirrte auf Stahl. Ein starker Fechter war Kingrun, aber dem Roten Ritter kamen die Hiebe und Finten zugute, die Gurnemanz ihm beigebracht hatte. Eine Stunde währte der Kampf, zwei Stunden, drei Stunden. Endlich traf ein Hieb Parzivals den Gegner mit solcher Kraft, daß dieser zu Boden stürzte und das Blut ihm aus Mund und Nase floß. Da gab er sich stöhnend und keuchend geschlagen, bat aber nicht um sein Leben, denn er sah, daß es verwirkt war. Wohl konnte der Sieger ihn nach altem Ritterrecht töten, aber ihm stand das Bild des Roten Ritters Ither vor Augen, und er mochte nicht abermals töten. Er sagte: »Das Leben sei Euch geschenkt, wenn Ihr meine Bedingung erfüllt. Geht zum Fürsten Gurnemanz auf die Burg Graharz und stellt Euch in seinen Dienst.«

Da erwiderte Kingrun: »Nein, da tötet mich lieber. Ich habe seinen ersten Sohn erschlagen.«

Parzival bedachte sich und sagte: »Dann gebt Euch der Königin Kondwiramur als Gefangener.«

Und Kingrun darauf: »Nein, da tötet mich lieber. Zuviel Leid habe ich den Ihren angetan.«

Parzival dachte abermals nach und sagte: »So geht an den Hof des Königs

Artus und fragt nach dem Fräulein Kunneware von Lalande. Ihr sollt ihr dienen.«
Das versprach Kingrun zu tun, und so blieb er am Leben.
Am andern Tag stellte sich König Klamide selbst zum Zweikampf und wurde von Parzival zu Boden geworfen. Auch zu ihm sagte Parzival: »Das Leben sei Euch geschenkt, wenn Ihr meine Bedingung erfüllt.«
»So laßt hören, es bleibt mir nichts übrig«, war die Antwort.
»Geht zum Fürsten Gurnemanz auf die Burg Graharz und stellt ihm Euren Dienst zur Verfügung.«
Klamide seufzte: »So tötet mich lieber. Ich habe den zweiten Sohn des Burgherren von Graharz erschlagen.«
Parzival bedachte sich wieder und sagte: »So ergebt Euch der Königin Kondwiramur als Gefangener.«
Klamide seufzte von neuem und entgegnete: »Auch das wäre mein Tod. Ich habe vielen ihrer Getreuen bitteres Leid angetan.«
Parzival, der gesonnen war, dem Besiegten Milde zu erweisen, bedachte sich abermals und sagte: »Geht an den Hof des Königs Artus und stellt Euch in den Dienst der Frau Kunneware. Ihr wurde vom Truchseß Keye Schimpf angetan, sorgt dafür, daß ihr Genugtuung geschieht.«
Das versprach der König Klamide. Er zog sein Heer von der Belagerung der Stadt Belrapeire ab und begab sich auf die Reise zum Schloß Karidol des Königs Artus. Er war wochenlang unterwegs, denn seinem Ritterwort durfte er nicht untreu sein, langte an und gab sich der Frau Kunneware gefangen, um ihre Ehre gegenüber dem Truchseß Keye wiederherzustellen. Sie aber sagte, er solle nicht mit Keye kämpfen, denn die Ritter der Tafelrunde hätten inzwischen schon beschlossen, daß er unrecht gehandelt hätte. So hatte Keye sie um Verzeihung bitten müssen. Klamide und Kunneware aber fanden aneinander Gefallen.

Wie Parzival die Gralsburg fand und wieder verlor

Eine selige Zeit der Liebe verlebten Parzival und die schöne Kondwiramur miteinander, sie wurden ein Ehepaar und regierten gemeinsam das Land und die Stadt Belrapeire. Der Hunger wich, Wohlstand kehrte ein, die Gewerbe blühten, der Friede blieb erhalten, Segen ruhte auf dem Bunde.
Aber eines ließ Parzival nicht ruhen: die Sehnsucht, seine Mutter wiederzusehen, denn daß sie längst tot war, wußte er nicht. Vielen war es bekannt, daß Herzeloide nicht mehr lebte, ihm aber nicht, keiner hatte jemals ein Wort davon zu ihm gesprochen.
Kondwiramur verstand seine Sehnsucht, zu der sich ein mächtiges, aber unerklärliches anderes Sehnen gesellte, das ihn in die Ferne trieb, und ließ ihn ohne Widerspruch ziehen. Bald nachdem er davongeritten war, gab sie einem Sohn das Leben und nannte ihn Lohengrin.

Parzival aber, der Rote Ritter, streifte wie ehedem träumend durch die Weiten des Frankenlandes und des Landes Hispanien und fand den Weg nicht zu jener Wildnis und jener Lichtung, wo er aufgewachsen war und mit seiner Mutter gelebt hatte, und je mehr die Monate vergingen, um so blasser wurde das Bild seiner Mutter in ihm und entschwand schließlich ganz, und es war, als wäre alles, was er bisher erlebt hatte, ausgelöscht und als stünde nur, undeutlich noch, aber unausweichlich, etwas Zukünftiges vor seiner Seele, das ihm von Gott zugedacht war und das er zu finden hatte, wie lange er auch danach suchen mußte.
In tiefe Gedanken verloren, gelangte er an einen See, auf dessen spiegelglatter, von keinem Windhauch berührter Wasserfläche dicht am Ufer ein Kahn lag, und darin saß ein alter Mann, der ein Fischer sein mochte, aber er hatte ein prächtiges mit Pelz besetztes Gewand an und war mit keinem Fischfang und Gerät beschäftigt, sondern sah grüblerisch in die Ferne, und als Parzival dicht ans Ufer ritt, wandte er ihm den Kopf zu.
Parzival richtete an ihn die Frage, ob er wohl für ihn eine Herberge zur Nacht wüßte.
Die Antwort lautete: »Wenn Ihr dem Felsenpfad dort folgt, Ritter Parzival, jenseits dieses Sees, so gelangt Ihr an eine Burg, die von einem Graben umschlossen ist. Dort wird man Euch gern aufnehmen.«
Parzival wunderte sich, daß der Mann im Kahn seinen Namen wußte, aber er fragte nicht, wie das zuginge. Er ritt um das Ufer des Sees und lenkte sein Pferd einen steilen Anstieg auf einem Felsenpfad, der höher und höher stieg, so hoch, als ob es schier in den Himmel gehen wollte, obwohl doch von weitem ein so hoher Berg nicht zu erkennen gewesen war. Und plötzlich enthüllte sich seinen Blicken auf ragender Klippe eine Burg, wie er noch keine je gesehen hatte. Die Mauern waren wie aus dem Felsen gehauen, so daß zwischen Gemäuer und Felsgestein kein Unterschied war, und droben erhoben sich zwölf goldglänzende Kuppeln über den Zinnen und schimmerten im Schein der untergehenden Sonne, und die sacht am Himmel ziehenden Wolken strichen zwischen ihnen hindurch. Drunten, jenseits des Grabens, waren zwölf Tore zu sehen, und eines davon, auf das eine herabgelassene Zugbrücke führte, stand offen.
Zögernd pochte der Reiter ans offene Tor, und alsbald erschien ein weißgekleideter Knappe, der sein Roß stillschweigend am Zügel nahm und durch den Burghof führte. Hier kamen Pagen herbei, die ihm beim Absteigen halfen und ihm die schwere Rüstung abnahmen, ohne ein Wort zu sprechen, und danach legten sie ihm einen Mantel aus rotschimmernder Seide um die Schultern. Ihm war, als sei er ein lange erwarteter Gast, den man hoch zu ehren gedachte.
An der Seite eines Ritters, der einen ebensolchen Mantel trug, schritt er durch marmorgetäfelte hohe Gewölbe und hallende Gänge, bis sich ein Saal vor ihm auftat, der vom Licht unzähliger Kerzen funkelte und glitzerte.

Die Zierate der Decken und Wände spiegelten sich in den blanken Fliesen aus schwarzem und weißem Marmor. Der Saal war ohne ein Fenster, und an Stelle eines solchen ragte ein hohes schwarzes Kreuz, hinter dem eine Sonne ihre goldenen Strahlen aussandte, an der Wand empor. In der Mitte des Saales stand ein langgestreckter Tisch, und an ihm saßen Ritter, die in weiße Gewänder gekleidet waren, und wandten dem Eintretenden ihre Gesichter zu, in denen Trauer geschrieben stand, und keiner sprach ein Wort des Grußes.
An der schmäleren Wand des Saales, dem Kreuz gegenüber, loderte ein Feuer in einem marmorgefaßten Kamin, und davor erblickte Parzival eine Lagerstatt, auf der ein Mann ruhte. Er war in Pelz gehüllt, als ob ihn fröstelte, und der Pelzmantel war an den Rändern mit Hermelin besetzt. Gewiß war dieser der Burgherr, und er schien krank zu sein, so krank, daß er sich nicht erheben konnte. Aber er blickte Parzifal freundlich an aus großen traurigen Augen im edel geformten Antlitz und sagte zu seinem Gaste: »Möge es Euch nicht kränken, mein Freund, daß ich nicht aufstehe, um Euch zu begrüßen.« – »Nein, Herr, o nein, es kränkt mich nicht«, erwiderte Parzival verwirrt. Es war für ihn kein Zweifel, daß dies der Herr des Schlosses war. Dieser fragte: »Woher kommt Ihr heute, mein Freund?« Parzival erwiderte: »Ich brach heute früh von Belrapeire auf.« – »Da habt Ihr einen langen Ritt hinter Euch«, sagte der Burgherr. »Ihr mögt Euch in diesem Hause ausruhen und stärken.« Und Parzival dankte ihm, indem er sich verneigte, aber er stellte keine Frage, weil er dachte, dies möchte für eine Ungebühr und Neugierde gehalten werden, und wartete, daß man weiter das Wort an ihn richtete.
Es war, als hätte eine Feierlichkeit, die nun folgte, auf ihn gewartet, als sich eine Tür auftat und ein Jüngling eintrat, der hielt in der Hand eine Lanze, trat an das Lager des kranken Ritters und legte ihm die Lanze auf die Brust. Da sah Parzival, daß an der Lanzenspitze Blut war und ein Tropfen davon auf das Kleid des Ritters fiel. Da stöhnte der Kranke, und es seufzten alle, die um den Tisch saßen, aber keiner sagte ein Wort.
Danach ging der Jüngling hinaus, und es trat eine Jungfrau in den Saal, wie ein Engel anzusehen, die hielt mit beiden Händen eine Schale, die auf einem Kissen ruhte, und von dieser Schale ging ein seltsames, geisterhaftes, mondhelles Leuchten aus, als sei sie von einem inneren Lichte erfüllt. Sie trat vor den Kranken hin und bot ihm die Schale dar. Da sah Parzival, daß darin ein Stück Brot lag, und der Kranke brach davon ab und aß es. Inzwischen hatten sich alle die Ritter von der Tafel erhoben und traten einer nach dem andern an das Lager und bekamen von ihm ein Stück Brot, und als alle gegessen hatten, war dunkelroter Wein in der Schale, und einer nach dem andern tranken sie davon, und erst als der letzte getrunken hatte, war die Schale leer, und die Ritter gingen wieder an den Tisch zurück, aber setzten sich nicht, sondern standen und warteten.

Aber auch jetzt stellte Parzival keine Frage, was all dieses bedeutete, denn er dachte auch diesmal wieder an die Worte des Herrn Gurnemanz, der ihn ermahnt hatte, nichts Unnützes zu fragen. Und nicht einmal danach fragte er, worin das Leiden des Burgherrn bestünde. Als nun die Jungfrau die wunderbare Schale wieder hinausgetragen hatte, sagte der Kranke mit mühsamer Stimme: »Nehmt Platz dort an der Tafel und stärkt Euch, mein Freund, es soll Euch an nichts fehlen.«

Diener brachten Speisen und Wein herbei und stellten sie auf den Tisch, und Parzival nahm Platz und aß und trank, und so wohl ihm die Speisen auch mundeten, war große Verwirrung in seinem Gemüt, und ihm war, als ob er träumte.

Endlich sagte der Burgherr: »Seid willkommen, Ritter Parzival, ruht von Euren Ritten und Abenteuern aus. Ihr sollt mit dem Schlafgemach, das Euch hergerichtet ist, zufrieden sein und einen guten Schlaf tun. Wenn Ihr morgen weiterzieht, so behaltet uns in gutem Gedächtnis.«

Während er diese Worte sprach, zeichnete sich in seinem Gesicht großer Schmerz ab, Schweiß bedeckte seine Stirn, er seufzte und wandte sich ab, und Parzival getraute sich nicht, die Frage zu stellen, welcher Art sein Leid sei und was dieses alles bedeute. Er wurde in ein Gemach geleitet und legte sich in ein köstliches weiches Bett zur Ruhe und deckte sich mit seidenen Decken zu, und bald umfing ihn ein tiefer traumloser Schlummer. Von draußen vernahm er nur noch das Wehen des Windes, der um die ragenden Mauern der Burg strich, und es klang wie die Seufzer eines Schwerkranken.

Als er am Morgen erwachte, fand er eine Mahlzeit aus kaltem Fleisch und einen Krug Wasser an seinem Lager stehen, und die Tür stand offen. Er kleidete sich an und aß, und er wunderte sich, daß keine Knappen und Pagen sich zeigten, ihm ihre Dienste zu bieten, wie es doch Gastgeberbrauch war, und es war totenstill. Er legte den Harnisch an und gürtete sich mit dem Schwert, setzte den Helm auf und trat den Weg durch die Gänge an, bis er in den Burghof gelangte, und das Tor nach draußen stand weit offen. Aber alles schien tot und verlassen.

Er trat ins Freie, und als sich eben das Tor hinter ihm schon geschlossen hatte, tat es sich noch einmal auf, und der Kopf eines Knappen erschien im Spalt und schrie ihn an mit bösen Schimpfworten: »Ihr sollt fahren mit dem Haß der Sonne! Ihr seid dumm wie 'ne Gans! Hättet Ihr Euer Maul gerührt und den Herrn gefragt, wie sich's gehört! Aber nein, nach großem Ruhm und nach Ehre habt Ihr wohl kein Verlangen! Packt Euch und kommt nicht wieder!«

»Was soll das?« schrie Parzival erbost zurück und machte Miene, umzukehren und den Menschen zu züchtigen, aber dieser schlug das Tor donnernd zu und war verschwunden. Er verspürte einen Riß im Herzen und wandte sich zum Gehen. An einer Linde angebunden fand er sein Roß, und desgleichen Schild und Speer an den Stamm gelehnt.

Er bestieg das Roß und schaute nach jemandem aus, sah aber keinen Knappen, keinen Diener mehr. Er wandte sich zum Tor und fand die Zugbrücke hinabgelassen. Als das Roß sie betrat, fühlte er, wie das Tier sich aufbäumte, es machte einen heftigen Satz, und wäre es nicht so weit gesprungen, es wäre Reiter und Roß übel ergangen. Er wandte sich um, um zu sehen, wie das zugegangen wäre, und sah, daß man die Brücke, als er noch nicht hinüber war, hochgezogen hatte.
Das Blut stieg ihm vor Zorn zu Kopfe. Da sah er den Alten, der ihm am Tage vorher den Weg gewiesen hatte, auf einem Stein sitzen, und ehe er ihn noch grüßen konnte, sagte dieser: »Tor, der du bist! Hättest du den Herrn Amfortas gefragt, wie sich's gehörte! Nach Ruhm und Ehre hast du wohl kein Verlangen. Nun ist deine Stunde dahin, du siehst die heilige Stätte nicht wieder!«
Da fühlte Parzival den Riß in seinem Herzen noch schmerzhafter, die Worte hallten in ihm nach, und eine Antwort wußte er nicht. Er wandte sich, als er die Zugbrücke hinter sich hatte, noch einmal um, und ihm kam in den Sinn, aufs neue um Einlaß zu bitten. Aber da war ein schreckliches Wunder geschehen – er sah die Burg nicht mehr, öde und einsam starrte der Fels. Tieftraurig und in wirre Gedanken versunken, setzte er seinen Weg fort.

Die Blutstropfen, die Tafelrunde und Kundrys Fluch

Ziellos irrte er durch die Länder, er war kein fahrender Ritter, er war ein irrender Ritter geworden. Die Gralsburg, die er gesehen und wieder verloren hatte, der wunde Burgherr Amfortas, nach dessen Leid und Schmerz er nicht gefragt hatte, die Ritter an der Tafel und die geheimnisvolle Schale, aus der Brot und Wein gespendet wurde, die Schimpfreden des frechen Knappen am Tor und die Vorwürfe des Alten, alles das geisterte ihm durch den Kopf, aber auch seine Mutter wurde ihm wieder lebendig, und obwohl er nicht wußte, daß sie nicht mehr lebte, meinte er ihre Tränen der Einsamkeit zu fühlen.
Dann aber war es seine schöne und geliebte Gemahlin, die Königin Kondwiramur, die sein Herz schier zerriß, auch sie hatte er verlassen, auch ihr hatte er weh getan.
Schnee war über Nacht gefallen und bedeckte die Wiesen und Felder. Das ungewohnte klare und kalte Weiß der Landschaft tat seinen Augen weh. Die Sehnsucht überwältigte ihn so, daß er vom Pferde stieg, sich niederkniete und zu dem Gott, den er nicht kannte und der ihn geprüft und verworfen hatte, um Verzeihung flehte. Da erblickte er hoch über sich einen Raubvogel, der in eine Schar Wildgänse herabstieß und in einen der Vögel seine Krallen schlug, und es fielen von dem Opfer schwere Blutstropfen nacheinander in den Schnee, drei an Zahl, und bildeten drei rote Flecken im Schnee.

Da kam ihm in den Sinn, daß er selbst nichts als ein grausamer Raubvogel wäre und daß diese drei Blutstropfen das Herzblut derer wären, denen er Leid angetan hatte: die Tränen seiner Mutter, die Seufzer seiner Gemahlin und die Schmerzen des Meisters in der Gralsburg. Er starrte auf die Blutflecken hernieder, und sie ließen ihn nicht los, so daß sie seinen Sinn ganz gefangennahmen und Tag und Nacht darüber vergingen, ja sogar mehrere Tage und Nächte, und er war so darein versunken, daß er das Verrinnen der Zeit nicht merkte und weder Hunger noch Durst litt.
So fanden ihn nacheinander drei Ritter von der berühmten Tafelrunde des Königs Artus. Dem König war gesagt worden, daß unweit von seinem Lager ein Ritter am Boden kniete und auf keinen Anruf hörte. Darauf ging die Kunde um, dieser Ritter warte auf einen Gegner, um sich aus irgendeinem Grunde zu bewähren. Dies wollte Herr Segramors in Erfahrung bringen, der so begierig aufs Kämpfen war, daß man von ihm sagte, wenn auf der andern Seite eines reißenden Flusses ein Kampf winkte, so würde er sich in voller Rüstung in die Flut stürzen, um zu kämpfen. Also machte er sich auf und rief den am Boden knienden Parzival an: »Wenn Ihr den Kampf sucht, so macht Euch bereit!«
Als Parzivals Roß das hörte, trat es zu dem Knienden und rieb seinen Kopf an dessen Schulter. Da stand Parzival auf, stieg wie ein Nachtwandler in den Sattel und ritt gegen den Gegner, den er gleich mit dem ersten Lanzenstoß zu Boden warf. Segramors gab den Kampf auf, humpelte in das Lager des Königs zurück und berichtete, was geschehen war.
Danach machte sich der Truchseß Keye auf und fand den Roten Ritter wie zuvor, kniend und auf die Blutstropfen im Schnee starrend, und es wiederholte sich dasselbe wie zuvor, und Herrn Keye erging es nicht anders als Herrn Segramors, nur wurde er noch übler zugerichtet und empfing so seine Strafe für die Schmach, die er Kunneware angetan hatte. Jedoch hatte er Parzival als den Roten Ritter erkannt, der den Ritter Ither getötet hatte, und berichtete, es sei Parzival, der dort kniete, und dann legte er sich nieder und war lange Zeit nicht mehr imstande aufzustehen.
Als nun Herr Gawan vernahm, daß Parzival sich dort befand, ritt er hin und getraute sich anfangs nicht, den Knienden aus seiner Versunkenheit zu reißen. Aber dann stieg er vom Roß, trat an Parzival heran, weckte ihn und gab sich als Gawan zu erkennen. Da stand Parzival auf, und sie umarmten einander. Gawan bat ihn, mitzukommen ins Lager des Königs und einer von der berühmten Tafelrunde zu werden, dies sei der Wunsch des Königs Artus. Das wollte Parzival nicht und sagte, er sei ein Verworfener, und ein Platz an der Tafelrunde zieme sich nicht für ihn. Aber Gawan überredete ihn mit vielerlei Redekunst, und so kam Parzival mit ihm und wurde vom König selbst mit Ehren empfangen.
Zur Feier seiner Ankunft wurde ein Festmahl gerichtet, aber es erfuhr eine unglückselige Störung. Eine Frau, die Kundry hieß, drang in den Saal ein,

und keiner mochte sich ihr entgegenstellen. Sie wurde eine Seherin genannt, und übernatürliche Kräfte, hieß es, seien ihr eigen. Sie war alt und doch jung. Sie war ohne Zeit und konnte im gleichen Augenblick aussehen wie ein Nachtgespenst oder wie eine Teufelin oder wie eine Heilige, und sie galt den einen als eine Prophetin und den andern als eine Hexe. Sie war in einen schwarzen Mantel gehüllt, und ihre Augen schleuderten Blitze. Diese Frau trat vor Parzival hin und rief: »Du sollst verflucht sein! Die Wunder des Grals hast du geschaut, und dein Mund blieb blöde verschlossen! Du bist Zeuge der Leiden des Meisters gewesen, und dein Herz hat sich nicht gerührt. Verflucht seist du und nicht würdig, ein Ritter zu heißen!«

Die Runde der Gäste erstarrte vor Schrecken, die Zauberin aber verschwand wie ein Spuk im Dunkel der Nacht.

Da stand Parzival auf, totenbleich, und murmelte: »So bin ich zum dritten Male beschmipft und verflucht worden . . . Vergeßt mich, meine Freunde!« Damit lief er aus dem Saal, und keiner hielt ihn fest. Draußen bestieg er sein Roß und floh.

Wie Parzival zum Einsiedler Trevrezent kam

Eines Abends kam er an der Hütte eines Einsiedlers vorüber, und dieser trat vor seine Tür und lud ihn ein, über Nacht bei ihm zu bleiben. Er hieß Trevrezent und war ein sehr frommer und gelehrter Mann, der sogleich erkannte, daß ein schwerer Kummer seinen Gast bedrückte, und er nahm sich vor, ihn bei sich zu behalten, ihn zu trösten und von seinem Kummer zu befreien. Da führten sie lange und gute Gespräche miteinander, in denen Trevrezent ihn alles das, was ihn Gurnemanz gelehrt hatte, nochmals lehrte, aber noch vieles darüber hinaus.

Einmal fragte Parzival ihn, wo der Berg Montsalwatsch läge, auf dem die Gralsburg stünde, und welches das Geheimnis des Grals sei und warum der Burgherr Amfortas nicht genesen könne. Darauf erzählte Trevrezent ihm alles:

»Der Heilige Gral«, erzählte er, »ist die Schale, in der das Blut des Herrn am Kreuz aufgefangen wurde, bevor er starb und zuerst in die Hölle hernieder und dann in den Himmel hinauffuhr. Ein Mann mit Namen Joseph aus Arimathia war es, der das Blut in seinen Eßnapf rinnen ließ und von dannen trug, und als sich das Blut in dem Eßnapf sammelte, wurde er zu reinem Gold, und seitdem glauben die Menschen, daß man ein irdenes Gefäß in Gold verwandeln könne, und Alchimisten verbringen ihr Leben damit, es zu versuchen, aber keinem gelingt es. Engel trugen die goldene Schale, die der Gral genannt wird, auf den Berg Montsalwatsch, und sie trugen die Lanze, mit der ein Henkersgehilfe den Leib des Herrn am Kreuz durchstach, um zu sehen, ob er noch lebte, gleichfalls dorthin. Später baute ein heiliger Mann, der Titurel hieß, auf dem Berg eine Burg und berief zwölf Ritter dorthin, den Gral zu behüten. Es waren aber diese zwölf keine streitbaren, sondern priesterliche Ritter, und er selbst, Titurel, war ihr König, aber kein herrscherlicher, sondern ein priesterlicher. Als er starb, wurde sein Sohn Amfortas in dem hohen Amt sein Nachfolger, aber ihm war Versuchung, Not und Leid bestimmt. Denn der Zauberer Klingsor lockte ihn in die Liebesnetze einer wunderbar schönen Frau, die Orgeluse hieß, und als er ihr diente, überfiel ihn ein heidnischer Recke, der im Dienste des Zauberers Klingsor stand, und verwundete ihn mit einer vergifteten Waffe. Seither liegt Amfortas todeswund danieder und kann nicht sterben, aber auch nicht geheilt werden, es sei denn, der eine, dem es bestimmt ist, der Hüter des Grals zu sein, fragt ihn nach dem Grund seines Leids und seiner Sünde.«

Als Trevrezent so gesprochen hatte, barg Parzival das Gesicht in den Händen und ließ den Kopf auf die Tischplatte fallen und weinte. Da fragte Trevrezent: »Warum weinst du, mein Bruder?«, und Parzival faßte sich und erzählte ihm alle seine Erlebnisse.

Darauf wußte der fromme Mann lange Zeit nichts zu sagen und schwieg den ganzen Tag und noch eine Nacht. Endlich, am anderen Tag, tat er den Mund auf und sagte: »Du hast mir deinen Namen noch nicht gesagt, und ich habe dich nicht nach ihm gefragt, weil es in der Klause des Einsiedlers nicht Sitte ist, den Gast nach dem Namen zu fragen. Aber ich weiß nun, daß du Parzival bist. Darum will ich dir weitererzählen, welches das Geheimnis des Heiligen Grals ist. Er ist die Stätte der Gottesfurcht, des Friedens und der Güte. Seine Hüter, die zwölf Ritter, die ihre Namen abgelegt und die Namen der zwölf Jünger des Herrn angenommen haben, ziehen einer nach dem andern in die Welt hinaus und verrichten gute Taten im Namen Gottes, kehren wieder zurück und lassen den nächsten ziehen, so daß immer einer von ihnen unterwegs ist, den Ruhm Gottes zu verkünden. Derjenige, der zu dieser Zeit unterwegs ist, heißt Galahad, der Sohn Lanzelots, und wenn er zurückkommt, heißt er wieder Johannes. Eine Zeitlang glaubten viele, er sei derjenige, der zum Nachfolger Amfortas' bestimmt sei, aber er ist der Jüngste von ihnen, und ein anderer ist dazu ausersehen. Wer dieser andere ist, will ich dir sagen, mein Bruder. Ich weiß es, denn dieses Geheimnis ist mir von der Seherin Kundry verraten worden. Der Name dessen, der ausersehen ist, ist unsichtbar in die goldene Schale gegraben, aber wenn es Gott gefällt, wird er sichtbar, und er ist unlängst sichtbar geworden. Parzival lautet dieser Name.«

Als Parzival das vernahm, weinte er wieder, und es wollte Trevrezent nicht gelingen, ihn zu trösten. Denn nachdem er erfahren hatte, daß er auserwählt war, aber versagt hatte, war sein Gram noch größer als zuvor, und soviel der fromme Mann auch redete, um ihm Mut zuzusprechen, er wollte nicht darauf hören. So verging eine längere Zeit, in der Parzival zwischen Erbitterung und Demut hin und her gerissen wurde, Erbitterung gegen Gott, die eine schreckliche, teuflische Versuchung war, und Demut vor seiner eigenen Torheit und Schwäche. Aber zuletzt wurde sein Wille zu demütigem Verzicht; er barg sein Gesicht im Schoß des frommen Mannes und bat ihn, für ihn um die Vergebung seiner Sünden zu beten.

Wie Parzival zum zweitenmal zur Gralsburg kam und Gralskönig wurde

Als die Karfreitagsnacht kam und Parzival schlaflos lag und der Einsiedler Trevrezent vor seinem Lager auf den Knien im Gebet verharrte und es so still war, daß kein Blatt und kein Baumwipfel sich regte, trat Kundry, die Seherin, in die Klause und stand vor dem Lager Parzivals.

Er richtete sich verstört auf und fragte: »Frau, wer bist du?« Aber dann erkannte er sie, die ihn verflucht hatte, und barg das Gesicht in den Händen. Sie nahm ihn bei der Hand und sagte: »Steh auf, kleide dich an und komm.« Er erwiderte stockend: »Willst du mich noch ein anderes Mal verfluchen?« Sie erwiderte: »Nein, denn dir ist vergeben worden, dein Name steht in der goldenen Schale geschrieben und ist sichtbar geworden. Steh auf und komm.«

Er war ganz willenlos und griff nach diesem und jenem Kleidungsstück, um sich anzuziehen, und als er seinen Harnisch in die Hand nahm, um ihn über den Kittel zu streifen, den seine Mutter gemacht hatte, sagte Kundry: »Hülle dich nicht in Eisen, dir ist ein anderes Gewand bestimmt.«

Dann führte sie ihn vor die Hütte hinaus, wo sein Roß angebunden war, und hieß ihn in den Sattel steigen. Der Mond schien hell am gestirnten Himmel. Kundry ergriff das Roß am Zügel und ging zu Fuß neben ihm her, und die Zeit verfloß ebenso unmerklich, wie die Wälder und die Äcker und die Einöden und Städte und Dörfer an dem Reitenden vorbeizogen, ohne daß ihm bewußt ward, durch welch lange Zeit und durch wie große Entfernungen er ritt, während Kundry das Roß am Zügel führte und neben ihm herging, ohne ein Wort zu sprechen.

Endlich aber erkannte er den See wieder, auf dem der Kahn mit dem alten Mann lag, der darin saß und sich zu ihm wandte und eine freundliche Gebärde des Grußes machte. Er ritt, von Kundry geführt, auf dem steilen Felspfade hinan, und plötzlich tauchte die Burg vor ihm auf, die zwölf Kuppeln und zwölf Tore hatte, und die Zugbrücke vor dem einen Tor, das offen stand, war hinabgelassen. Die Sonne ging eben hinter dem See, der in seinem Rücken lag, auf, und er wußte nicht, ob er eine ganze Nacht oder mehrere Nächte hindurch geritten war.

Als er durch das offene Tor in den Burghof ritt, stieg er dort ab, und Kundry, die Seherin, führte das Tier fort. Vor Parzival traten zwei Knappen und legten ihm einen seidenen Mantel, der goldrot schimmerte, über den Narrenkittel, dann führten sie ihn durch etliche Gänge und Hallen in

jenen Saal, in dem er zuvor gewesen war, und ihm bot sich das gleiche Bild wie beim letztenmal. An der langgestreckten Tafel saßen die Ritter, die keine streitbaren, sondern priesterliche Ritter waren, und auf seinem Lager vor dem Kaminfeuer lag mit bleichem Antlitz der todwunde Amfortas und drehte das Gesicht zu ihm hin, und in seinen Augen stand ein Ausdruck, als wollte er sagen: »Bist du endlich wiedergekommen?«
Da kniete Parzival neben ihm nieder und sagte mit fester Stimme: »Edler König Amfortas, sagt mir, woher kommt Eure Qual, und welches war Eure Sünde? Und wie kann ich Euch helfen?«
Da war der Bann gebrochen. Amfortas richtete sich auf, und der Ausdruck des Schmerzes wich von seinen Zügen. Er lächelte und sagte: »Du kommst zur rechten Stunde, Parzival. Es ist der Tag, an dem der Herr aus dem Grabe auferstand. Meine Stunde ist gekommen und die deine desgleichen. Du hast die Frage gestellt, und du wirst noch viele Fragen stellen nach dem Leiden in der Welt. Was ich getan und fehlgetan habe, will ich dir heute Nacht beichten. Das Hüteramt über den Heiligen Gral ist dir nun übertragen, ich aber trete ins Dunkel zurück. Holt nun die Lanze, Brüder, die mir jetzt Heilung bringen darf.«
Die Tür tat sich auf, und der Knappe erschien mit der Lanze in der Hand. Sie richteten Amfortas auf und entblößten ihm die Brust mit der tiefen offenen Wunde. Einer der Brüder tauchte die mit dem heiligen Blut bedeckte Spitze in die Wunde hinein und ließ sie dort ruhen. Die Züge des Kranken verklärten sich. Er sank zurück und fiel in tiefen Schlaf.
Die Brüder umkleideten den neuen Gralskönig mit dem priesterlichen Mantel, und die goldene Schale wurde gebracht und spendete Brot und Wein. Danach heiterten sich die Mienen aller, die trübe und traurig gewesen waren, auf, und eine wunderbar süße und sanfte Musik drang von überall her, von draußen und aus den Tiefen der Burg in den Saal, und österlicher Zauber erfüllte die Herzen mit Freude.
Parzival sandte Boten aus und ließ seine geliebte Kondwiramur in die Gralsburg kommen mit ihrem Söhnchen, und beide entsagten der Königswürde und stellten Stadt und Land Belrapeire unter den Schutz des großen Königs Artus.
Viele Jahrhunderte sind seither verflossen, die Burg auf dem Montsalwatsch ist den Blicken der Menschen entrückt, und man weiß nicht, ob je einer kommt, der sie wieder erblickt. Die heilige Schale, den Gral, sollen damals, als keiner der Brüder mehr lebte, Engel fortgetragen haben an einen geheimen Ort.

Lohengrin

»Eine Geschichte soll ich erzählen?« sagte der Uralte in der Einsiedlerklause zu den Kindern. »Gut, ich weiß Geschichten, wahre Geschichten... Als ich noch ein kleiner Junge war, herrschte die schöne Herzogin Elsa über Brabant . . . Damals geschah manches Seltsame . . . Es kam ein strahlender Ritter, den sie den Schwanenritter nannten, und wollte seinen Namen nicht nennen . . . Laßt mich nachdenken, Kinderchen, daß ich es richtig zusammenbekomme . . .«
Der Hundertjährige strich sich sinnend den Bart, stützte den Kopf in die Hand, schwieg eine Zeitlang, grübelte und fing schließlich an zu erzählen. Dies ist seine Geschichte, die er als kleiner Junge miterlebte.
Der alte Herzog von Brabant lag im Sterben, seine Tochter Elsa kniete an seinem Bett. Er strich ihr mit seiner welken Hand übers Haar und sagte: »Weine nicht, sei stark, denn du sollst Herrin über Brabant sein. Gebe Gott, daß sich ein edler Ritter findet, der würdig ist, das Herrscheramt eines Tages mit dir zu teilen. Solange du aber unvermählt bist, bedarfst du eines Mannes an deiner Seite. Darum habe ich dir den Grafen Telramund als Schutzherrn bestimmt. Er hat mir Treue gelobt, und wenn er auch stolz und starrsinnig ist, bin ich doch gewiß, daß er zu seinem Worte steht. Wenn dem Lande Gefahren drohen, wird er seine Treue erproben.«
Er starb, und er hatte sich in dem Mann, den er als Beschützer seiner Tochter ausersehen hatte, bitter getäuscht.
Nachdem der Trauermonat vorbei war, rief Elsa die Edlen zusammen und setzte sich im Thronsaal die Krone von Brabant aufs Haupt. Dann forderte sie den Edlen den Treueeid ab, und jubelnd huldigten ihr alle, nur einer nicht.

Der Graf Telramund hatte das Knie nicht gebeugt. Trotzig war er aufrecht stehen geblieben und starrte der jungen Fürstin ins Gesicht. Ihr schien, als drohe ihr Unheil aus seinen düsteren Blicken. Sie schloß die Versammlung, aber bedeutete Telramund mit einem Wink ihrer Hand zu bleiben.
»Ihr habt mir das Treuegelöbnis verweigert«, sagte sie. »Erkennt Ihr denn mein Recht auf die Krone nicht an?
»Nein«, erwiderte er schroff.
Das Unheil, das sie ahnte, trat ihr noch deutlicher vor die Seele. »Warum? Erklärt Euch, Graf Telramund.«
»Die Krone gebührt mir«, entgegnete er böse.
Sie rang nach Fassung und fragte: »Mit welchem Recht beansprucht Ihr die Krone?«
Telramund rief herausfordernd: »Mit dem Recht, das Euer Vater mir verlieh. Nach seinem Wunsch soll ich Herzog von Brabant und Ihr meine Gemahlin werden.«
»Das wird niemals geschehen!« entgegnete Elsa.
»Ich hole mir mein Recht, wenn es sein muß, mit Gewalt. Meine Gefolgschaft ist groß genug, mir mein Recht zu verschaffen.«
»Ihr lügt«, sagte sie. »Es ist nicht wahr, daß mein Vater Euch die Herrschaft zusprach. Ihr solltet mein Schutzherr sein, solange ich unvermählt bin.«
»Gut denn! Ihr werdet vermählt sein – mit mir.«
»Einem Manne, wie Ihr seid, wird mein Herz nie gehören.«
»Ich begehre Eure Liebe nicht, wohl aber Eure Hand und die Krone dazu.«
»Ihr habt eben gesehen, wie die Edlen des Landes zu mir stehen. Auch ich habe meine Gefolgschaft.«
»Dann rufe ich den Kaiser an, des Reiches obersten Richter.«
»Er wird nicht für Euch entscheiden, dessen bin ich sicher.«
»Seid nicht so sicher«, höhnte er. »Ihr kennt Euch im Rechtsstreit nicht aus. Der Kaiser wird nur eines tun können. Er wird das Gottesurteil anordnen. Das ist der rechte Weg, einen schwierigen Rechtsstreit zu schlichten. Ist Euch klar, edle Frau, was das bedeutet? Es bedeutet den Zweikampf zwischen mir und dem, der es wagt, gegen mich in die Schranken zu treten. Keiner wird sich finden. Jeder im Lande weiß, daß ich ein unüberwindlicher Fechter bin.«
Elsa wußte es. Schroff wandte sie sich ab, Verzweiflung im Herzen, und ging aus dem Saal. So viele Untertanen von Adel, Rang und Namen hatten ihr zugejubelt, aber sie wußte, daß kein einziger sich gegen den gefürchteten Telramund würde behaupten können, weder in Aufruhr und Fehde noch in offenem ritterlichen Zweikampf. Siegte der ehrgeizige und grausame Mann, so wäre sein Triumph über sie besiegelt. Vergebens suchte sie in der Einsamkeit, eine Entscheidung in ihrer Herzensnot zu treffen, ratlos

grübelte sie über das unerhörte Geschehen nach, auf das sie nicht gefaßt war. Verzagt malte sie sich den Gerichtstag vor dem Thron des Kaisers aus, an dem sie als die Schwächere, Entwürdigte, Entmachtete, dastand. Die schwankenden Füße trugen sie durch den Park des Schlosses, wo sie mutlos auf einer steinernen Bank hinsank und ihren Tränen freien Lauf ließ. Kampf auf Leben und Tod ... Würde ihr Teil der Tod sein, den sie lieber litte, als in der Gewalt eines verhaßten, verräterischen Gatten zu leben –?

Sie saß am Rande des Rheinstromes, und ihre Blicke irrten verloren über das Wasser, als sich ihren staunenden Augen auf der strömenden Flut plötzlich eine seltsame, wunderbare Erscheinung enthüllte. Es war, als ob sie träumte, aber sie war wach. Ein Kahn schwamm daher, und aufrecht stand in ihm ein Ritter in strahlender Rüstung aus schimmerndem Silber, die Hände übers Schwert gelegt. Was aber das Seltsamste war: Der Kahn wurde von einem Schwan übers Wasser gezogen; die Sonne spiegelte sich im Helmzier des Ritters, einer weißen Taube, so schneeweiß wie der Märchenschwan, der ruhig, mit stolz aufgerecktem Hals seines Weges zog.

Elsa saß wie betäubt: Narrte sie ein Trugbild, oder sandte ihr der Himmel eine tröstende Botschaft? Eine Freude, mit Bangigkeit gemischt, kam über sie, es hob sie aus den Knien, sie stand und streckte die Hände nach dem Wunder aus – da verblaßte es, verschwamm im Dunst und entschwand.

Als die Erscheinung verschwunden war, fühlte sie eine sachte Berührung an ihrer Schulter, und ein zarter Flügelschlag von der Schwinge eines Vogels berührte ihre Wange. Sie drehte den Kopf, um ihre Wange noch zärtlicher an den lieblichen Gruß zu schmiegen, und sah, daß eine weiße Taube auf ihrer Schulter saß, und ein silbernes Glöckchen hing an ihrem Hals. Da wußte sie untrüglich, daß ein freundlicher Gruß, eine himmlische Botschaft aus unbegreiflicher Ferne, zu ihr gekommen war, und ihr Herz füllte sich mit Freude. Sie hob die Hand, um dem kleinen gefiederten Boten das Gefieder zu streicheln, und flüsterte: »Flieg, kleiner Abgesandter, flieg zu dem, der dich gesandt hat, und grüß ihn von Elsa von Brabant, die am Tage des Gerichts seiner harrt.«

Da hob sich die Taube und flog so geschwind, daß ihr der Blick kaum zu folgen vermochte.

Lohengrins Sendung

Auf dem Berg Montsalwatsch in der Gralsburg, wo die heilige Schale, der zu reinem Gold verwandelte Eßnapf des Joseph von Arimathia, der das Blut des Gekreuzigten empfangen, gehütet wurde, lag Lohengrin, des Gralskönigs Parzival Sohn, in unruhigem Schlummer. Fernweh erfüllte sein kühnes Herz. Der Knabe war zum Jüngling, der Jüngling zum Manne geworden, die Gaben und Tugenden der Ritterschaft waren ihm in Fülle

zu eigen, es drängte ihn zu edlen, mutigen Taten. Wohl wußte der alternde Parzival, der dem Dienste am Heiligtum vorstand, was in der Seele des Sohnes vorging, und es wußte auch seine Mutter, die schöne Kondwiramur, davon, doch beide wußten zugleich, daß es eines Befehles von oben bedurfte, wenn die Reihe an dem jungen Lohengrin war, in die Welt zu ziehen und draußen Gottes Ruhm zu verkünden, wie es stets jeweils einer aus den zwölfen der Gralshüterschaft tat. Und als nun derjenige, der zuletzt in die Welt gesandt war, zurückkam, um sich wieder in die stille fromme Schar der zwölf einzureihen, da richtete Parzival im Gebet die Fragen an den Himmel, wer der nächste sein solle, und empfing in der Versenkung des Gebets die Antwort, Lohengrin solle sich aufmachen, für eine unschuldige Frau, die Herzogin von Brabant, einzutreten, der bitteres Unrecht getan werde; und am Gestade des Meeres harre seiner ein Nachen, von einem Schwan gezogen, ihn an den Ort seiner Sendung zu bringen.
Da gaben Parzival und Kondwiramur dem Sohn ihren Segen und die weltliche Rüstung und das Schwert, und Lohengrin ritt bis zum Gestade des Meeres und traf den Nachen und den Schwan, der anmutig den schlanken Hals und den Kopf vor ihm senkte zum Gruß. Danach trat Windstille ein, wo immer sie zogen, und es verging eine Zeit, von der ihm nicht erkennbar war, ob es Tage und Nächte und wie viele es waren, die verstrichen, dann endete die traumhafte Reise am Ufer des Thingplatzes, wo prunkhafte Zelte standen und ein Thron aufgeschlagen war für den Kaiser, der Gerichtstag hielt über den Streit zwischen Elsa von Brabant und dem Grafen Telramund, dem Empörer.

Der Zweikampf

Nur diese eine Klage stand zur Verhandlung: Graf Telramund, der in schwarzer Rüstung vor dem Thron stand, beschuldigte die Herzogin, ihre Herrschaft auf Trug und der Verfälschung des väterlichen Willens zu stützen, und ihm selbst und keinem sonst käme die Herrschaft über Brabant und zudem die Hand der Herzogstochter zu.
Der Kaiser umgab sich mit seinen Beratern, alten erfahrenen Köpfen in der Gelehrsamkeit des Rechtes, und hörte abwägend die Meinungen der Weisen. Aber sie kamen zu keinem klaren Ergebnis, das Für und Wider hielt sich gegenseitig in der Schwebe, Streit erhob sich, Folianten, die die Sprüche zu verwickelten Fällen enthielten, wurden gewälzt und studiert. Alle die Versammelten, unter flatternden bunten Standarten und Bannern des Reiches und der Edlen, traten von einem Bein auf das andre.
Als der Streit kein Ende nehmen wollte, forderte der Kaiser den Kläger auf vorzutreten und befragte ihn, ob er ein schriftliches Vermächtnis des verstorbenen Herzogs von Brabant vorweisen oder aber Zeugen benennen könne, die den Letzten Willen des Sterbenden mit eigenen Ohren

gehört hätten. Und es erschien auf seinen Wink auch Elsa, von ihrem Gefolge umgeben, in der strahlenden Reinheit ihrer Jugend, und es entging dem Kaiser nicht, daß diese Frau nicht fähig sei zu List und Betrug. Auch sie wurde befragt, ob es ein schriftliches Vermächtnis gäbe oder Zeugen, die den Willen des Sterbenden mit eigenen Ohren gehört hätten.
Telramund ergriff das Wort: »Es gibt nur zwei Zeugen: sie, die den Willen des Vaters verfälscht hat, und mich, den Betrogenen. Ich habe die Wahrheit gesprochen und setze mein Leben dafür zum Pfand.«
Telramund fuhr fort: »Da nun das eine Wort gegen das andere steht, das Wort eines Ritters und das einer unwissenden Jungfrau, und nur Gott entscheiden kann, welches das echte Wort ist, so möge Gott denn entscheiden. Ich rufe das Gottesurteil an und bin zum Kampfe bereit.«
Da blieb dem Kaiser nichts übrig, als Elsa zu fragen: »Welcher ist Euer Ritter, für Euer Wort einzutreten.«
Elsa sagte: »Noch kenne ich ihn nicht.«
Der Kaiser schwieg lange, dann sagte er: »So steht Eure Sache nicht gut, Elsa von Brabant. Habt Ihr noch Hoffnung auf einen Retter?«
Da sagte sie und hob ihr Antlitz zum Himmel: »Er wird kommen um die Mittagsstunde, strahlend wie ein Engel, von Gott gesandt. Aus der Ferne über das Meer kommt er und fährt über den Strom, und der Wille des Himmels lenkt ihn.«
Gemurmel entstand unter der Menge, auch leises Gelächter. Und einige sagten: »Sie hat den Verstand verloren.«
Aber der Kaiser ließ sich vernehmen: »Wenn Ihr sagt, Elsa von Brabant, daß Euer Ritter um Mittag kommt, so ist es Euer Recht, bis zum Mittag Aufschub zu verlangen. Erst dann soll der Spruch gefällt sein.«
Es war aber nicht lange mehr zur Mittagsstunde, und beklommen verharrte die Versammlung, und keiner rührte sich vom Fleck.
Da erklang der Schall eines Glöckchens silbern von fern her, daß alle neugierig lauschten, und kam näher und wurde lauter, und als aller Blicke sich dorthin richteten, von wo der Schall kam, zum strömenden Rhein, da enthüllte sich ein Wunder, denn ein Kahn tauchte auf, darin stand ein Ritter in schimmernder silberner Wehr, die Hände auf dem Schwertknauf, und der Kahn wurde von einem schneeweißen Schwan gezogen. Dergleichen hatte noch keiner jemals gesehen. Ein Wunder geschah, und die Menge raunte: »Ein Wunder, ein Wunder, da kommt der Held, der zur rechten Zeit kämpft.«
Der Nachen legte am Ufersteg an, der Ritter nahm sein Schwert in der Scheide, zu dem er kein Gehänge hatte, behutsam zur Hand und hielt es sich an die Brust und stieg aus dem Nachen. Er wandte sich mit einer Gebärde des Grußes und Dankes nach dem Schwan um, und dieser erwiderte den Gruß, indem er mit großer Würde den Kopf neigte, und schwamm davon.

Der Ritter aber schritt, des Gaffens der Menge nicht achtend, die ihm eine Gasse bildete, zum freien Platz vor dem Thron hin, wo Elsa und Telramund standen, beugte vor ihr das Knie und sprach: »Ich grüße Euch, Elsa von Brabant, und bitte Euch um die Gunst, als Euer Ritter gegen Euren Widersacher streiten zu dürfen.«
Sie erwiderte, flammende Röte in den Wangen: »Habt Dank für Euer Kommen. Ihr sollt mein Ritter sein.«
Darauf wandte er sich zum Kaiser, beugte auch vor ihm das Knie und sprach: »Elsa von Brabant hat mich zu ihrem Streiter erkoren. Nun möge mir die Majestät erlauben, mein Schwert gegen den Kläger zu heben.«
Der Kaiser erwiderte ohne Zögern, und Erleichterung klang in seiner Stimme: »Das sei Euch gewährt, und sagt mir Euren Namen und Eure Herkunft.«
Da war des fremden Ritters seltsame Antwort: »Meinen Namen und meine Herkunft zu nennen ist mir durch mein Gelöbnis verwehrt. Ich bitte darum, nennt mich den Schwanenritter, der auf Gottes Geheiß kommt und auf sein Geheiß handelt. Mehr bedarf's nicht.«
Der Kaiser besann sich: »Es mag denn genügen. An Eurem Rang und Rittertum zweifle ich nicht. Das Gottesurteil soll zwischen Euch und dem Grafen Telramund stattfinden, wie es der Kläger gefordert hat. Seid Ihr zum Kampf bereit?«
Der Schwanenritter senkte das Haupt.
Telramund blickte erzürnt und betroffen, aber ein Ausweichen gab es nicht mehr. Auch er nickte.
»So messet die Schranken aus hier im Geviert vor dem Thron. Zwei Herolde zu beiden Seiten!« befahl der Kaiser, und die Herolde steckten den Abstand ab und traten zurück.
Die Schwerter fuhren aus der Scheide und klirrten aufeinander. Hieb und Abwehr und Gegenhieb folgten in rasender Schnelle, an Kühnheit und Waffenkunst waren die Kämpen einander ebenbürtig. Doch nicht ganz. Bald war zu erkennen, daß der gefürchtete Telramund zurückwich und ermattete, der geheimnisvolle Fremde aber an Kräften zunahm und sein Arm an Wucht und Raschheit gewann. Und dann geschah es, daß sein Schwert mit solcher Gewalt auf den Helm des schwarzen Ritters niedersauste, daß der Helm zerbrach und der Mann zu Boden sank und betäubt im Sand liegenblieb. Der zerborstene Helm hatte ihn mit knapper Not vor dem Todesstreich bewahrt.
Der Schwanenritter setzte ihm die Schwertspitze an die Kehle und sagte: »Das Gottesurteil hat gegen Euch entschieden. Ihr seid gerichtet. Gesteht, daß Eure Ansprüche Lüge und Verleumdung sind, oder Ihr seid des Todes.«
Telramund hob mühsam den Kopf und sagte mühsam: »Ich leugne nicht. Elsa steht im Recht, ich im Unrecht. Schont mein Leben.«

»Das steht beim Kaiser«, erwiderte der Sieger und steckte das Schwert in die Scheide. »Euer Schwert aber zerbrech' ich.« Und er nahm das Schwert, das der Hand des Besiegten entglitten war, zerbrach die Klinge überm Knie in zwei Teile und warf sie fort. Dann, zum Kaiser gewandt: »Es steht beim obersten Richter des Reiches, zu entscheiden, was diesem Frevler zukommt.«
Der Kaiser sagte: »Das Gottesurteil hat gesprochen. Ich aber spreche die Ächtung und den Bann über Euch aus, Graf Telramund. Solange Ihr in meinem Reich seid, seid Ihr vogelfrei. Es bleiben Euch drei Tage Zeit, zu entkommen. Eure Güter fallen der Krone zu, zu halben Teilen der Herzogskrone von Brabant, zu halben Teilen der Reichskrone. Euer Name sei gelöscht aus den Büchern der Ritterschaft.«
Telramund raffte sich mit verzerrtem Angesicht auf und wankte aus dem Kreis derer, die Zeugen seiner Schmach waren und ihm eine Gasse bildeten, hinaus. Keiner wußte, wohin er sich wandte. Später hieß es, er lebte unter einem falschen Namen in Dänemark, wo er Kriegsdienste tat. Nur eine derer, die ihm angehörten, seine Tochter Ortrud, blieb heimlich in Brabant.
Abermals beugte der Schwanenritter vor Elsa das Knie. Während sie ihn aufhob, huldigten brausende Jubelrufe der Herzogin und ihrem Retter. Ihre Augen tauchten ineinander, ihre Arme umschlossen sich, und in der innigen Umarmung, die die Blicke der Menge und die Anwesenheit des Kaisers nicht scheuten, gingen ihre geflüsterten Worte hin und her:
»Habt Dank, mein Held . . .«
»Ich liebe dich . . .«
»Ich liebe dich auch . . .«
»So sei du nun Herzog von Brabant.«
Der Kaiser gab seine Huld, der Bischof erteilte seinen Segen, alle die versammelten Edlen waren des Ausganges froh, ein Festmahl beendete den Tag, und das Gelöbnis der Ehe, die am andern Tag geschlossen werden sollte, wurde verkündet. Und als aller Jubel und alle Feierlichkeit vorüber war, neigte sich Lohengrin zu Elsa hin und sprach mit leiser Stimme und großem Ernst:
»Meine Elsa, ehe du mein geliebtes Weib wirst, höre mich an. Sieh, du mußt mir etwas geloben, was dir schwerfallen mag. Du mußt mir geloben, niemals nach meinem Namen und nach meiner Herkunft zu fragen. Das Gesetz einer Bruderschaft, der ich auf immer verpflichtet und untertan bin, will es so. Nichts kann mich von diesem Gesetz entbinden. In der Stunde, wo du diese Frage dennoch tust, muß ich dich verlassen.«
»Ich glaube an dich, mein Schwanenritter, und verspreche es dir«, erwiderte Elsa. »Ein Traumbild hat dich mir angekündigt, der Himmel hat dich mir gesandt. Ohne dich wäre ich die Elendeste der Elenden. Dein Geheimnis soll mir heilig sein, sei ohne Sorge.«

Die Frage

Lohengrin, der Schwanenritter, dessen Namen und Herkunft keiner kannte, war ohne Sorge. Er liebte seine Frau von Herzen und vertraute ihrer Einsicht und ihrem Versprechen – nie würde sie ihn befragen. Aber ach, es gab einen Weg, ihr Vertrauen zu erschüttern und sie ihr Versprechen vergessen zu lassen. Indessen blieb sie lange Zeit standhaft, hielt zu ihrem Wort, ließ die Liebe zu ihrem Gemahl und Retter über alle Bedenken triumphieren.

Sie lebten glücklich miteinander. Hoch geehrt war dieses herzogliche Paar weit und breit, im Lande Brabant und im Reich, geliebt und geachtet beim Volk. Der namenlose Name des Schwanenritters wurde mit Ehrfurcht genannt und war bei den Feinden gefürchtet. Im Kampfe war er der erste, im ritterlichen Turnier war ihm keiner gewachsen.

Elsa schenkte ihm nacheinander zwei Kinder, einen Knaben und ein Mädchen, die lieblich gediehen. Sie aber waren es, die den Stein ins Rollen brachten, das Glück des Paares zu zerstören.

Ortrud, die im Lande gebliebene Tochter Telramunds, die ihren Namen verändert und durch Zauberkünste ihr Gesicht so umgestaltet hatte, daß keiner sie erkannte, hatte mit List und Geschick, mit Liebreiz und Umsicht verstanden, Zugang zu dem herzoglichen Hof zu erlangen. Bald hatte Elsa sich an ihre Gesellschaft gewöhnt und vertraute ihr die Aufsicht über die Kinderchen an, und sie erwies sich als eine kluge und einnehmende Person, die das eine, das sie im Sinne trug, vollkommen zu verbergen wußte: die Rache für die vom Vater erlittene Schmach. Wohl wußte sie, wie der Fallstrick zu legen sei, über den Elsa straucheln würde, und ebensowohl wußte sie, wie fest und bindend das Gesetz war, das den Schwanenritter an sein Verbot band, Namen und Herkunft zu nennen. Wenn Elsa die Frage stellte, mußte der Ritter den Rücken kehren.

Und als einmal auf dem höfischen Turnier der Schwanenritter wieder über alle Gegner triumphiert hatte, da seufzte Ortrud so vernehmlich, daß es an Elsas Ohr dringen mußte: »Ach, es ist kein Wunder, daß dieser Mann nicht bezwungen werden kann und jeden, der mit reinem Herzen kämpft, in den Sand streckt . . .«

Elsa vernahm diese Worte und mußte angestrengt darüber nachdenken, was mit ihnen gemeint sein mochte. Endlich erwiderte sie: »Was sagst du da? Jeden in den Sand streckt, der mit reinem Herzen kämpft –? Auch er kämpft ja mit reinem Herzen, ein reineres Herz hat es nie gegeben.«

Ortrud schwieg.

Nicht lange darauf ließ sie abermals die Worte fallen: »Nein, ein Wunder ist es wohl nicht«, und fügte mit »ach« und »ach« einen tiefen Seufzer dazu.

»Kein Wunder, was meinst du damit?« fragte Elsa erstaunt, und eine Bangigkeit regte sich ihr im Herzen.

»Es ist ein Geheimnis«, flüsterte Ortrud und spielte die voller Beklommenheit Wissende.
»Ein Wunder, ein Geheimnis?« forschte Elsa. »Was weißt du davon?«
»Alles«, sagte Ortrud und verbarg ihr Gesicht in den Händen, und es schien Elsa, als ob eine Träne ihr die Wange hinabrann. Und nochmals: »Alles . . . Ach, wüßte ich doch lieber nichts und aber nichts!«
Da wollte Elsa von weiter nichts hören und wies die Flüsternde von sich, aber die Worte, die sie vernommen, wühlten in ihrem Gemüt und gaben ihr keine Ruhe, so daß sie eines Tages die andere zur Rede stellte: »Sage mir, was das für ein Wunder und kein Wunder und was das für ein Geheimnis ist, oder ich jage dich davon.«
»Herrin«, sagte Ortrud und ließ wieder eine Träne aus ihrem Auge rinnen, »lieber wäre mir, Ihr jagtet mich davon, als daß ich ein solches Geheimnis verriete, da ich doch so fest an mein Schweigen gebunden bin wie der Schwanenritter an seines. Und doch, um der lieben kleinen unschuldigen Kinder willen, müßt' ich wohl reden, und wenn es mein Verderben ist!«
»So rede endlich!« befahl Elsa hart.
Ortrud sprach stockend und als wollten ihr die Worte nicht über die Zunge: »Seinen Namen weiß ich nicht, wohl aber seine Herkunft, seine Heimat. Aus Satans Reich stammt er, er ist mit der Hölle im Bund, und dieses Bündnis gibt ihm übermenschliche Macht, die sonst keinem gegeben ist. Das ist das Geheimnis, und nun jagt mich davon, Herrin, oder tötet mich, wenn Ihr wollt.«
»So geh und laß dich nie wieder blicken!« befahl Elsa, und Ortrud verhüllte ihr Haupt und wandte sich zum Gehen, und im Fortgehen sprach sie: »Herrin, denkt an die Kinder. Sie sind es, die es einst zu büßen haben. Sie kennen den Namen ihres Vaters nicht, und wenn man sie nach ihrer Abstammung fragt, so müssen sie die Augen niederschlagen und sich nachsagen lassen, daß sie einem schlimmen Zauber ihr Leben verdanken.«
Damit ging sie.
Verstört und in tiefen, traurigen Gedanken blieb Elsa zurück. Tagelang bewahrte sie das Gift, das Ortrud ihr eingeträufelt hatte, im Herzen. Man sah ihr an, daß sie etwas in sich verschloß, woran sie litt. Lohengrin sah es ihr an und ahnte, um was es ihr ging. Er wagte sie nicht zu fragen, so wie sie nicht wagte, ihn zu fragen. Aber eines Tages, als er sie in heimlichen Tränen fand, konnte er es nicht mehr aushalten und forschte bekümmert:
»Elsa, was ist dir?«
»Nichts«, wehrte sie ab.
»Du verbirgst mir etwas. Du hast einen Kummer. Vertrau dich mir an.«
Statt einer Antwort schmiegte sie sich an ihn.
»Dich quält etwas«, drängte er sie. »Sag mir, was es ist. Vertrauen ist ein Gebot der Liebe.«

»Vertrauen, ja . . .« sagte sie. »Ich vertraue dir grenzenlos. Aber vertraust du auch mir?«
Er sagte ahnungsvoll: »Elsa, rühr nicht an unser Glück.«
»Unser Glück«, wiederholte sie. »Und das Glück unserer Kinder. Ist es nicht schrecklich getrübt, wenn unsere Kinder ihren Vater nicht mit Namen kennen, nichts von seiner Herkunft wissen?«
»Sprich nicht weiter, meine Elsa«, rief er verzweifelt. »Ich bitte dich, sprich nicht weiter!«
Aber sie sprach weiter und sprach es aus, was sie so quälte. »Du liebst mich, mein Schwanenritter . . . Dann kannst du mir nicht zürnen, wenn ich dich frage. Ich frage dich. Liebster, wer bist du?«
Da war es geschehen, und Elsas und Lohengrins Glück war dahin. Er stöhnte aus tiefstem Herzen. Er schwieg lange Zeit. Dann sagte er: »Nun muß ich sprechen. Du denkst vielleicht, ich käme aus Nacht und Leiden. Nein, aus Glanz und Wonne komme ich her. Mein Vater ist Parzival, der König der Gralshüter, vom Berge Montsalwatsch. Und ich bin Lohengrin genannt. Ich habe gesprochen. Und nun muß ich scheiden. So will es das Gesetz des Heiligen Grals. Nur unbekannt dürfen wir in die Welt, um Gutes zu wirken. Unsern Lohn sammelt Gott ein, nicht wir. Sieh hinaus auf den Rheinstrom, Elsa. Es gilt Abschied zu nehmen.«
Sie blickte auf den Strom, und in der Ferne sah sie, noch vom Dunste umhüllt, den Schwan. Er kam mit rasender Schnelligkeit, ein Traumbild, näher, er zog den Nachen. Lohengrin küßte sein Weib und grüßte den Schwan, der den Gruß würdevoll mit einem Neigen des Kopfes erwiderte. Dann bestieg er den Nachen und war, ohne sich noch umzuwenden, entschwunden.

Tristan und Isolde

Tristans Jugend. Er wird verschleppt, aber gerettet und kommt zum König Marke nach Tintagel zurück

Vor Zeiten herrschte König Marke über das Land Cornwall. Burg und Schloß Tintagel, hoch über dem Meer, einst von Riesen erbaut, war sein Wohnsitz, und hier hielt er seinen Hof.

Einmal wurde Tintagel von Seeräubern belagert und war in harter Bedrängnis. Dies erfuhr Rivaldin, der König von Bretonien, jenseits des Meeres, und da er mit Marke befreundet war, rüstete er eine Flotte aus, kam über das Meer und vertrieb die Seeräuber, und zum Lohn gab ihm Marke seine Schwester Blancheflor, das heißt »die weiße Blume«, zur Frau.

Als gerade die Hochzeit gefeiert wurde, erhielt Rivaldin die Nachricht, daß sein alter Feind, der Herzog Morgan von Flandern, in Bretonien eingefallen war und Städte und Felder verwüstete. Da mußte er rasch in sein Land zurückkehren und landete mit Blancheflor vor seiner Burg Kanoel. Er vertraute sie dem Schutz seines treuen Marschalls Rualt an und zog dem Feinde entgegen.

Sorgenvoll wartete Blancheflor, daß er wohlbehalten heimkehre, aber ach, sie sollte ihn nicht wiedersehen. Sein Widersacher hatte ihn in einen Hinterhalt gelockt und ermorden lassen. Als sie die schlimme Nachricht empfing, weinte sie nicht, und kein Wort des Schmerzes kam über ihre Lippen, aber alle Kraft verließ sie, elend und schwach schleppte sie ihr freudlos gewordenes Leben hin, denn sie hatte Rivaldin von Herzen geliebt. Vorzeitig gebar sie einen Sohn, und bei der Geburt starb sie.

Zur gleichen Zeit, als das Kind das Licht der Welt erblickte, erschien Morgan mit seinem Heer vor der Burg Kanoel und forderte die Übergabe und Unterwerfung. Leiste man ihm Widerstand, so wolle er die Burg zerstören und keinen am Leben lassen. Da mußte Rualt sich fügen, denn kein nennenswertes Heer stand ihm zur Seite, und er beugte sich dem Eroberer. Aber da er fürchtete, daß Morgan den Sohn Rivaldins umbringen lassen würde, gab er das Kind für sein eigenes aus. Nach sechs Wochen trug Rualts Gemahlin es zum Taufbecken, und sie gaben ihm den Namen Tristan, das heißt das Kind der Trauer.

Als Tristan sieben Jahre alt war, gab Rualt ihn dem Waffenmeister Kurwenal zur Erziehung, und bei ihm lernte der Knabe alle Künste, die dem Ritter ziemen, nicht nur den Gebrauch der Waffen, sondern auch Lesen und Schreiben, fremde Sprachen, das Saitenspiel mit vielen Melodien, und als er ein Jüngling war, stand er an Bildung und Wissen hoch über den meisten und war, wie jung auch an Jahren, ein vollendeter Ritter.

Aber früh riß ein widriges Geschick ihn in die wilde Strömung des Lebens. Fremde Kaufleute ankerten eines Tages vor Kanoel und luden den Jüngling ein, auf ihr Schiff zu kommen und es sich anzusehen. Der Kapitän hatte ein Schachbrett stehen und forderte Tristan auf, mit ihm zu spielen, und als sie sahen, wie gut er spielte und in allen Künsten und Weisheiten beschlagen war, beschlossen sie, ihn zu entführen. Sie lichteten, während er noch über einen Zug in der Schachpartie nachdachte, den Anker und gingen in See, und so erwies sich, daß sie keine ehrlichen Kaufleute waren, sondern Seeräuber.

Das Meer aber, so sagt man, trägt nur mit Widerwillen ein verräterisches Fahrzeug. Es peitschte unter einem Sturm zur Nachtzeit unbarmherzig die Wellen zu solcher Höhe, daß die Seeleute vor lauter Angst gelobten, den geraubten Jüngling freizugeben, wenn sich die See nur beruhigte.

Da legte sich der Sturm, das Schiff ging nicht unter, und Land kam in Sicht. Tristan wurde mitsamt einem Holzbrett, das ihn über Wasser hielt, aufs Meer gesetzt und trieb ans Ufer. Er kletterte an steilen Klippen empor und fand sich in einer bewaldeten Gegend. Während er noch ratlos grübelte, wohin er sich wenden sollte, vernahm er den Klang von Jagdhörnern, ging dem Schall nach und sah einen Jäger, der sich gerade anschickte, einen erlegten Hirsch auszuweiden, aber nicht wußte, wie er es richtig anstellen sollte. Da rief Tristan vorwurfsvoll: »Was tut Ihr da, Herr! Ein so edles Wild zerstückelt man nicht wie ein geschlachtetes Schwein!«

Dann kamen die Gefährten des Jägers hinzu und fragten Tristan, ob er es denn besser verstünde, und Tristan zeigte ihnen, wie man es richtig machte. Es waren einfache und freundliche Menschen, die sich seine Geschichte erzählen ließen, ihm von ihrem Vorrat zu essen gaben und ihn als ihren Gast mit sich nahmen. Als er ihnen seinen Namen nannte, schüttelten sie aber die Köpfe und meinten: »Was für ein trübseliger Name, der nach Traurigkeit klingt. Du bist ein so hübscher Bursche, nach Freude und Schönheit solltest du benannt sein.«

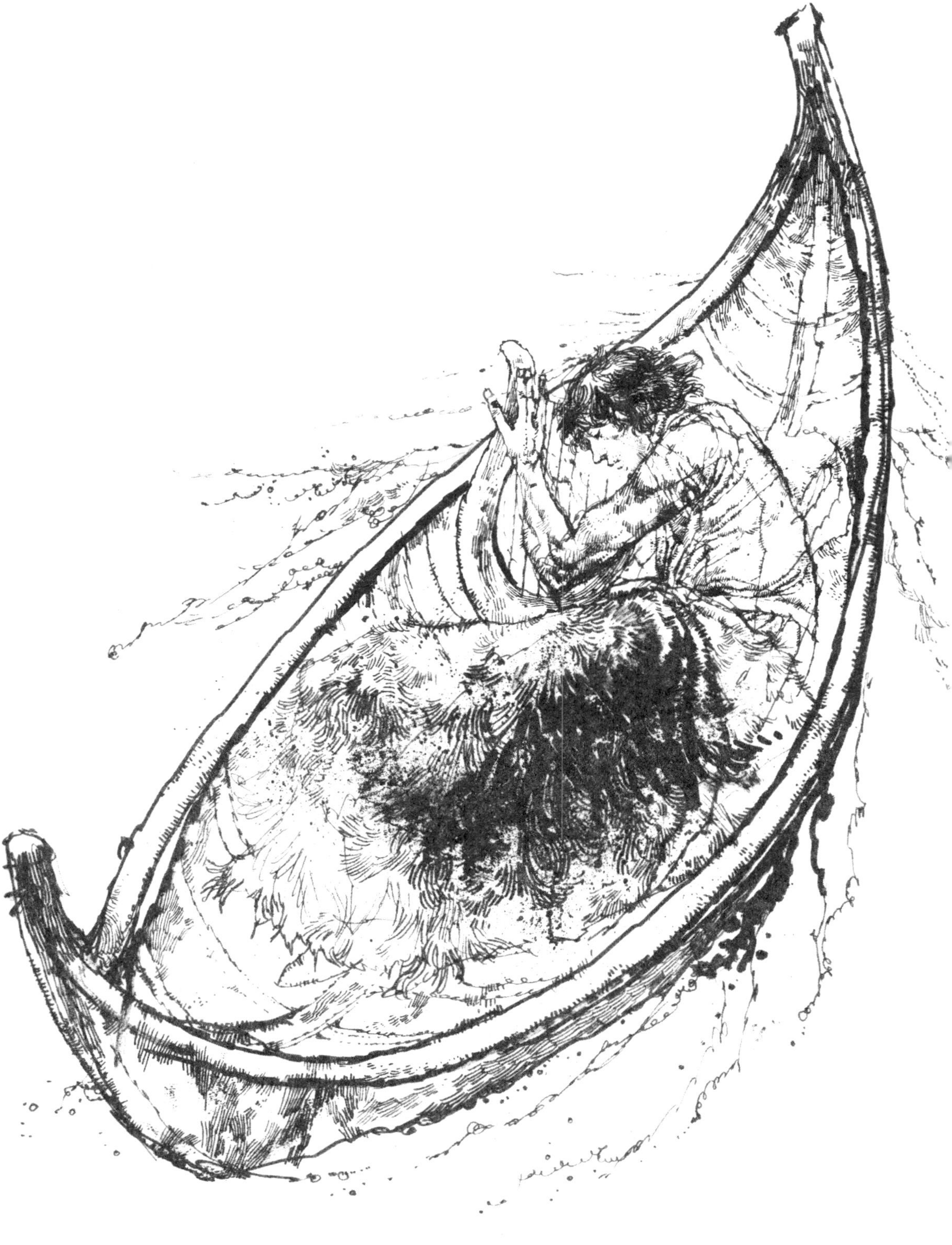

Sie ritten mit ihm heimwärts durch Wälder und Wiesen und gelangten schließlich an eine Burg, die vom hohen Felsen weit übers Meer hin ragte. »Was ist das für eine herrliche Burg, wie heißt sie?« rief Tristan begeistert und erhielt zur Antwort: »Das ist Tintagel, und von hier aus herrscht König Marke über das Land Cornwall.«

Der Jagdtrupp ritt in die Burg hinein, und Marke stand im Burghof und sah den schönen Jüngling, der mit den Jägern gekommen war. Er erfuhr, wie sie ihn aufgefunden hatten, faßte gleich Zuneigung zu ihm und behielt ihn auf seiner Burg. Bald schloß er ihn so in sein Herz, daß er sein eigenes Kind – aber er hatte keins – nicht zärtlicher hätte lieben können.

Tristan erwiderte diese Zuneigung von Herzen und mit Ehrfurcht und unterhielt den König Abend für Abend mit schönen Liedern zum Saitenspiel und mit guten Gesprächen, und als er älter und ein Mann wurde, gab er ihm manchen klugen Rat, den Marke bald nicht mehr missen mochte. Und an seine Heimat Bretonien dachte er schließlich nicht mehr, denn die Jugend liebt das Neue und ist schnell bereit, Vergangenes zu vergessen.

Nicht aber konnte der treue Rualt den Pflegesohn vergessen und sein Verschwinden verschmerzen. Die Jahre vergingen, dann hielt er es nicht mehr aus und machte sich, als Wanderer und Pilger angetan, auf den Weg, um den Sohn der toten Herrin Blancheflor zu suchen und zurückzubringen. Länder und Meere bereiste er, bis er endlich an das Gestade Cornwall und zur Burg Tintagel gelangte und hier den so lange Gesuchten wiederfand.

Tristan kämpft mit dem Riesen Morolt und empfängt eine schreckliche Wunde

Jetzt erst erfuhr König Marke, daß es der Sohn seiner geliebten Schwester Blancheflor war, den er bei sich aufgenommen hatte. Die Freude war groß, und vor der Versammlung aller Edlen seines Landes erteilte er dem Jüngling den Ritterschlag.

Rasch kehrte nun Tristan mit Rualt und einem Aufgebot von Reisigen nach Bretonien zurück, um seine Heimat in seinen rechtmäßigen Besitz zu nehmen. In harten Gefechten wurde Morgan geschlagen und aus dem Land gejagt. Danach rief Tristan die Edlen des Landes zusammen und sprach: »Mit Gottes und Eurer Hilfe habe ich für unseren König Rivaldin, meinen Vater, Rache genommen, den Eindringling geschlagen und das Land befreit. Nun trage ich die Krone von Bretonien. Aber hört. Zwei Männern schulde ich Dank und Treue, und diese Schuld will ich abtragen. Jeder dieser beiden ist zu mir, als ich noch ein Kind war, wie ein echter Vater gewesen: Rualt, der Marschall, und Marke, der König von Cornwall jenseits des Meeres. Ein Ritter hat zweierlei, das er zu verschenken hat – das eine ist Leib und Leben, das andere sein Land. Ich frage nicht nach der Krone, sondern Rualt soll sie tragen und fortan König von Bretonien sein.

Mit meinem Leib und Leben aber will ich meinem anderen Vater dienen, und darum kehre ich nach Cornwall zurück an König Markes Hof als sein Vasall und Ratgeber. Nur Kurwenal, der Waffenmeister, soll mich begleiten.«

So geschah es. Als nun Tristan und Kurwenal an der Küste von Cornwall landeten, herrschte im Land Trauer und Angst. Vor Tintagel war die Flotte des mächtigen Königs von Irland, Gurmun, erschienen, um einen Tribut einzufordern, den der Vater Markes vor Zeiten durch eine Niederlage verwirkt hatte. Gurmun verlangte eine gewaltige Menge von Gold, und niemals war das Land Cornwall imstande, sie aufzubringen. Wurde sie aber nicht gezahlt, so verlangte Gurmun, daß hundert Kinder aus den ritterlichen Häusern Cornwalls ihm ausgeliefert würden. Als Geiseln wollte er sie behalten, bis das Gold gezahlt würde, oder aber sie zu Pagen und Hofknechten machen.

Sein Herold, der diese schreckliche Drohung überbrachte, war ein riesenhafter und bärenstarker Mann, einem Goliath gleich, mit Namen Morolt, dessen Schwester die Frau des Königs Gurmun war, und darum war er auch der Anführer der Flotte und der mächtigste Mann in Irland. Verächtlich schleuderte er den Rittern von Cornwall noch eine Forderung anderer Art entgegen: Wenn einer den Zweikampf mit ihm wagte und ihn besiegte, so solle der Tribut abgegolten sein.

Dessen getraute sich aber keiner, und sie mußten sich Morolts Hohn zähneknirschend gefallen lassen: »Wird denn dieses Land nur von Sklaven, Memmen und Feiglingen bewohnt? Nur heran denn also mit eurem Gold oder den hundert Kindern, die Hälfte von ihnen wollen wir auffressen!« Derart grimmig und greulich höhnte und spottete er.

Tristan trat vor Marke hin, beugte das Knie und bat um die Erlaubnis, gegen den Unhold kämpfen zu dürfen: »Ihr habt mich zum Ritter geschlagen, mein König, und es wird Zeit, daß ich meine ritterliche Probe ablege, denn sonst müßte ich mich schämen, ein Ritter zu heißen.«

Als Morolt dies vernahm, wollte er sich schier totlachen und brüllte: »Dieses Milchgesicht erledige ich nicht mit der Waffe, sondern mit einem Fußtritt!«

Es sollte aber anders kommen.

Morolt verlangte, daß der Zweikampf auf einer einsamen Insel, knapp außer Sicht des Ufers, ausgetragen würde, keiner wußte, warum, aber sie deuteten es so, daß der Riesenkerl keine Zeugen davon haben wollte, wie grausam er mit dem Milchgesicht verfuhr. Jammernd, kopfschüttelnd, händeringend ließen sie Tristan in einem Nachen hinausfahren, hinter der prunkvollen Barke des Irländers her, und dann vernahm man lange Zeit nichts als die hellen Schreie der Möven, die um den fernen Kampfplatz her flatterten.

Endlich tauchte am Horizont ein Segel auf. »Er ist tot, mein Liebling ist

dahin!« klagte Marke, und durch die Menge am Ufer ging ein Schauder: »Der starke greuliche Morolt kommt zurück und hat den armen Tristan zerstückelt!«
Aber es war Tristan, der dem Nachen, als der Kiel auf den Strand knirschte, entstieg. Er trat mit froher Miene und leuchtenden Augen, obwohl ihm das Blut von der Stirn rann, vor den König hin: »Er hat sich gewaltig geschlagen, seht nur meinen schartigen Schild, aber seht hier auch mein Schwert. Das Stück, das an seiner Schneide fehlt, steckt in Morolts Schädel.«
Als er dies gesagt hatte, wurde er bleich wie Linnen und sank ohnmächtig in die Knie.

Tristan verwandelt sich in Tantris, den Spielmann

Er lag monatelang siech und in Schmerzen und wurde sorgsam gepflegt, aber obwohl seine Stirnwunde, aus der das Blut rann, nicht allzu tief war und den Schädel nicht durchdrungen hatte, wollte sie sich nicht schließen, und es schien, als gärte in ihr ein Gift. Hatte Morolt mit einem vergifteten Stahl gekämpft? Keiner wußte es, aber seine Schwester, die Königin von Irland, galt für zauberkundig und konnte heilen und verderben. Nur diese eine Frau war imstande, Tristans Wunde zu heilen, aber eben ihr konnte er diese Bitte nicht antragen, denn sie würde den Überwinder ihres Bruders verderben. Und doch hatte das Schicksal es so gefügt, daß Tristans Weg zu ihr führte, die fern in Irland auf ihrem Schloß Weisefort mit ihrer schönen Tochter Isolde, der Goldhaarigen, lebte.
Tristan nämlich, der unheilbaren Schmerzen müde, begehrte zu sterben. Er befahl dem treuen Kurwenal, für einen Nachen ohne Steuer und Ruder zu sorgen und ihn darein zu betten. Nur die Harfe sollte ihn auf dieser Fahrt aufs offene Meer hinaus und in den Tod begleiten. Es geschah nach seinem Wunsch, und die Wogen nahmen den Kahn auf ihre breiten Schultern und trugen ihn in die Weite des Meeres.
Tage und Nächte schaukelte der steuerlose Kahn auf den Wellen, Tage und Nächte, in denen der Kranke den Himmel um Erlösung anflehte. Dann endlich kam Land in Sicht. Tristan richtete sich mit seinen schwach gewordenen Kräften halb auf, nahm die Harfe zur Hand und sang mit leiser Stimme eine süße wehmütige Melodie vor sich hin, die er in seiner Kindheit gelernt hatte. Weit überm Land sah er ein hochragendes weißes Schloß schimmern und glaubte, dies sei die Pforte des Todes.
Die Melodien lockten Fischer herbei, denn überm Wasser pflanzt sich der Schall weit fort, sie zogen das Schiffchen auf den Strand und bestaunten den schönen Jüngling mit der Harfe. Sie sagten: »Wir wollen dich, lieber Sänger, zur Königin bringen auf das Schloß Weisefort, sie liebt Gesang, und ihre Tochter Isolde Goldhaar liebt ihn noch mehr.«
»Was ist dies für ein Land?« fragte Tristan und erfuhr mit Schrecken, daß

es Irland war, das Land des Königs Gurmun. Das Schicksal hatte ihn im Land seiner Todfeinde ausgesetzt. Er hatte sterben wollen, aber nicht von der Hand seiner Feinde!

Sie fragten ihn, wie er hieße, und da fand er es geraten, seinen Namen nicht zu sagen, sondern er drehte dessen beide Silben um und erwiderte: »Ich heiße Tantris, der Spielmann. Sagt den edlen Frauen im Schloß, daß Tantris, der Spielmann, vor ihnen singen will, wenn sie ihm seine Wunde heilen. Tun sie es nicht, muß er sterben.«

So geschah es, daß die Fischer ihn zum Schloß hintrugen, und einer trug seine Harfe und hielt sie im Arm wie ein kleines Kind oder wie eine Kostbarkeit. Die Königin und ihre Tochter nahmen ihn freundlich auf, betteten ihn und erquickten ihn, kühlten und verbanden ihm seine Stirnwunde und behandelten sie mit wohltätiger Salbe, so daß er unter ihrer hilfreichen Pflege genas. Dankerfüllten Herzens, daß ihm das Leben wiedergeschenkt war, sang und spielte er ihnen seine lieblichen Weisen vor, heitere und traurige, von Liebe und Heldentaten, das ging ihnen zu Herzen, und sie gewannen ihn lieb.

Ihn aber beschämte es, daß er ihnen seinen Namen verschweigen mußte, und er dachte bei sich, dies sei eines Ritters unwürdig. Darum, und auch weil es ihn mächtig nach Cornwall und Tintagel und zu seinem väterlichen Freund Marke zog, entschloß er sich, seinen Zufluchtsort zu verlassen und übers Meer zurückzukehren.

Sie konnten ihn nicht halten, und so schied er. Als er davonfuhr, durchging das Weh der Sehnsucht das Herz der goldhaarigen Königstochter Isolde, aber sie verbarg es vor ihrer Mutter und ließ es niemand merken.

Tristan kommt als Brautwerber und begegnet Isolde, der Goldhaarigen, wieder

Stürmischer Jubel herrschte auf Schloß Tintagel, als Tristan wieder erschien und gesund und schön, ein Geheilter, unter sie trat. Marke war überglücklich, den liebsten seiner Ritter wiederzuhaben. Er ehrte ihn hoch wie zuvor und hielt ihn wie seinen Sohn. Er war aber ohne Frau, und es gab unter seinen Vasallen mehrere, die mit Unbehagen und Mißgunst sahen, wie Marke den Fremdling mit Ehren überhäufte und seinem Rat vor allem andern Gehör schenkte. Sie fürchteten, der König würde ihn zu seinem Thronerben einsetzen.

Sie berieten, wie sie Tristan schaden und Verdächtigungen gegen ihn vorbringen könnten, fanden aber nichts. Dann drängten sie den König, er möge sich eine Gemahlin suchen, die ihm einen Sohn und dem Land einen rechtmäßigen Thronerben schenkte. Marke entgegnete ihnen: »Ich habe einen Sohn, der mir lieb ist, und der heißt Tristan.«

Davon waren sie nicht erbaut, denn es bedeutete, daß dieser fremde Jüng-

ling, der mit keinem von ihnen versippt war, einmal auf den Thron kommen mußte. Fern aber lag es auch Tristan selbst, nach der Krone Cornwalls zu streben, er war viel zu klug, um sich die Königswürde mit all ihrem trügerischen Glanz und ihrem Ungemach zu wünschen, und daß Marke sich vermählte lag ihm genauso am Herzen wie den Baronen. So fanden sie gerade an ihm, den sie befehdeten, ihren ehrlichsten Helfer. Auch er drängte Marke, sich eine Gemahlin zu suchen.
Marke vernahm alles dies ungern, er konnte sich zu keinem Entschluß und zu keiner Frau aufraffen. »Kommt in einem Monat wieder«, vertröstete er seine Vasallen, um Zeit zu gewinnen. »Dann geb' ich euch meinen Willen kund.« Er war nicht mehr jung und glaubte nicht, daß die Liebe ihn noch packen würde. »Heiraten«, so grübelte er vor sich hin, »heißt das nicht, Tristan zu verlieren, den ich mehr liebe, als ich eine Frau und ein eigenes Kind lieben könnte? Und welches ist denn die Frau, die ich zur Königin machen sollte?«
In diesem Augenblick erlebte er etwas, was ihm wie ein Zeichen des Himmels erschien. Ein Büschelchen Haare, wie es ein Vogel zum Nestbau gewollt und verloren haben mochte, wehte ihm durchs Fenster in den Schoß. Es war Frauenhaar von wunderbarer goldblonder Farbe, feiner als Seide, und da legte sich ein stilles, verschmitztes Lächeln auf seine Züge.
»Ich füge mich eurem Wunsch«, sagte er zu seinen Vasallen, »und habe eine Frau gewählt. Diejenige, der dieses Haar gehört, soll meine Gemahlin und Königin von Cornwall sein. Keine andere will ich. Geht und sucht sie.«
Betroffen sahen seine Männer sich an und fühlten sich mit List genasführt. »Herr«, rief der eine, »wie sollen wir denn erfahren, wer sie ist, wenn nicht einmal Ihr selber es wißt?«
»Ihr müßt sie suchen«, wiederholte Marke. »Es kann nicht schwer sein, denn es gibt gewiß keine zweite Frau mit solchem Goldhaar auf der ganzen Welt.«
Jetzt mischte Tristan sich ein: »König und Vater, ich kenne diese Frau.«
»Du kennst sie?« erwiderte Marke erstaunt. »Wer ist sie?«
»Es ist Isolde, die Tochter des Königs von Irland. Ich sah sie, als ich dort war und ihre Mutter mich gesundpflegte. Keine andere hat solches Haar wie sie, und es ist dasselbe, das Euch ins Zimmer geweht wurde.«
»Dann kann nichts daraus werden«, sagte Marke. »Der König von Irland ist mein Todfeind. Wie sollte ich seine Tochter gewinnen?«
»Es mag schwer sein, sie zu gewinnen«, sagte Tristan. »Aber ich will für Euch um sie werben. Ich gebe mein Wort: Ich bringe Euch diese Königstochter nach Tintagel, oder ich komme auf dieser Fahrt um.«
Schweren Herzens mußte Marke, da Tristan nicht lockerließ, sein Einverständnis geben und ihn ziehen lassen. Tristan ging mit einer kleinen Schar von Edlen, die nicht wußten, wohin die Fahrt ging, in See. Und

als sie auf hoher See erfuhren, daß sie sich der Küste Irlands näherten, murrten sie: »Das kann nicht gut ausgehen! Dies ist Feindesland, und wir sind alle verloren, wenn wir den Boden Irlands betreten. Denkt doch daran, daß Ihr Morolt erschlugt!«
»So geht unter Deck«, befahl Tristan ihnen verächtlich, »und kommt erst wieder hervor, wenn ich euch ein Zeichen gebe.«
Das Schiff legte am Ufer an, und Tristan ging als einfacher Handelsmann verkleidet an Land. Niemand behelligte ihn. Es war noch eine tüchtige Wanderstrecke bis zum Schloß Weisefort, wo er Isolde zu finden gedachte, aber da überlegte er, weil Räuber oder andere Gefahren am Weg lauern mochten, daß er besser daran täte, sein Schwert bei sich zu haben, und er ging aufs Schiff zurück, um es zu holen. Es war noch immer dasselbe, mit dem er Morolt getötet hatte, denn er liebte das Schwert und glaubte, daß es ihm im Kampfe Glück bringe.
Es war gut, daß er es bei sich hatte, denn im Walde sprang zur Nachtzeit ein riesiger Wolf ihn an, größer und stärker als ein Bär und behende wie ein Löwe. In den war der Geist Morolts gefahren, der sich an seinem Bezwinger zu rächen gedachte. Er wußte nicht, daß Tristan sein gutes Schwert bei sich hatte, und fiel ihm zähnefletschend an die Kehle. Tristan aber holte so schnell, wie der Blitz herniederfährt, zum Schlage aus und spaltete dem Untier den Rachen, daß es heulend zu Boden stürzte. Aber mit einem Gifthauch, in dem der böse tödliche Zauber Morolts stak, hauchte es seinem Bezwinger ins Gesicht, bevor es verendete. Da wurde Tristan taumelig und übel zumute, und er fiel ohnmächtig hin und lag zwei Tage und zwei Nächte lang hilflos im Wald und kämpfte keuchend mit dem giftigen Odem.
Endlich fanden ihn Männer neben dem Kadaver des Wolfes, und es verbreitete sich rasch die Kunde, daß das Untier, das zum Schrecken der Bewohner die Gegend heimgesucht hatte, von einem Kaufmann erlegt worden war, der ein Schwert hatte. Dies vernahm auch das Königspaar, und sie ließen Tristan aufs Schloß bringen, um ihn zu belohnen, und dort lag er wiederum zwei Tage und Nächte, ehe er sich langsam erholte. Die Königin war verwundert, daß er an dem gleichen Gift krankte, von dem sie ihn schon einmal geheilt hatte.
Als Isolde ihn zu sehen bekam, jubelte sie insgeheim: »Es ist Tantris, der Spielmann! Er ist wiedergekommen, um bei uns zu bleiben!« Und sie widmete sich seiner Pflege, und er sah ihre Schönheit und lächelte bei dem Gedanken, seinem König eine so schöne Gemahlin zuführen zu können. Denn noch war seine Liebe zu ihr nicht erwacht.
Sie aber dachte: Was lächelt er denn so seltsam? Gewiß tue ich ihm einen guten Dienst, wenn ich sein Schwert blank reibe. Sie holte sein Schwert, und als sie daran ging, es blank zu reiben, stutzte sie, denn es war eine Scharte darin, und die Form dieser Scharte kam ihr bekannt vor. Man

hatte vordem Morolts Leichnam heimgeholt und das Stück des Stahls, das in seinem Schädel stak, aufbewahrt, wie man die Reliquie eines Heiligen aufbewahrt. Und als sie dieses Stück in Tristans Schwert einfügte, da paßte es genau, und da erkannte sie, daß es Tantris, der Spielmann, gewesen war, der Morolt im Kampf bezwungen hatte, und wußte aber auch, daß Tantris, der Spielmann, kein anderer war als Tristan, der Ritter aus Cornwall, der um dieses Zweikampfes willen berühmt geworden war weit und breit und sich in Verkleidung bei ihr eingeschlichen hatte.
Und sie wurde aus diesem Geheimnis nicht klug und behielt es für sich. Denn der Zorn, der sie erfüllte über dieses Geschehen, blieb nicht Zorn allein, sondern mischte sich mit der Liebe, die immer mächtiger wurde.
Bald sollte sie erfahren, was es mit dem Kommen Tantris-Tristans auf sich hatte.
Es geschah, als Tristan nun ganz wiederhergestellt war, daß der König Gurmun ihn zu sehen wünschte und ihn kommen ließ. Da beugte der Jüngling mit so vielem Anstand vor ihm das Knie und gab so kluge Antworten und hatte so große Schönheit an Angesicht, Gestalt und Haltung, daß der König sehr angetan davon war und sagte: »Wahrhaftig, Herr Tantris, Ihr müßtet ein Ritter sein und kein Spielmann, denn die Spielerei ziemt einem so edlen Manne nicht. Und wenn König Marke von Cornwall selbst, der mein Feind ist, Euch hergeschickt hätte, um mir Versöhnung anzubieten, ich würde mit Freuden einwilligen, das schwör' ich bei allem, was mir heilig ist!«
Er glaubte nicht, daß er da beim Wort genommen würde. Aber Tristan bedachte sich nicht lange, sondern gab sich zu erkennen und brachte seine Sendung vor: daß König Marke ihm Freundschaft und Versöhnung und zudem alles Gold seines Landes bot und zum Zeichen dessen um die Hand seiner Tochter Isolde bat.
Da mußte Gurmun einwilligen, ohne daß deswegen Groll in ihm war.
Aber Groll war im Herzen Isoldes, als sie davon hörte, Groll, gemischt mit Frohlocken, denn sie hoffte, daß Tristan, der so voller List war, dies nur vorgebracht hätte, um sie zu gewinnen und mit sich zu führen. Darum sträubte sie sich nicht, sondern traf freudig die Vorbereitungen zur Reise.

Tristan und Isolde werden vom Liebestrank verzaubert

Die Königin, ihre Mutter, die zauberkundige Frau, war voller Sorge, denn sie dachte: König Marke ist ein alternder Mann, und wenn seine Liebe zu meinem Kind erlischt, ist es ein bitterer Gang, den es tut. So will ich Vorsorge treffen, daß seine Liebe ihr niemals verlorengeht.
Sie braute aus Wein und seltenen wundertätigen Kräutern von geheimnisvoller Süße einen Trank, der die Macht besaß, die Herzen zweier Menschen, die ihn gemeinsam tranken, in brennender Liebe zueinander zu entflammen.

In ihrem Eifer braute sie ihn stärker als gut war, denn sie bedachte nicht, daß in der Liebe eine verzehrende und vernichtende Gewalt sein kann.
Sie rief ihre Dienerin Brangäne und vertraute ihr das Gefäß mit dem Liebestrank an mit den Worten: »Wenn König Marke und Isolde das Hochzeitsmahl halten, so misch ihnen diesen Trank in den Wein. Aber tue es heimlich und gib acht, daß kein anderer ihn trinkt, denn Unheil müßte daraus entstehen.« So sehr vertraute sie ihrer Dienerin Brangäne, deren Treue erprobt war.
Die Winde wehten günstig. Tristan drängte zur Abreise. Er nahm Isolde an der Hand und führte sie in das prächtig geschmückte und hergerichtete Zelt, das man an Bord des Schiffes aufgeschlagen hatte. Brangäne begleitete ihre junge Herrin in das fremde Land, in das neue Leben, in die ungewisse Ehe. Aber als Isolde nun gewahr wurde, daß dies alles ernst war, daß es keine List Tristans war, die sie fortgelockt hatte, sondern daß die Heirat mit König Marke ihr bevorstand und daß sie also von dem jungen Ritter nicht geliebt, sondern getäuscht worden war, da brannte verwundeter Stolz und Haß in ihrem Herzen, und sie wies seine Gegenwart heftig von sich: »Ihr sollt verflucht sein, Spielmann Tantris, und wenn ich auf Tintagel lebe, will ich Euch nie mehr zu sehen bekommen!«
Schaudernd zuckte Tristan vor diesem Ausbruch zurück und konnte ihn sich nicht erklären. Unerfahren war er in den Irrgärten der Liebe. Ist denn dieses Schicksal ihr nicht von Geburt an bestimmt? dachte er. Königskinder heiraten Könige ...
Nun geschah es, daß sich dicht vor dem Ufer einer Insel eine plötzliche Windstille einstellte. Schlaff hingen die Segel, reglos lag das Schiff auf dem Wasser, und brütende Hitze lag unter wolkenlosem Himmel über dem Meer. Alle, die auf dem Schiff waren, die begleitenden Edelleute, die Pagen, Fräulein und Seemänner, gingen auf dem flachen Strand ans Ufer, wo schattige Bäume standen und, wie es hieß, eine erfrischende Quelle sprudelte. Nur Isolde wollte, traurig und verstörten Herzens, wie sie war, auf dem Schiff bleiben, und da blieb auch Tristan, dem die Pflicht den Dienst an der Seite der künftigen Gemahlin seines Königs gebot.
Isolde litt unter der schier unerträglichen Hitze, und die Zunge klebte ihr trocken im Mund. Nicht anders erging es auch Tristan. Er sah auf dem Tisch ein Gefäß stehen, nahm es zur Hand und öffnete neugierig den Verschluß, und ein Duft von starkem süßem Wein schlug ihm entgegen. »Hier ist ein Krug mit Wein«, sagte er zu Isolde. »Ein Trunk daraus wird Euch erfrischen.«
»Gebt her«, befahl sie, »ich will davon trinken.«
Er füllte einen Becher und reichte ihr den verlockenden Trank. Sie leerte ihn gierig bis zur Hälfte, dann sah sie, daß auch er Durst litt, und eine Rührung überkam sie. »Trinkt auch Ihr«, sagte sie, »denn Durst tut weh.« Und sie dachte nicht daran, daß sie ihn zornig verflucht hatte.

»Dank Euch, Herrin«, sagte er. »Wahrhaftig, mich dürstet sehr.« Und er leerte den Becher, und da war es geschehen.
Als Brangäne zurückkam, sah sie die beiden schweigend einander gegenüberstehen. Sie starrten sich an mit entrückten Blicken, und das Gefäß stand da mit dem Becher und war leer. Da verhüllte die Treue schaudernd ihr Gesicht, nahm Becher und Gefäß und schleuderte beide hinaus aufs Meer und dachte wohl, damit sei der Zauber behoben, aber das war er nicht.
Endlich brach Isolde das Schweigen: »Ich bereue, daß ich Euch nicht auf meiner Burg erschlug. Es gab genug Männer, die es für mich getan hätten.«
Entsetzt fragte er: »Wollt Ihr denn nie von Eurem Zorn lassen?« Denn sie wußten es beide noch nicht, was ihnen da widerfahren war.
»Es ist nicht Zorn«, brachte sie hervor. »Es ist etwas anderes.« Damit lehnte sie ihren Kopf an seine Schulter und flüsterte: »Denn jetzt begehre ich nur noch dich – oder den Tod.«
Er umschlang sie mit den Armen und flüsterte verzweifelt: »Was ist uns da geschehen? Auch ich begehre nur noch dich oder den Tod. Willkommens unermeßliche Liebe. Willkommen auch du, Tod.«
Der Wind füllte wieder das Segel, und das Schiff setzte seine Fahrt fort.

Sie erfahren die Seligkeit und die Not der Liebe

Tintagel kam in Sicht. Trompetengeschmetter scholl ihnen hell und freudig entgegen. Fahnen und Wimpel winkten vom Ufer her, hart knirschte der Kiel des Schiffes auf den Strand. König Marke stand da mit seinen Rittern und sah von weitem das Goldhaar seiner zukünftigen Gemahlin, von dem ein Büschelchen ihm schon in den Schoß geweht war, und das Herz schlug ihm vor Glück.
Tristan aber raunte verzweifelt: »Wir müssen fort, wir wollen nicht landen!«
»Wo denkst du hin, Geliebter« sagte sie. »Es ist zu spät, wir sind schon gelandet. Leicht würden wir eingeholt und getötet. Ich will leben, leben mit dir!«
Sie trat hervor und beschritt den Steg, den man von den Planken des Schiffes aufs feste Land gelegt hatte. Um ihre Lippen spielte ein Lächeln. Die Liebe verlieh ihr die Kraft, selige Freude vorzutäuschen. So eilte sie in König Markes ausgebreitete Arme. Er ließ seine Finger durch ihr Haar gleiten. »Mein Tristan hatte recht«, sagte er. »Es war Euer Haar, Prinzessin Isolde. Seid willkommen auf Tintagel und im Lande Cornwall.«
Mit großer Pracht wurde Hochzeit gefeiert.
Die Tage verrannen. König Markes Herz füllte sich mit tiefer Zuneigung zu seiner Gemahlin, die nun Königin war. Nichts ahnte er davon, was

in ihrem Herzen vorging. Für sie aber und für Tristan begann eine schreckliche und zugleich selige Zeit.
Marke wollte die Gegenwart des Jünglings, seinen Rat, seine Lieder und sein Harfenspiel nicht missen, und so waren Tristan und Isolde einander stets nahe. Allzu nahe! Sie tauschten geheime Zeichen und bedienten sich der beredten Sprache der Augen, die nur Liebende verstehen und beherrschen. Und alles zwischen ihnen war heimlich und schmerzlich und süß, schier nicht zu ertragen, und lange Zeit vermochten sie ihre Umgebung zu täuschen.
Aber die wachsende Sehnsucht und die Versuchung machte sie kühner und sorgloser. Wenn der König zur Jagd ritt, gebrauchte Tristan Ausflüchte, um in der Nähe Isoldes zu bleiben. Dann saß er zu ihren Füßen und sang Lieder, und da sie nie ganz allein waren, sondern der Hofstaat dabei war, auch wenn sie im Garten gingen, mußten sie sich auf die verstohlene Sprache der Augen, zuweilen wohl auch der Hände beschränken, und es tat ihnen von Tag zu Tag ärger weh.
Aber einer vom Hofstaat las ihre Sprache und kam hinter ihre Schliche. Das war der scharfäugige Marjodo, der Truchseß. Er beobachtete, belauerte, behorchte sie, und bald wußte er, wie es um sie stand. Immer wieder fand er seinen Verdacht bestätigt und wußte auch andere Höflinge davon zu überzeugen und stiftete wieder andere an, das Liebespaar zu beobachten, und sie ahnten nichts und merkten nichts.
Nur Brangäne schöpfte Verdacht und warnte Isolde. Beim nächsten Male, als Marke fort mußte, um in einer anderen Stadt nach dem Rechten zu sehen, spielte Isolde das Spiel der Bekümmernis und klagte über sein Fortbleiben; und als er sie tröstete, sie habe doch Tristan um sich, ihr die Zeit zu vertreiben, rief sie: »Geht mir mit Tristan! Ich mag ihn nicht leiden. Ich kann nicht vergessen, daß er Morolt, meinen Oheim tötete und sich bei mir mit falschem Namen einschlich.«
Bekümmert beschwichtigte Marke sie und verteidigte Tristan, doch auch erleichtert und des Glaubens, ihr Herz gehöre nur ihm allein. Aber dennoch wußte Marjodo ihm beizubringen, daß es zwischen der Königin und dem jungen Ritter nicht nach höfischem Anstand und ritterlichem Brauch stünde – allzu viele im Schloß, ja im ganzen Land tuschelten davon, daß die rechte Ordnung gestört wäre und dieses Paar sich in heimlichem Einverständnis befände.
Da mußte Marke, dem die rechte Ordnung und Sitte am Herzen lag, sich fügen, und er ließ Tristan kommen und sagte: »Lieber, hilf mir, das Gerede zum Verstummen zu bringen. Geh eine Weile fort von hier, weit fort, damit die Lästerzungen schweigen. Ich sende dich an König Artus' Hof, denn schon seit längerem weiß ich, daß man dich dort gern als einen von der berühmten Tafelrunde sähe, und ein Platz dort gebührt dir, der du einer der besten Ritter bist weit und breit.«

Da mußte Tristan gehen und verließ, von seinem Waffenmeister Kurwenal begleitet, das Schloß.
Aber er ritt nicht weit. Wie mit unsichtbaren, unzerreißbaren Fäden zog es ihn zu der Frau, die er liebte, zurück. Er nahm Aufenthalt in dem Städtchen nicht weit von Tintagel, einen Tagesritt nur, wo er die Zinnen des Schlosses von fern sah, und sah in Gedanken die Goldhaarige dort stehen und nach ihm Ausschau halten und sich gleich ihm vor Sehnsucht verzehren.
Brangäne gewahrte mit Kummer, wie ihre Herrin bleich und bleicher wurde und abmagerte und vor Liebesgram dahinschwand, und da sie solches vorausgewußt, hatte sie sich mit Kurwenal verschworen, den Liebenden zu helfen. Nichts, das wußte sie ja, konnte dem Zueinanderstreben dieser beiden verzauberten Herzen, woran sie die Schuld trug, Einhalt gebieten. So schlichen sie und Kurwenal hin und her und brachten Nachricht und Abrede zwischen hüben und drüben, und die Liebenden trafen sich im Eichenwald zwischen dem Städtchen und der Burg, wo das Dickicht sehr tief war, und verbrachten selige Stunden miteinander.
Da war das Unheil nicht mehr aufzuhalten.
Marjodos Verdacht war nicht eingeschläfert, und wessen Verdacht rege ist, der findet alle Spuren, richtige und falsche. Er bekam Wind davon, daß Tristan nicht an den Hof des Königs Artus gegangen war, sondern sich in der Nähe verborgen hielt, und sein Diener, ein Zwerg, der so klein und dürr war, daß er sich hinter jedem Geäst verstecken konnte, machte ihm ausfindig, daß Tristan und Isolde sich in den Mondnächten trafen und wo. Marjodo gab dem König abermals Bericht und wußte es ihm so glaubwürdig auszumalen, daß Marke sich darauf einließ, blutenden Herzens, die Liebenden selbst zu beobachten. Da fand er das Schlimmste bestätigt. Hinter seinem Rücken und unter lügnerischen Vorwänden traf sich seine geliebte Gemahlin mit dem, den er wie einen Sohn liebte. Da blutete sein Herz nicht nur, sondern wallte in schrecklichem Zorn auf. Seine Männer umstellten das Paar in der lieblichen Sommernacht, da sie in süßem Schlummer beieinanderlagen, und rauh war ihr Erwachen. Sie wurden beide gefesselt und ins Schloß gebracht, und Gericht wurde über sie gehalten.
Lange schwankte noch der Sinn des Königs, da sich sein Zorn abzukühlen begann und er nächtelang mit sich rang, ob er verzeihen oder Rache nehmen sollte. Doch sein ganzer Hofstaat, alle seine Ritter und Vasallen dachten an die geschändete Ehre des Königtums und des Landes und riefen nach dem Blut der liebenden Sünder. Und wer anders dachte, wagte es nicht mehr zu sagen.
In einem tiefen Verlies lag Tristan in Ketten, Isolde aber saß in einem verriegelten Gemach unter der höchsten Spitze des Turmes. Beider Ge-

danken weilten beieinander, beider Herzen zuckten in unermeßlicher Sehnsucht und dachten an das Schicksal, das sie beide umschloß und ihnen den Liebestrank eingeflößt hatte, Tücke und Süße zugleich. Die Liebe und der Tod war ihnen nun eins geworden.
König Marke, von allen seinen Ratgebern bedrängt, fällte den Spruch, daß sie den Tod im Feuer erleiden sollten. Das Schicksal hatte aber noch eine Frist über sie bestimmt, eine Frist der Tücke und Süße zugleich.

Die Liebenden entgehen dem Tod und kommen ins Elend

Die Knechte führten Tristan, der an den Händen mit Stricken gefesselt war, zum Feld hinaus, wo der Scheiterhaufen hoch aus dürrem Reisig geschichtet war. Volk hatte sich angesammelt, um zuzuschauen. Manche verwünschten den Sünder, andere weinten um ihn.
Der Weg ging an einer Kapelle vorbei, die hart am Rande des Abgrundes stand, wo der Fels schroff zum Flußtal abfiel. Dort bat Tristan, eintreten und beten zu dürfen. Es wurde ihm gewährt. Er kniete nieder und betete nicht zu Gott, sondern weinte um die Geliebte, die am andern Tag den gleichen Tod erleiden sollte. Nicht sein Tod im Feuer war ihm das Schrecklichste, sondern die Ängste, die Isolde ausstand vor dem Grausen dieses Todes. Mit all seinen Gedanken war er nicht bei dem, was ihm in der nächsten Stunde bevorstand, sondern bei ihr, die in der Kammer unter dem Turmdach saß und die Hände rang und die Augen sich ausweinte.
Da trat hinter dem Altar hervor eine Gestalt. Aufblickend, erkannte er einen Edelmann, der Dinas von Lida hieß und lautlos und behende auf ihn zutrat und mit einem Messer raschen Schnittes die Stricke durchschnitt und lautlos und behende wieder verschwand. Es war dies ein Mann, den er zum Freund hatte und der den Gedanken an die Schmach seiner Fesseln nicht ertrug.
Tristan sprang zum Fenster, das er aufstieß, und blickte in eine schaudervolle Tiefe. Verkrüppeltes Gehölz und Gebüsch bedeckten den Fels, der steil ins Tal abfiel. Der Entschluß war ihm nicht schwer: Lieber dort unten zerschellen als elend im Qualm und in der Glut des Holzstoßes ersticken und verbrennen. Er schwang sich auf den Sims und fiel und fiel, überschlug sich, zerriß sich den Mantel am Gezweig des Steilhanges, riß sich die Gliedmaßen an Ästen und Dornen blutig und landete in einem Gestrüpp, das aus den Felsspalten hervorwucherte. Kaum vernahm er noch das Geschrei derer dort oben, denen er entkommen war, doch getraute sich keiner, ihm in diesem verwegenen Sprung nachzufolgen. Er kämpfte sich durch das Unterholz, das Geröll und den Morast, gelangte in einen tiefen Wald und wußte, daß es ein weiter Weg von dort oben, wo der Scheiterhaufen stand, bis hier unten war, den keiner so rasch zu beschreiten vermochte. Er war in Sicherheit. Aber Isolde?

Andern Tags wurde auch sie zum Scheiterhaufen geführt, aber auch ihr war noch eine Spanne des Lebens, der Liebe und des Grams gewährt. Denn kurz bevor der Zug auf dem Feld mit dem Holzstoß anlangte, kreuzte ein seltsamer anderer Zug seinen Weg. Es waren greuliche, erbärmliche Gestalten, nackt und in Lumpen: Aussätzige waren es, mit schrecklichen unheilbaren Schwären bedeckt, mit Klappern in den Händen, wie es vorgeschrieben war, damit keiner ihnen zu nahe kam, ihr Kommen anzeigend, Männer und Frauen, ohne Unterschied alle gezeichnet von dem Mal der gefürchteten Seuche. Schreiend stob die Menge, die den Zug mit der gefesselten Isolde begleitete, auseinander, und auch die Knechte liefen davon, denn keines Mannes Mut und Willenskraft hielt vor der Nähe der Aussätzigen stand.
Nur einer mengte sich unerschrocken unter die Elenden, unerkannt, denn nun war sein Gesicht verwildert und seine Kleidung zerfetzt. Es war Tristan, der aus dem Haufen der Kranken hervor zu der Geliebten hin stürzte, ihr die Fessel zerriß und sie in das Dickicht entführte. Da waren sie wieder vereint.
Als König Marke erfuhr, daß Isolde entkommen war, verzog er keine Miene, aber ein heimlicher Seufzer der Erleichterung entrang sich seiner Brust. Die Knechte, die Isolde hatten entkommen lassen, taten es denen gleich, die Tristan hatten entkommen lassen – aus Furcht vor dem Zorn des Königs und einer grausamen Bestrafung flohen sie in ein anderes Land.
Tristan und Isolde flohen bis an das entfernteste Ende des Forstes, wo er so wild und unwegsam war, daß keines Menschen Fuß dorthin gelangte, und da errichteten sie aus Laub und Zweigen in einer geschützten Felsspalte eine Unterkunft, und sie lebten nicht herrlich und in Freuden, sondern in Mühsalen und Entbehrungen, aber glücklich, denn sie waren vereint. Ohne Roß und ohne Wurfspeer hatte Tristan Mühe, Wild zu erjagen, und sie litten Hunger, da sie kaum anderes zu verzehren fanden als Beeren, Nüsse und Kräuter und hin und wieder, doch selten, ein Tier, das ihm zu überlisten und mit dem Schwert zu töten gelang, dem Schwert mit der Scharte, das er immer noch hatte, denn es war wie ein lebendes anhängliches Wesen zu ihm zurückgekehrt.
Sie saßen beieinander, und Tristan sang ihr Lieder vor und erzählte ihr Geschichten, und die Kleider wurden ihnen zu Fetzen, so daß sie halb nackt gingen, und auch wenn sie es gewollt hätten, konnten sie sich unter Menschen nicht wieder zeigen. Wohl harrten seiner die Ritter von der Tafelrunde im fernen Schloß Karidol, aber es war nicht daran zu denken, dorthin zu gehen. Verfemte waren sie weit und breit, nur noch Gelächter hätte sie empfangen.
Als sie in einer warmen Spätsommernacht im Moos lagen und schliefen, lag Tristans Schwert zwischen ihnen, da es unversehens dorthin gerutscht

war, und da geschah es, daß König Marke in seinem Kummer um die verlorene Frau und den verlorenen Sohn auf der Jagd weit in den Forst hinein gelangt war und sich von seinen Begleitern abgesondert hatte. Da stand er plötzlich vor diesen beiden, die er kaum wiedererkannte, und sein Herz wurde von Rührung und Schmerz ganz überwältigt. Er wußte nicht, was er tun sollte, und stand betroffen vor den Schläfern, zwischen Vergebung und Vergeltung zerrissen. Dann sah er Tristans Schwert da liegen, und er nahm es leise an sich und legte sein eigenes an dessen Statt und entfernte sich leise. Ob sie sein Zeichen verstanden?
Sie verstanden es lange nicht, und da sie ihr Versteck nun entdeckt sahen, denn sie erkannten Markes Schwert, gaben sie ihren Zufluchtsort auf und suchten sich ein anderes Versteck weit von dem vorigen entfernt. Unterdessen aber kam der Winter mit Schnee und Eiseskälte, und Tristan dämmerte es, daß Isolde mit dem Goldhaar, das nun zerzaust und verschmutzt war, obwohl sie es oft mit den Fingern kämmte, elend dahinschwand, und ihre Haut war durchsichtig und so weiß wie Schnee, und ihre Augen brannten in dem eingefallenen zerfurchten Antlitz, das schön war wie das einer Heiligen im Tode.
So fand sie Ugrim, der Einsiedler, der sein Leben in dieser Wildnis verbrachte und von ihrem Geschick vernommen hatte. Der sagte zu ihnen: »Das Zeichen, das König Marke euch gab, habt ihr nicht verstanden. Es war ein Zeichen der Versöhnung. So mach nun diesem Zustand ein Ende, Ritter Tristan, du Trauriger, und sende die Botschaft zum König, daß du anbietest, ihm sein Weib zurückzugeben, selbst aber außer Landes zu gehen für immer und nie mehr zurückzukommen. Denn diese edle und zarte Frau ist den Härten solchen Lebens nicht gewachsen, sie stirbt; du aber, Trauriger, hättest ihren Tod auf dem Gewissen. Ich selbst will die Botschaft überbringen.«
Isolde sagte: »Ich werde sterben ohne dich.«
Aber Tristan überredete sie: »Nein, du wirst leben. Solange wir am Leben sind, werden wir in Gedanken vereint sein. Wenn du aber stirbst und ich dann im Tode dir nachfolge, wissen wir nicht, was mit unseren Seelen geschieht.«
So redete er mit wehen Worten ihr zu, und Ugrim, der schreiben konnte, schrieb eine Botschaft an König Marke. Darin stand, daß Isolde zu ihm zurückkehren wolle, wenn er ihr verzeihen und sie in Gnaden aufnehmen würde, sei es auch nur als Magd. Tristan aber wolle das Land verlassen und nie mehr zurückkehren.
Die Antwort des Königs, so schrieb Ugrim weiter, möge aufgeschrieben und an den Stamm der uralten Eiche am Rande des Turnierplatzes unweit der Burg genagelt werden.
So geschah es. Ugrim überbrachte den Brief, und am andern Tag fand er den Entscheid König Markes an den Stamm der Eiche genagelt: Isolde

solle in Gnaden wieder aufgenommen werden und Königin über Cornwall sein. Tristan aber müsse das Land auf immer verlassen.
Er führte sie auf einem Roß, das Ugrim auf Befehl des Königs mit zurückgebracht hatte, bis ans Burgtor von Tintagel, ohne sich zu scheuen, daß er sich offen zeigte, mochten sie ihn wieder ergreifen und töten, das galt ihm gleich. Sie nahmen Abschied, ohne sich noch anzublicken, denn es wäre beiden über die Kraft gegangen, und ihre Herzen brannten vor unbeschreiblichem Weh.
Viele erkannten ihn da, als er Isolde zum Burgtor brachte, aber scheu wichen sie vor ihm zurück. Als er sich zum Gehen wandte, war Kurwenal, der alte Waffenmeister, der einzige, der sich ihm anschloß.

Die andere Isolde tritt in Tristans Leben

Er zog, von Kurwenal begleitet, in die Ferne und fuhr übers Meer, um zu vergessen, aber kein Vergessen war ihm gewährt. Er suchte Abenteuer und suchte dabei den Tod, aber den Tod fand er nicht. In mancherlei Kämpfen und Schlachten blieb er Sieger, denn die Kraft der Jugend hatte ihn nicht verlassen, nur die Ruhe des Herzens hatte ihn verlassen.
Er gelangte jenseits des Meeresarms, der Britannien und Normannien trennt, zur Burg Karke nicht weit von seinem Heimatland Bretonien. Sie stand inmitten eines verwüsteten Gebietes, wo verbrannte menschenleere Dörfer davon zeugten, daß das Gebiet, das dem Herzog Jovelin gehörte, vom Krieg verheert worden war. Jovelins Scharen waren von seinem Feind, dem Grafen Riol, dem einstigen Vasallen Jovelins, geschlagen worden und hatten sich in die feste Burg Karke zurückgezogen und eingeschlossen.
Vom Herzog Jovelin wußte Tristan noch aus seiner Kindheit, daß er ein gütiger und gerechter Herrscher war, der nun alt wurde, und so gedachte er für ihn zu kämpfen, mochte es auch gegen eine große Übermacht sein. Wenn er dabei den Tod fand, war es ihm recht.
Er gelangte in die Burg und wurde vom Herzog und seinem Sohn, dem jungen Kaedin, mit offenen Armen aufgenommen. Doch warnten sie ihn, mit ihnen gemeinsame Sache zu machen. Denn ihre Sache stand schlecht und beinahe hoffnungslos, aber Tristan flößte ihnen Mut ein, sammelte eine Anzahl der besten Männer um sich und machte einen Ausfall. Er stieß geradewegs und mit der Schnelligkeit eines Jagdhundes in die Mitte des feindlichen Lagers und tötete den Grafen Riol nach einem erbitterten Zweikampf. Das Heer des Eindringlings zog entmutigt ab, und Land und Burg Jovelins waren gerettet.
Wie feierten und rühmten sie ihn da als strahlenden Ritter, der er doch nicht war, denn schwer lag die Trübsal der unerfüllten Sehnsucht auf seiner Seele. Sie suchten ihn auf alle Weise aufzuheitern, namentlich der junge Kaedin schloß sich ihm an und übte sich unter seiner Anleitung

im Spiel der Waffen. Aber aufzuheitern vermochte er ihn nicht, soviel Mühe er sich auch gab.

Er sagte zu seinem Vater: »Laß uns ein Fest machen, an dem meine Schwester an der Tafel neben ihm sitzen soll. Gewiß gefällt sie ihm und heitert ihn auf, denn sie ist doch eine Schöne.« Sie setzten beim Festmahl Jovelins Töchterchen an seine Seite, und da erfuhr er, daß sie den Namen Isolde trug und daß man sie Isolde mit den weißen Händen nannte, weil ihre Hände zierlich, fein und weiß wie Schnee waren. Da schlug ihm das Herz, als er den geliebten Namen vernahm, und er richtete freundliche Worte an sie, weil er dachte, ein Fräulein, das diesen Namen trug, müsse er hoch in Ehren halten. Auch hatte sie großes Gefallen an ihm, und für Jovelin und Kaedin schien es bald ausgemacht, daß diese beiden ein Paar würden. Kaedin sprach mit ihm und fragte ihn, ob er sie freien wollte.

Als der Jüngling das sagte, dachte Tristan wieder an die andere Isolde, die ihn gewiß schon vergessen hatte, und weil auch er wollte, daß sie ihn vergäße, verschmolzen in seiner Verwirrung die beiden Frauen, Isolde Goldhaar und Isolde Weißhand, miteinander. Er erwiderte: »Wenn Eure Schwester an einem Mann Gefallen finden kann, der lieber traurige Weisen singt als heitere Spiele spielt und dem die Schwermut den Sinn verdunkelt, so soll es mir recht sein.«

So wurde Isolde Weißhand Tristans Gemahlin, und er wohnte auf der Burg Karke und hätte mit seiner Frau wohl in Glück und Frieden leben können, wenn die Liebe zu Isolde Goldhaar in ihm abgestorben wäre. Aber das war sie nicht.

Wie die Sehnsucht die Liebenden nicht ruhen lässt

Sie konnten einander nicht vergessen, und je weiter die Jahre dahinflossen, desto heißer brannte in beider Herzen die Sehnsucht. Die Macht des Liebestrankes minderte sich nicht. Fern voneinander zerbrachen sie sich beide unablässig den Kopf, wie sie wieder zusammenfinden könnten. Aber es gab keinen Weg.

Isolde, die nun wieder Königin in Cornwall war, träumte, ein Gaukler käme an den Hof Tintagel, um die Hofleute mit seinen Späßen zu unterhalten. Er war bucklig und von Angesicht häßlich, er trug die bunten Flicken eines Narren und hatte eine Harfe bei sich, auf der er klimperte, und dazu sang er übermütige Lieder, die gingen in die Weisen über, die Tristan ihr einstmals vorgesungen hatte, und da kam ihr der Gedanke, der Mensch möchte Tristan sein, der sich solcherart verkleidet und unkenntlich gemacht hatte. Sie gab ihm Zeichen in der Liebessprache, die sie miteinander getauscht hatten, doch er antwortete nur mit seinen Grimassen. Der ganze Hof lachte über ihn, und der König fragte ihn nach seinem Namen. Da sagte er: »Ich bin Tantris, der Narr.«

Da fühlte sie, wie ihr das Herzblut entströmte, und sie erwachte in Tränen. Am gleichen Tag erschien wahrhaftig ein Gaukler, der so ähnlich aussah, wie sie ihn geträumt hatte, aber Tantris, der Narr, war er nicht. Tristan war er nicht. Er war nur ein Spaßmacher und dummer August, der um ein paar Geldstücke und ein Nachtlager bettelte, und als man von seinen Späßen genug hatte, jagte man ihn weg.
Es gab noch zwei Menschen, die sich den Kopf zerbrachen, wie diesen armen Liebenden zu helfen wäre. Das waren hüben Kurwenal, der Waffenmeister, und drüben Brangäne, die alte Dienerin, und beide hätten freudig ihr Blut hingegeben, hätten sie Tristan und Isolde glücklich gesehen. Aber einen Weg gab es nicht.
Tristan zog in den Krieg, um seinem Waffenbruder Kaedin, der mit dem benachbarten Grafen Bedenis in Fehde lag, zu Hilfe zu kommen, und da traf ihn ein Lanzenstich tief in die Seite. Nach dem siegreichen Ende des Kampfes wurde ihm auf der Burg sorgsame Pflege zuteil, aber die Wunde schloß sich nicht, er siechte unheilbar dahin. Nur dieser eine Wunsch war noch in ihm lebendig: sie wiederzusehen, die der Inhalt seines Lebens war, Isolde, die Goldhaarige. Und da er nun die Kraft schwinden fühlte, rief er Kaedin an sein Lager und eröffnete ihm das Geheimnis seiner Liebe und verschwieg ihm nichts. Tief traf den Freund dieses schreckliche Geständnis. »Arme Schwester!« rief er, »die du um das Glück betrogen bist, wiedergeliebt zu werden. So hat dich dein Mann nur um deines Namens willen gefreit!«
Tristan richtete sich mühsam auf seinem Lager hoch und flehte mit gefalteten Händen den Freund an: »Teurer Gefährte, laß dich um den letzten Freundesdienst bitten. Fahr du, oder laß meinen getreuen Kurwenal fahren, nach Tintagel zur Königin Isolde von Cornwall und sage ihr, daß Tristan nach ihr verlangt, der im Sterben liegt. Sie möge kommen auf dem schnellsten Weg und ihres Liebsten Kopf in ihren Schoß betten, damit er nicht im Elend, sondern in Glückseligkeit sein Leben beendet.«
Kaedin, ungeachtet des Kummers, den er um seiner Schwester willen empfand, gewährte ihm die Bitte und ließ für Kurwenal ein Schiff rüsten. Zu seinem Waffenmeister sagte Tristan: »Höre, du Treuer, mein Leben entflieht mir rasch, so eil dich, und du bist klug und wirst Mittel und Wege finden, mit Isolde zu sprechen. Wenn du mit ihr zurückkehrst, so setze ein weißes Segel zum Zeichen, daß sie bei dir ist, so daß ich's von weitem sehe und so lange noch ausharre; ist sie aber nicht bei dir, so setze ein schwarzes, dann sehe ich's in der Ferne und will mit dem Tod nicht mehr kämpfen.«
Diese Worte aber hatte seine Gemahlin Isolde Weißhand an der Tür erlauscht, denn sie war schon voller Argwohn und spürte längst, daß seine Gedanken nicht bei ihr waren, sondern bei einer andren. Bitter enttäuscht war sie und erzürnt und sann auf Vergeltung.

Auf den Flügeln der Liebe eilte Isolde, die andre, die geliebte, herbei. Sie scherte sich nicht um Ausflüchte, da ihr nun alles gleich nichtig galt neben dem Schicksal des Geliebten. Mit Gold kaufte sie ein Schiff und einen Schiffsführer, der sie übers Meer bringen sollte, und gab im Schlosse dies und das kund, sie müsse fahren und keinen solle es kümmern, warum und wohin. Nur von Brangäne begleitet, der Untröstlichen, die sich an allem schuldig fühlte, und von Kurwenal, der für den Herrn wie für die Herrin durchs Feuer ging, bestieg sie zur Nacht das Schiff mit den weißen Segeln und ließ sich über die Meerenge setzen.

Hart hämmerte ihr Herz, als wollte es sie erschlagen, wenn sie an Tristan, wenn sie an Tantris dachte, an Tantris, den Spielmann, und Tristan, den Ritter. Die Hoffnung beflügelte sie, ihn am Leben zu erhalten mit der Kraft ihrer großen, unauslöschlichen, unüberwindlichen Liebe. Sie lag während der raschen Fahrt durch das von günstigen Winden bewegte Wasser auf den Knien und betete zu Gott, ihre Liebe zu segnen.

Aber ach, Gott segnete sie nicht, sondern der Fluch, der über allzu großer, verzauberter Liebe lastet, sollte sich erfüllen.

Während Tristan auf dem Lager mit seiner Schwäche und seinen Schmerzen rang, da der tiefe Lanzenstich an seiner Seite sich nicht zur Ruhe geben wollte, wachte Isolde Weißhand, die in ihrer Liebe Enttäuschte und bitter Erzürnte, und kühlte seine Wunde. Von Zeit zu Zeit blickte sie aufs Meer hinaus, wo die andre kommen sollte, und Tristan merkte, wie sie immer wieder aufs Meer hinaussah. Er fragte sie, warum sie unablässig aufs Meer hin blickte, und sie sagte: »Es ist so still und glatt und blau, und wenn am Rand in der Ferne ein Schiff kommt, so kann man es sehen und sich daran freuen. Manchmal taucht eins auf und verschwindet wieder, und wissen möcht' ich, ob auch einmal eins auf unsere Küste zuhält.«

»Sag mir, wenn eins auf unsere Küste zuhält«, bat Tristan.

Und eines Mittags sagte sie: »Weit draußen ist überm Meeresrand ein Pünktchen, das könnte ein Schiff sein, aber noch ist nicht zu erkennen, wohin es fährt.

Und nach einer Weile sagte sie: »Es scheint, das Pünktchen wird größer und nähert sich unserer Küste. Ob es wohl ein Kaufmannsschiff ist oder ein kriegerisches oder ein Raubschiff?«

Er fragte: »Kannst du wohl erkennen, was für Segel es gesetzt hat?«

Sie sagte: »Nein, denn von Segeln und wie sie gesetzt sind, verstehe ich nichts.«

Er fragte: »Kannst du erkennen, welche Farbe das Segel hat, das auf uns zukommt?«

Sie erwiderte: »Ich kann es noch nicht erkennen, denn die Sonne liegt darauf und blendet.«

Er lag eine Weile mit heftigen Atemzügen still, und es wollte ihr scheinen,

als stiege sein Fieber an. Dann fragte er noch einmal: »Kannst du jetzt die Farbe des Segels erkennen?«
Sie sagte: »Noch immer nicht, aber bald kann ich es sehen.«
Wieder verging eine Weile, dann fragte er wieder, und dieses Mal antwortete sie mit harter Stimme: »Das Schiff, das auf unsere Küste zukommt, hat ein Segel, das ist pechschwarz.«
Da weinte er bitterlich und drehte den Kopf zur Seite und starb.
Und Isolde Weißhand bettete seinen Kopf in ihren Schoß und weinte auch.
Als Isolde Goldhaar ans Ufer ging, kam ihr schon die Botschaft entgegen, daß der edle und starke Ritter Tristan an der Wunde, die er im Kampf um die Burg empfangen hatte, tot war. Und sie ging an sein Totenbett und sah da die andere Isolde sitzen mit dem Haupt des Toten in ihrem Schoß. Die beiden Frauen sahen sich an, und die eine Isolde stand auf und ging hinaus, und die andere nahm ihren Platz ein und bettete Tristans Haupt in ihren Schoß. Sie blieb die ganze Nacht da sitzen, aber gegen Morgen sank sie um, und als man kam, fand man sie tot.
Brangäne brachte König Marke die Nachricht von dem traurigen Ende der Liebenden. Sie sank vor dem alten Mann auf die Knie und klagte: »Herr, ich bin an allem schuld, töte mich auch!« Sie erzählte ihm von dem Liebestrank und seinem unseligen Fluch. Da erbarmte Marke sich ihrer, ließ ein Schiff ausrüsten, kreuzte das Meer und brachte den Leichnam der Königin Isolde und Tristans nach Tintagel. Verzeihen erfüllte sein gütiges Herz, da er erkannte, daß fremde, unerforschliche Mächte, die mächtiger waren als alle Menschenmacht, die beiden zusammengekettet hatten.
Er ließ Tristan in einen Sarg aus Beryll und Isolde in einen Sarg aus Chalzedon betten, und beide wurden nebeneinander in die Kapelle nahe der Burg Tintagel, rechts und links vom Altar, in die Gruft gesenkt. Es war dieselbe Kapelle, aus deren Fenster Tristan den Sprung in die Tiefe getan hatte.
In der Nacht nach dem Begräbnis wuchs aus der Gruft über dem Sarg Tristans ein Rosenstrauch hervor, der rankte sich an der Decke des Gewölbes entlang und senkte seine Zweige zu dem Grab Isoldes hinab, aus dem eine Weinrebe emporwuchs. Rose und Rebe schlugen in den Herzen der Liebenden Wurzeln. Über der Gruft neigte sich jeder Zweig dem anderen zu, und dicht ineinander verflochten sich Rose und Rebe. So hatte Gott durch ein Wunder die Liebenden, die auf Erden schuldlos in Schuld verstrickt worden waren, nach dem Tode vereint zum Zeichen, daß ihre Seelen droben vereint blieben.

König Artus' Tafelrunde

Artus' Geburt

Die Geburt des großen Königs Artus, der in alter Zeit über England herrschte und der edelste Herrscher und Ritter des Abendlandes genannt wurde, geschah durch Zauberei. Merlin bewirkte dies, der bei manchen zu Unrecht für einen Meister der Höllenkünste galt, für einen Sohn Satans wohl gar. Aber das war er nicht, sondern er kam aus jenen Tagen her, als die Magie noch eine heilige Kunst war und im Einverständnis mit den Himmlischen geübt wurde.

Der edelste Herrscher des Abendlandes, so war es beschlossen, sollte aus dem Bunde des Königs Uther mit der schönen Herzogin von Cornwall, deren Namen man nicht kennt, hervorgehen.

König Uther, dem seine Gemahlin früh gestorben war, verzehrte sich vor Sehnsucht und heimlicher, unerwiderter Liebe zu der Gemahlin des Herzogs von Cornwall; und da der Kummer ihm das Herz allzu schwer machte, so daß er krank davon wurde und die Ärzte ihm nicht helfen konnten, erbot sich sein Hofmeister Ulfin, den Zauberer Merlin um Hilfe anzugehen.

Aber wo war Merlin zu finden? Er war allerorten und nirgends, keiner kannte seinen Wohnsitz, er weilte bald auf Schlössern und Burgen, die nie jemand sah, bald in Verstecken der Wälder, er zog in hundert Gestalten durch das Land, und nur wem er selbst sich zu erkennen gab, konnte ihn entdecken.

Lange streifte Ulfin umher, bis ihm einmal auf der Landstraße ein Bettler begegnete, dem er eine Münze zuwarf, und im Weiterreiten hörte er hinter sich eine Stimme: »Du Tor Ulfin, da suchst du Merlin und gehst achtlos an ihm vorbei!«

»Wenn du es bist, Merlin«, rief Ulfin, »so brauch' ich dir nicht zu sagen, warum ich dich suche, da du ja alles weißt!«
Vor seinen staunenden Augen fielen die Lumpen von dem Bettler ab, und der Zauberer trat in der Gestalt eines strahlenden Edelmannes an Ulfins Seite und sagte: »Ich weiß, was dein Begehr ist, und auch weiß ich Rat. Um deinem König die Herzogin von Cornwall zuzuführen, die doch ihrem Gatten treu ist, bedarf es eines argen Zaubers.«
»Möge er dir gelingen, mächtiger Merlin!« rief Ulfin. »Denn ich muß fürchten, daß der Liebeskummer meinen König tötet, wenn seine Sehnsucht ungestillt bleibt.«
»Ich verlange einen hohen Preis dafür«, sprach Merlin. »Wenn diesem Bund ein Sohn entspringt, soll er mir gehören.«
»Ich will den König fragen, ob's ihm recht ist«, entgegnete Ulfin. Merlin fiel ihm gleich ins Wort: »Es wird ihm recht sein, da bin ich gewiß.«
Ulfin kehrte an den Königshof zurück und berichtete von seiner Begegnung mit dem Zauberer und dessen seltsamer Bedingung. König Uther fand, diese sei nur recht und billig, jedweden Preis sei er zu zahlen bereit. Und kurz darauf geschah es, daß der Herzog von Cornwall in Streit mit einem fremden Ritter geriet und von diesem zum Zweikampf gefordert und getötet wurde. Das geschah in einem einsamen Walde und ohne daß die Herzogin davon Kenntnis bekam. Sie saß auf dem Herzogsschloß Tintagel und wartete auf die Rückkehr ihres Gemahls. Zur gleichen Zeit nun führte Merlin den König Uther vor die Burg Tintagel und sprach einen Zauberspruch über ihn: er wurde mit Leib und Seele in den Herzog von Cornwall verwandelt.
Als solcher schritt er durch die Gänge des Schlosses, die ihm altvertraut waren, während sein Dasein als König Uther von England in ihm ausgelöscht war, und schloß die liebende Herzogin in seine Arme. Daheim aber, in der Hauptstadt, war der König spurlos verschwunden, und soviel man nach ihm suchte, er war nicht zu finden, und es war, als hätte der Erdboden ihn verschluckt. Und ehe die Großen des Landes sich schlüssig zu werden vermochten, was nun zu geschehen habe, übernahm der Hofmeister Ulfin als des Königs Stellvertreter die Regentschaft.
Das Herzogspaar auf der Burg Tintagel bekam einen Sohn, der in der Taufe den Namen Artus empfing. Sie durften sich seiner aber nicht freuen, denn wenige Tage nach seiner Geburt wurde das Kind, in ein golddurchwirktes Tuch gehüllt, vor die Hinterpforte der Burg gebracht und einem vermummten Manne übergeben, der es schweigend in seine Arme nahm und mit ihm davonritt. Dieses geschah auf Weisung des Vaters; im Gemüte der Mutter aber ward das Wissen, daß sie einen Sohn hatte, ausgelöscht. Merlin, der Zauberer, brachte das Kind zu einem Ritter namens Ektor, der mit seinem Weib und seinem Sohn Keye nicht weit entfernt lebte. Er zog Artus nach bestem Wissen auf, lehrte ihn den Gebrauch der Waffen

und unterwies ihn in allen ritterlichen Tugenden. Artus und Keye wuchsen zusammen auf und vertrugen sich, und Ektor und seine Frau gewannen den heranwachsenden Jüngling lieb. Aber das Geheimnis seiner Abstammung blieb ihm verborgen.

Wie Artus König wurde

Über das Land brachen schwere Zeiten herein, weil niemand mehr dem Stellvertreter des verschwundenen Königs gehorchen wollte und mehrere der Herzöge und Barone die Krone begehrten. Es gab Fehden und Kämpfe, ganze Schlachten wurden zwischen benachbarten Landherren ausgefochten, das Blut floß in Strömen, Felder wurden verwüstet, die Güter und Höfe verarmten. Ulfin selbst wurde in einem Gefecht getötet, und nicht einmal auf einen vorläufigen Verweser des Landes konnte man sich einigen.
Die einzige Macht, die noch Bestand und Geltung hatte, war die Kirche. Darum ging Merlin zum Erzbischof und riet ihm, alle Edelleute zu einer Versammlung zu laden, auf der ein neuer König gewählt werden sollte. Merlin sagte: »Vertraut darauf, daß die rechte Wahl getroffen wird, am Eingreifen des Himmels wird es nicht fehlen.«
Der Erzbischof befolgte den Rat, an den er auch schon selbst gedacht hatte, aber von dem er sich nichts zu versprechen wagte, und schickte überallhin Boten aus, um die Herzöge, Barone, Grafen und Ritter, die Rang und Namen hatten, in die Hauptstadt zu rufen.
Eine solche Ladung erging auch an den Ritter Ektor, und er rüstete sich mitsamt seinem älteren Sohn Keye zur Reise.
Artus fragte ihn: »Vater, warum legst du denn deine Rüstung an und schienst dich in Eisen und sattelst dein Pferd?«
Er erwiderte: »Mich ruft ein wichtiges Amt in die Hauptstadt.«
Artus ließ nicht locker und fragte: »Warum rüstet sich auch mein Bruder Keye?«
»Er wird mich begleiten«, sagte Ektor ein wenig verlegen.
Da sagte Artus traurig: »Vater, bin ich denn nicht groß und tapfer genug, so daß du mich zu Hause läßt?«
Nun brachte Ektor es nicht übers Herz, den Jüngling mit Vorwänden abzuspeisen, und er entschloß sich, ihm die Wahrheit zu enthüllen. »Höre, lieber Artus«, sagte er, »ich habe dir bisher, es geschah auf eine machtvolle Weisung, ein Geheimnis verborgen. Ich bin nicht dein richtiger Vater. Nur der Zauberer Merlin weiß, wer dein Vater ist, und niemand darf es erfahren. Er hat dich als kleines Kind in mein Haus gebracht und mir befohlen, dich aufzuziehen. Das habe ich getan, und ich habe dich liebgewonnen wie meinen eigenen Sohn, aber zu der weihevollen Handlung, zu der ich geladen bin, darf niemand erscheinen, der von zweifelhafter Geburt ist.«

Betroffen schwieg Artus – es war der erste Kummer, der sich auf seine junge Seele legte.
Zur Mitternacht versammelten sich die Edlen Englands in der Kathedrale. Sie weilten dort bis in die Morgenstunden hinein, um Gottes Beistand für ihr schwieriges Werk zu erflehen. Sie berieten viele Stunden hindurch, eine Rede löste die andere, eine Gegenrede die andere ab, aber sie konnten sich nicht einigen. Als sie auf den Kirchhof hinaustraten, der die Kathedrale umgab, um angesichts der Grabsteine ihrer Vorfahren die Beratung fortzusetzen, bot sich ihnen ein seltsamer Anblick.
Auf einem freien Rund, das zwischen den Grabsteinen gebildet war und in dessen Mitte eine Esche gestanden hatte, war diese verschwunden, und an ihrer Stelle ragte ein Amboß aus dem Erdboden, als sei er über Nacht aus der Erde geschossen. In diesem erzenen Block aber stak ein Schwert wie in einer Scheide und ragte nur mit dem Griff heraus.
Erstaunt traten sie näher, um dieses Wunder zu betrachten, das keiner sich erklären konnte. Da sahen sie, daß rings um den Amboß eine Schrift lief, die wie mit einem Griffel in das Eisen eingeritzt war, und sie lasen:
»Wer dieses Schwert aus seiner Scheide zieht, soll König von England sein.«
Da war es an ihnen allen, sich daran zu erproben, nacheinander traten sie herzu und faßten den Schwertgriff, um es herauszuziehen, aber es stak so fest in dem Spalt, als sei es mit dem Amboß zusammengeschmiedet, und auch den Stärksten gelang es nicht, es hervorzuziehen. Auch Ritter Ektor versuchte sich daran, aber vergebens, und seinem Sohn Keye gelang es ebensowenig. Nicht um den Bruchteil eines Zolls wich der Stahl aus seiner Klammer. Da gaben die Männer die weiteren Versuche auf und kamen überein, ihre Beratung zu vertagen und sie nach dem Dreikönigstage fortzusetzen. Sie gingen ratlos und in tiefem Sinnen über dieses unerklärliche Ereignis auseinander in der Hoffnung, daß sich auf der nächsten Zusammenkunft eine Lösung des Rätsels fände.
Ektor und Keye kehrten wie die übrigen nach Hause zurück, aber jedermann schwieg sich über das aus, was sich begeben hatte. Dann sollte am Neujahrstage in der Hauptstadt ein Turnier stattfinden, und dieses Mal nahm Ektor auch Artus mit. Ihr Aufbruch geschah in Eile, und als sie auf dem Turnierplatz ankamen, mußte der junge Keye zu seiner Beschämung entdecken, daß er sein Schwert vergessen hatte. »Es war deinetwegen«, sagte er zu dem jüngeren Bruder, »denn ich mußte aufpassen, daß du in deiner Unerfahrenheit deine Kinderwaffen recht beisammen hast.«
Das war ein Spott, denn Artus war kein Kind mehr, aber sein eigenes Schwert war noch von der leichteren Art, und Keye wollte es nicht geliehen haben. »Bruder, hol mir mein Schwert von zu Hause«, bat er. »Wenn du dich eilst, kannst du zur rechten Zeit wieder zurück sein.«
Artus nahm dem Bruder den Spott nicht übel, denn er war arglos und gutmütig von Natur. »Das will ich gern tun«, erwiderte er und ritt eilends zu-

rück. Daheim aber fand er das Burgtor verschlossen, denn die Dienerschaft hatte sich einen guten Tag auf dem Land machen wollen. Betrübt ritt Artus zurück und überlegte, wie er zu einem Schwert kommen könnte. Dabei verirrte er sich in der Stadt und geriet auf den Kirchhof der Kathedrale, und wie groß war sein Erstaunen, als er da mitten zwischen all den Grabsteinen einen Amboß stehen sah, in dem ein Schwert stak und mit dem Griff herausragte.

»Das kommt mir ja wie gerufen, besser könnt' ich's nicht treffen!« sagte er, trat heran, zog das Schwert heraus, legte es, da es ja keine Scheide hatte, vorsichtig quer vor sich über den Sattel und ritt zu seinem Vater und Bruder. Freudestrahlend trat er zu Keye und sagte: »Hier hast du ein Schwert, Bruder, wie du kein besseres haben könntest. Es ist zwar nicht dein eigenes, denn zu Hause war das Tor geschlossen und niemand ließ mich hinein, aber unterwegs fand ich dieses – es hat nur keine Scheide.«

»Wie kommt es, daß es keine Scheide hat, und wo hast du es gefunden?« fragte Keye erstaunt. Er prüfte die Klinge und fand, sie war von der edelsten Schmiedeart.

»Es wuchs mir am Wegrand!« lachte Artus.

»Nein, das erkläre mir näher«, drängte Keye. »Am Wegrand wachsen doch keine Schwerter, und schon gar so ein gutes!«

»Nun, das mit dem Wegrand hab' ich nicht so genau gemeint«, erzählte Artus. »Ich kam über den Kirchhof, da stand ein Amboß mitten zwischen den Grabsteinen, so daß ich zuerst dachte, er sei auch ein Grabstein, und darauf stand ein Kreuz, wie es ja auf den Grabsteinen üblich ist, aber es war von so absonderlicher Art, daß ich es mir näher besah, und Gott verzeih mir, wenn es eine Sünde war, aber das Kreuz kam mir wie ein Schwertgriff vor, und ich zog daran, und da war es wirklich ein Schwert – und hier ist es.«

Vater Ektor trat herzu und fand kaum die Sprache, aber er fragte: »Zogst du es wirklich heraus und warst stark genug dazu?«

»Dazu gehörte gar keine Stärke«, lachte Artus, »es ging so leicht, als stäke es in einer Hülle von Stroh.«

Blitzschnell verbreitete sich die Kunde von diesem Ereignis unter den Edlen, und sie beschlossen, den Jüngling noch einmal zu prüfen, denn sie glaubten seine Geschichte nicht, hatten sie doch selbst, Mann für Mann, vergeblich ihre Kräfte erprobt. Sie nahmen Artus in ihre Mitte und begaben sich auf den Kirchhof, und Artus war immer noch ohne Ahnung, was dies alles bedeutete.

Sie traten um den Amboß und sahen, daß der Spalt, in dem das Schwert gesteckt hatte, nicht mehr da war. Aber Artus nahm das Schwert und setzte die Spitze der Klinge unbekümmert auf die Stelle, in der es gesessen hatte, trieb den Stahl in das Eisen hinein und riß ihn mit Leichtigkeit wieder heraus.

Da erstarrten sie alle in ehrfürchtiger Stille. Auf einen Wink des Erzbischofs begannen die Glocken der Kathedrale zu läuten, und alle Umstehenden, die Herzöge, Barone und Grafen, beugten vor dem Jüngling das Knie.
»Was ist, mein Vater?« rief Artus, zu seinem Pflegevater gewandt, »was geschieht mir da?«
»Du bist der König von England«, erwiderte Ritter Ektor mit feierlicher Stimme.

Der Kampf um den Thron

Nachdem Artus auf so wunderbare Weise König geworden war, richtete er mit großer Klugheit seine Herrschaft ein. Seinen Bruder Keye setzte er als Hofmeister und Marschall an die Spitze des Hofes, und die übrigen Ämter verteilte er an die Besten des Landes. Anfangs trauten manche der Barone dem jungen König die Kraft nicht zu, seine Macht mit allem Nachdruck durchzusetzen, und versuchten, sich auf ihren Burgen und Ländereien unabhängig zu halten, und beugten sich erst, als sie seine Tapferkeit und Willenskraft zu spüren bekamen. So befriedete Artus nach mancherlei Kämpfen sein Land endgültig.
Jedoch drohten Gefahren von außen. Es gab drei benachbarte Königreiche, deren Herrscher dem jungen König seine Macht und seinen Glanz neideten. Das waren König Lote von Orkney, König Anguish von Schottland und König Leodegranz von Irland, und sie schlossen ein Bündnis mit dem Ziel, Artus zu stürzen. Gemeinsam fielen sie mit ihren Heeren in England ein.
Artus zog ihnen mit seinem Heere entgegen. In der Nacht vor der Entscheidungsschlacht erschien dem König zum ersten Male sein großer Beschützer Merlin und gab sich ihm zu erkennen. Er sprach: »Steh von deinem Lager auf, Artus, und folge mir. Ich liebe dich, als wärest du mein Sohn, und ich will dir zu einem Rüstzeug verhelfen, das dir Macht über alle deine Feinde verleiht!«
Artus dankte ihm mit den Worten: »Wie glücklich darf ich mich preisen, großer Schutzgeist, Euch meinen Freund nennen zu dürfen. Immer habe ich, als ich erfuhr, daß ich elternlos bin, Eure hilfreiche Nähe gefühlt. Nie fühlte ich mich verlassen, sondern von Eurer Zuneigung umfangen.«
Sie verließen Seite an Seite das Feldlager und trabten weit durch die Wälder bis an einen einsam gelegenen See. Da schien das blasse Mondlicht auf das stille Gewässer, und staunend sah Artus aus der Mitte des Sees eine Faust aus dem Wasser ragen, die eine Schwertscheide in die Höhe hielt. Und aus dem Schilf des Uferrandes trat, über das Wasser schwebend, die Seejungfrau, der Geist dieses Ortes.
An sie wandte sich der Zauberer mit den Worten: »Liebe Jungfrau vom See, ich bitte dich, verhilf diesem jungen König zu der Schwertscheide, die

zu seiner Waffe gehört. Denn du siehst, daß sein Schwert ohne Hülle an seinem Gurt hängt. Und die passende Hülle dazu ist gar zu schwer, wie du weißt – sie hat die Gestalt eines Ambosses, der auf dem Kirchhof der Kathedrale steht.«

Die Jungfrau lächelte: »Das Schwert ist mir bekannt, es wurde vom besten Schmied der Welt geschmiedet zu der Zeit, als die ersten Ritter nach England kamen, und es trägt den Namen ›Excalibur‹, das heißt Schneidestrahl. Und die Hülle dort, die ihr aus dem Wasser ragen seht, gehört dazu, und Excalibur paßt genau hinein. Ich will sie deinem Schützling holen, Merlin.«

Höflich fiel Artus der Sprecherin ins Wort: »Ich bitte Euch, Jungfrau vom See, daß Ihr Euch die Mühe spart, denn ich kann das Schwert auch ohne Scheide im Gürtel tragen. Jedermann wird sich wohl hüten, es zu streifen.«

»Kühn redest du, aber unklug zugleich«, widersprach ihm Merlin. »Steckt dein Schwert in jener Scheide, so geht eine Kraft von ihm aus, die jedes Feindes Auge blendet und seinen Sinn verwirrt, so daß du deine Widersacher auch friedlich überwältigst. Darum sträube dich nicht, sondern laß die Jungfrau sie dir holen.«

Da schwebte die Jungfrau über die mondbeschienene stille Fläche des Wassers in den See hinaus, löste die Scheide aus der Faust und brachte sie dem Jüngling, und im Morgengrauen kehrte er mit Merlin wieder ins Feldlager zurück, ohne daß jemand seine Abwesenheit bemerkt hatte. Zugleich traf auch der Erzbischof dort ein, um den Segen des Himmels für die gerechte Sache zu erflehen.

Nach Beendigung des Gottesdienstes sammelte sich der Heerhaufen, und zu dritt ritten sie den Kämpfern voran: in der Mitte der junge König in blitzender Rüstung mit dem Löwenwappen auf dem Mantel, den eine silberne Spange über dem Kettenpanzer zusammenhielt, weithin erkennbar als der Herrscher und Anführer. Zu seiner Rechten ritt der streitbare Erzbischof im vollen Ornat, zu seiner Linken, in einen schwarzen Überwurf gehüllt, auf dem Sterne wie Diamanten blitzten, Merlin, der Zauberer. Sie waren eine Einheit zu dritt, die den Himmel, die Erde und die Geisterwelt verkörperte.

Als sie auf dem Schlachtfeld anlangten, hatten die Feinde schon ihre Kampfordnung eingenommen. Hinter den drei Königen von Orkney, Schottland und Irland stand ihre weit ausgedehnte Schar von Rittern und Reisigen, Pferd an Pferd so genau nebeneinander, als hätte ein Steinmetz sie mit seiner Schnur ausgerichtet. Und ihr haßerfüllter Kampfruf erscholl: »Nieder mit Artus, dem Bastardkönig!«

Denn das war ein Schimpfwort, das den treffen sollte, der keinen rechtmäßigen Vater hatte.

Da ritt Merlin weit voraus vor sie hin, hob die Hand und rief mit so gewaltiger Stimme, daß seine Worte über das ganze Feld hin klangen und als

Echo zurückkamen: »Der Mann, der durch meinen Zauber zum Herzog von Cornwall wurde, hat den rechtmäßigen Englandkönig Uther zum Vater! Er trägt die Krone zu Recht, und Unheil treffe alle, die ihn einen Bastard schimpfen und Betrüger nennen!«
Da erhob sich ein großes Geschrei auf der Gegenseite, Rufen, Höhnen und Lachen. Die drei Könige wollten Merlins Worten nicht glauben und nicht vom Kampf lassen. Da übermannte Artus der Zorn, und ungeachtet der Worte Merlins, daß sein Schwert, das in der Scheide stak, alle Feinde in Frieden bezwänge, zog er es hervor und sprengte in die Schlacht.
Ein grausiges Morden hub an. Artus geballter Haufe durchbrach die allzu dichte Reihe der Feinde, die so eng standen, daß sie einander im Fechten behinderten, und als die Sonne sich neigte, stand dem jungen König der Sieg vor Augen. Zuletzt hielten sich nur noch zwei Kämpen aufrecht, die wie Säulen standen, das waren der König von Orkney und sein Sohn Gawan. Hier war es, daß Artus zum ersten Mal auf den Ritter traf, der ihm sein ganzes Leben lang der beste Waffenbruder und Gefährte sein sollte. König Lote ward im ersten Anprall aus dem Sattel gestoßen, dann standen Artus und Gawan einander gegenüber, jetzt grimmige Feinde, doch Freunde von morgen. Lange und unentschieden währte der Kampf, und gebannt sahen ringsum Freunde und Feinde ihm zu. Jeder der beiden Kämpen erkannte, daß er den andern nicht bezwingen konnte, und als sie, nachdem sie die Klingen wohl hundertmal gekreuzt hatten, stillstanden, um Atem zu holen, hoben sie beide wie auf Verabredung das Visier und sahen einander in die Augen.
Da sagte Gawan: »Edler Jüngling, ich erkenne wohl, daß du der rechtmäßige König bist und ein unüberwindlicher Held. So will ich mich dir unterwerfen und, wenn es dir lieb ist, als Waffengefährte dir dienen.«
Darauf ging Artus mit Freuden ein, steckte sein Schwert in die Scheide, und beide traten aufeinander zu und umarmten einander. Das ganze Heer brach in Jubelrufe aus. Der Zauberer Merlin aber war von Stund an verschwunden.
Sie schlossen Frieden und machten einen Vertrag: die Könige von Orkney, Schottland und Irland erkannten Artus' Hoheit an und verpflichteten sich, ihre besten Männer als Vasallen an seinen Hof zu senden. So trat unter etlichen anderen auch Gawan in den Dienst des jungen Königs, und das war der Anfang der Tafelrunde, aus deren Kreis später so viele ruhmvolle Taten hervorgingen.
Ein Versöhnungsfest wurde gefeiert, und auf ihm erschien auch Ginover, die liebliche Tochter des Königs Leodegranz. Sie war fast noch ein Kind, aber der Ruf ihrer Schönheit war längst an Artus' Ohr gedrungen, und nun schien ihm die Wirklichkeit alle Schilderungen zu übertreffen.
Als sie an der Seite ihres Vaters zurückkehren mußte, sagte König Artus beim Abschied zu ihr: »Ich habe als Sieger diesen Saal betreten, aber ich

verlasse ihn als Besiegter. Was tausend Ritter nicht konnten, gelang Eurem lieblichen Antlitz. Von Euch, Ginover, bin ich überwunden worden, mein Herz gehört Euch, und nie werde ich Euch vergessen.«

Der Zug gegen den Kaiser von Rom

Von alters her herrschte Rom, das man die Ewige Stadt nennt, über die Welt, von alters her betrachtete sich der Kaiser von Rom als Herrscher des Erdkreises. Nur fern im Morgenland waren ihm die Völker nicht untertan, denn dorthin reichte sein Arm nicht, und sie wurden von den Sultanen und Kalifen, die an den Propheten Mohammed glaubten und keine Christen waren, regiert.

Einige Jahre, nachdem Artus König geworden war und mit seinen Rittern große Taten vollbracht hatte, erschienen Abgesandte des Kaisers von Rom, der Lucius hieß, und brachten diese Botschaft:

»Es ist dem Kaiser von Rom bekannt geworden, daß Dir, König Artus von England, ein großes Reich untertan ist. Seit den Tagen des großmächtigen Julius Cäsar aber ist England, das dazumal Britannia hieß, dem Römischen Reich untertan gewesen. Darum muß es auch heute so sein, und der Kaiser von Rom fordert dich auf, ihm den schuldigen Tribut zu entrichten. Weigerst du dich, so wird ein römisches Heer an deiner Küste landen und dich zum Gehorsam zwingen.«

Danach folgte eine Liste all der Dinge und Höhe der Gelder, die der Kaiser von Rom als Tribut verlangte.

Zornentbrannt über diese Anmaßung berief Artus den Rat der Edlen und fragte die versammelten Herzöge, Barone und Grafen, ob er sich derart demütigen solle oder welche Antwort dem fremden Herrscher zu erteilen sei. Da antwortete im Namen aller andern der König von Schottland:

»Es ist unsere Meinung, daß Ihr, König Artus, von Rechts wegen über allen anderen Herrschern steht, denn in der ganzen Christenheit ist keiner Euch an Klugheit und Rittertugenden gleich.«

Alle anderen fielen begeistert ein und verlangten, ein Heer sollte gesammelt werden und nach Rom ziehen, um dem unverschämten Kaiser Vernunft beizubringen.

So geschah es. Eine mächtige Flotte und ein Heer von zehntausend Reisigen, Rittern, Schwertträgern, Lanzenwerfern und Bogenschützen wurde ausgerüstet und an der Küste zusammengestellt. Von dem jungen König geführt, landete dieses Heer an der flandrischen Küste, die flach war, so daß die Schiffe ohne Gefahr am Strand auflaufen konnten.

In der Nacht, die darauf folgte, hatte Artus einen seltsamen Traum. Ein mächtiger Löwe saß am Strande, die Mähne wie Gold anzusehen und mit Tatzen so breit wie seine Mähne und Klauen aus Eisen, und seine Augen funkelten wie Smaragde. Im Osten aber stieg ein dichtes Gewölk auf, aus dem, grauenvoll anzusehen, ein ungeheurer schwarzer Eber hervortrat. Sein Leib war zehnmal größer als ein Eber, der durch die Wälder streift, die Hauer waren mächtig wie Balken, und seine Schnauze glich dem Rachen eines Drachen, er schien dem Träumenden das furchtbarste Untier zu sein, das er je erblickt hatte.

Der Eber stieß ein markerschütterndes Gebrüll aus und raste mit gesenktem Kopf, die Hauer aufgerichtet, auf den Löwen zu. Dieser aber streckte mit einem einzigen furchtbaren Hieb seiner Tatze den Angreifer zu Boden, daß dieser sich aufheulend in seinem Blute wälzte und verendete. Da erschien der Zauberer Merlin auf dem Kampfplatz, welches einem Schlachtfeld glich, auf dem zwei riesige Heere einander zerfleischt hatten, und sagte: »Der Löwe bist du, König Artus; der Eber aber ist ein Tyrann aus dem Osten, der das Volk quält und sich an dem Blute der Unschuldigen und Wehrlosen mästet. Zieh guten Mutes weiter, denn dein ist der Sieg.«

So brach Artus mit seinem Heer eilends auf, erreichte den Rhein, zog über die Berge mit den Schneegipfeln, überschritt sie und stieg in die Ebene von Italien hinab. Als sie mehrere Tage so dahingezogen waren, erschien ein Bauer und bat den König flehentlich, das Land von einem furchtbaren Riesen zu befreien, der Menschenfresser sei und schon ein halbes Tausend Menschen getötet hätte.

Artus sagte: »Da wundert es mich, daß der mächtige Kaiser von Rom, der die ganze Welt zu beherrschen glaubt, euch noch nicht von dieser Plage befreit hat. Wenn Menschen in Bedrängnis sind, will ich nicht lange danach fragen, wem sie dienen und wessen Schutz sie von Rechts wegen anvertraut sind, sondern will für die Wehrlosen streiten. Zeig mir also den Weg zu dem Unhold, guter Freund, und ich will ihn zur Strecke bringen.«

Da warnten ihn Keye und Gawan, er solle dem Ungeheuer nicht allein entgegentreten, sondern sie sollten es zu dreien machen, aber das litt er nicht, sondern bestand darauf, nach guter Ritterart allein zu kämpfen. Er ließ sich von dem Bauern den Weg zeigen; Gawan und Keye aber folgten ihm heimlich, bis er hinter einem Bergkamm ihren Blicken entschwand.

Auf dem schroffen Abhang hinter dem Bergkamm stieß er auf das Ungeheuer. Es war ein Riese, fast doppelt so groß wie ein starker Mann, mit einer Kinnlade und Zähnen, zwischen denen er Baumstämme zerknacken konnte, und er hatte sich wie Simson das Haupthaar noch nie geschoren, sondern es hing ihm an den Seiten herab wie das Strohdach einer Kate. Er saß an einem lodernden Feuer und schmatzte in der Vorfreude auf einen Braten aus Menschenfleisch, den ihm zwei Edelfräulein auf einem Feuer zubereiteten. Abseits lag ein Haufen gebleichter Menschenknochen, Schädel und Gebeine wild durcheinander. Da wurde dem König Artus schier übel vor Ekel. Grauen und Empörung packten ihn, er sprang aus dem Gebüsch hervor, das ihn versteckt hatte, lief auf den Unhold zu und

schrie: »Du erbärmliches widerwärtiges Scheusal, du höllische Bestie, du ekelhafte stinkende Ratte, hier steht König Artus vor dir, um mit dir abzurechnen, dein Ende ist da, krepieren sollst du in deinem Unrat!«
Dergleichen und noch manches sonst schrie er in seiner maßlosen Wut und zog sein gutes Schwert, denn nicht in der Scheide bleiben und dem Frieden dienen sollte es jetzt.
Das Scheusal sprang auf die Füße und wich zurück, das Maul voller Blut, und höhnte: »Mein Herr bist nicht du, sondern der Kaiser von Rom, aber sein Arm reicht nicht bis zu mir. Du aber sollst mir ein besonders leckerer Bissen sein!« Und er griff nach seiner Keule, die unweit im Grase lag. Mit ihr hatte er seine Opfer totgeschlagen, doch nie mit ihr gekämpft, da keiner sich ihm zum Kampf jemals stellte.
Die Edelfräulein flehten: »Fremder, rette uns vor dem da, der uns gefangenhält und zum scheußlichen Dienst mißbraucht!«
Der Menschenfresser brüllte sie an: »Haltet die Mäuler! Ist das der Dank, daß ich euch verschont habe? Da ruft ihr jetzt diesen Räuber herbei, das sollt ihr mir büßen!«
Der Kampf begann und dauerte nicht lange. Der Riese schleuderte seine Keule gegen Artus, aber dieser, behender als das klobige Geschoß, wich aus, unterlief den Unhold und bohrte ihm seine Klinge tief ins Gekröse. Da war das Scheusal noch lange nicht tot, sondern trommelte mit seinen Fäusten, die wie Felsblöcke waren, auf den Gegner ein, und Artus mußte schreckliche Schläge einstecken, ehe er sein Schwert aus dem Bauch des Riesen, der fest wie ein Baumstamm war, herausziehen konnte, aber dann holte er aus und durchtrennte dem Scheusal die Kehle. Da röchelte es sich zu Tode.
Keye und Gawan erschienen auf dem Kampfplatz und schalten den König, sich auf dieses Abenteuer eingelassen zu haben, aber der sagte: »Das wäre nicht Ritterart, zu mehreren über einen einzelnen herzufallen.«
Inzwischen hatte Lucius, der Kaiser von Rom, sein Heer aufgeboten, wohl zwanzigtausend gutgerüstete Streiter, darunter viele Sarazenen, die ihm dienstpflichtig waren. Wenn sie alle auch gut ausgerüstet waren, so waren sie doch keine guten kampferprobten Streiter, sondern verweichlicht, und wurden niedergemäht wie Halme unter der Sense. Vier Herrscher fielen in dieser Schlacht, die in einem Talkessel eine Tagesreise vor den Toren Roms stattfand: der Kaiser Lucius und die Könige von Syrien, Ägypten und Spanien, dazu auch die Statthalter von Sizilien, Sardinien und Korinth mitsamt den meisten ihrer Soldaten.
Nur drei Senatoren Roms waren dem Gemetzel entronnen, und sie zogen dem König Artus entgegen und beugten vor ihm das Knie. Er sprach zu ihnen: »So wird es jedem ergehen, der König Artus unter seine Füße zu treten versucht! Aber nun will ich heimkehren auf meine Insel, mein Sinn steht nicht danach, Rom zu beherrschen, darum sei Friede zwischen uns. Geht und behelligt keine fremden Völker mehr mit Tributforderungen.«

Die Tafelrunde und Merlins Ende

Nach der Rückkehr in das Heimatland wandte sich Artus an den Zauberer Merlin: »Mein Vater, der du mir bist, ist es nicht an der Zeit, daß ich meinen Thron mit einer Gemahlin teile? Mein Sinn steht sehnsüchtig nach der schönen Ginover, der Tochter des Königs Leodegranz, die ich auf der Siegesfeier liebenlernte. Sie war damals noch ein Kind, und ich konnte nicht um sie freien; jetzt aber will ich es tun.«

Merlin schwieg, und Artus drängte ihn: »Was sagt Ihr dazu, Meister, tue ich recht?«

Merlin neigte das Haupt, Trauer stand auf seiner Stirn geschrieben. Dann sagte er: »Keine guten Zeichen habe ich im Zauberbecken gesehen. Rein waren die Kreise des Lebens an der Oberfläche, klar senkten sie sich weit in die Tiefe, aber im tiefsten Grunde begannen sie sich zu verwirren zu Knäueln und dunklen Flecken. Lange und glücklich wirst du leben mit deinem Weibe Ginover, der Schönen. Aber am Ende der Liebe lauern Trübsal und Tod.«

Artus schüttelte den Schauder ab, der ihn überkam, und entgegnete: »Steht nicht immer am Ende des Lebens und der Liebe der Tod? Glücklich preise ich den, der an der Liebe stirbt. Glücklich bin ich zu preisen, wenn mir für eine Spanne des Lebens Ginover, die Schöne, gehört.«

»Ich will dir nicht wehren«, seufzte Merlin. »Ist mein Herz von Traurigkeit erfüllt, so denke ich auch an mein eigenes Schicksal. Zieh also hin und wirb um Ginover. Und nun höre. Die Tochter des Königs Leodegranz ist im Besitze des runden Tisches, an dem hundert Ritter Platz haben und den ich ihr an ihrer Geburt vermachte. Ihn wird sie dir in die Ehe bringen.«

»So sage mir«, bat Artus, »welche Bewandtnis hat es mit diesem runden Tisch, von dem ich wohl gehört habe?«

»Er ist das Sinnbild der Welt, die eine runde Scheibe ist wie er, aber er ist auch das Sinnbild der Gastlichkeit und Hoheit dessen, der über die Gäste den Vorsitz führt, und der wirst du sein. Wie die Sonne über den Erdkreis leuchtet, soll deine Würde als König und Ritter über denen leuchten, die an diesem Tisch mit dir tafeln, und das werden nur die besten Ritter der Welt sein. So wird er die Tafelrunde des Königs Artus heißen, und großer Ruhm und hohe Tugend wird von ihm ausstrahlen über die Christenheit hin. Sei dessen eingedenk, daß nie einer an ihm Platz nehmen darf, der nicht würdig ist, zur Tafelrunde des Königs Artus zu gehören; wenn aber jemals einer in Unehren an ihm sitzt, so soll er sogleich davon verbannt sein und sein Platz für immer leer bleiben. Und auch die Plätze derer, die sterben, sollen leer bleiben, denn der Tod ist unser aller Herrscher, und es ziemt nicht, seinem Machtwort auszuweichen.«

»Welche aber werden die hundert Ritter sein, die würdig sind?« fragte Artus, und Merlin antwortete: »Sie werden von selbst kommen, und du brauchst keinen zu rufen. Viele wird die Königin Ginover mitbringen, denn

schon jetzt umgibt sie ein Kreis der Edelsten ihres Landes. Die Blüte der Ritterschaft wird man diese Tafelrunde heißen, und noch in fernen Zeiten wird man von ihren Taten erzählen.«
»Warum, weiser Vater, brachtest du Ginover diesen Tisch bei ihrer Geburt?« begehrte Artus zu wissen.
Merlin erwiderte: »Weil eine innere Stimme mich hieß, es zu tun, und woher diese innere Stimme kam, bleibt auch mir ein Geheimnis, an das keiner rührt. Vieles fügen die Himmlischen auf verborgenen Wegen und senken es, indem sie unergründlichen Plänen folgen, in ein Herz. Und sieh, mein Sohn, das Herz Merlins, den sie einen Zauberer nennen, ist ein solches, in das manches, was die Himmlischen bedenken, gesenkt wird. Nun aber kommt dieser Tisch in deine Halle und wird wie eine Schreibtafel sein, auf der die Taten der Irdischen geschrieben stehen. Dir habe ich ihn bestimmt als mein letztes Werk und meine letzte Gabe an die Ritterschaft, die, wenn alle seine Plätze leer geworden sind, dahin sein wird . . .«
Die Stimme Merlins war leiser geworden, er schwieg und seufzte. Aber Artus wagte ihn nicht zu fragen, was ihn bedrückte; doch es sollte bald offenbar werden.
Bald darauf zog er aus nach Irland, warb um Ginover, die Schöne, und heiratete sie. Nach der Hochzeit nahm das Paar seine Wohnung auf dem Schloß Karidol, das ihm von all seinen Burgen und Schlössern das liebste war, und dorthin berief er die Tafelrunde. Auch manche andere Burgen suchte er auf, um dort Hof zu halten und sein Land zu überblicken, aber niemand weiß heute mehr zu sagen, wo sie lagen noch wo Karidol lag und seine Ecktürme aufragten. Karidol aber blieb sein liebster Ort, und in der weiten Halle stand sein runder Tisch, an dem anfangs nur wenige, aber dann immer mehr und endlich hundert Ritter saßen, die Blüte der Ritterschaft, und Gespräche führten und Pläne spannen und den Liedern der Minnesänger lauschten und aßen und tranken, bis der Tod eine Lücke nach der anderen riß und die Ritterschaft in die unergründliche Vergangenheit entrückte.
Einer aber nahm nie daran teil, obwohl er doch ihr Stifter und Schutzherr war: Merlin. Denn auch er, der für unsterblich galt, war dem Tod untertan, und seine Tage waren gezählt. Es war aber freiwillig, daß er seiner Unsterblichkeit entsagte, denn auch ihn hielt eine Macht gefangen, die nächst dem Tod und der Ehre die größte ist, die Liebe.
Die Liebe zur schönen Jungfrau vom See war es, die ihm zum Schicksal wurde. Sie war keine Irdische, sondern lebte zwischen Himmel und Erde, und das Schilfdickicht am Ufer des Sees, tief in den Wäldern versteckt, war ihre Wohnstatt. Sie floh vor Merlin, und er folgte ihr durch Wälder und Heide und Moore; endlich holte er sie ein und bat sie, sein Weib zu werden.
Da erwiderte sie: »Merlin, ich habe es noch keinem gesagt, aber nun sage ich dir's: daß ich des Daseins als Unsterbliche satt bin. Meine Zeit ist er-

füllt, ich will Mensch sein, ich will Frau sein und mit einem Manne Freude und Leid des Lebens teilen.«
»Das weiß ich«, sagte Merlin. »Ich weiß es seit langem, nicht ist das Geheimnis deines Herzens so still, daß ich es nicht vernähme. Wisse aber, daß mich die gleiche Sehnsucht erfüllt, und gern will ich meiner Macht entsagen, wenn du es verlangst. Denn schöner als Zaubermacht und Unsterblichkeit scheint mir das Glück irdischer Liebe.«
Da tauschten diese beiden ihre Unsterblichkeit und Zauberkraft für Menschenliebe ein, taten sich in einer Felsengrotte, in der einmal ein Einsiedler einen Altar gebaut hatte, zusammen und traten vor Gott, ihren Bund zu segnen.
Aber die Zauberwelt rächte sich an denen, die ihr untreu wurden.
In einer Nacht tobte ein Gewitter, und ein Beben erschütterte den Berg, in dessen Höhle Merlin und sein Weib sich zurückgezogen hatten. Furchtbar grollte der Fels, schwere Gesteinsbrocken rollten von seinen Hängen herab und türmten sich vor den Eingang der Grotte. Da waren die beiden Irdischen gefangen, daß man nichts mehr von ihnen vernahm. Zwar ging die seltsame Kunde durch das Land, daß aus dem Innern des Berges Stimmen zu hören wären, die wie Stimmen eines Mannes und einer Frau klangen und miteinander sprachen. Und als König Artus sich mit einigen Gefährten aufmachte, um den weisen Vater zu suchen, gramerfüllt ob seines Verschwindens, da hörte auch er diese Stimmen, aber zu fern klangen sie, er erkannte sie nicht, und dann war es auch wieder, als ob es keine Stimmen wären, sondern das Rauschen eines unterirdischen Gewässers.
Aber kein Zugang war in das Innere des Berges zu finden, und dort, wo man einen Eingang in eine Grotte zu wissen glaubte, waren Felsblöcke fugenlos aufeinandergetürmt, die keines Menschen Hand hinwegräumen könnte.
Da kehrte Artus mit den Seinen traurig auf das Schloß Karidol zurück und ahnte in seinem Herzen, daß er Merlin nie mehr sehen würde, und oft und oft wurde in den Gesprächen der Ritter und den Liedern der fahrenden Sänger noch seiner gedacht.

Die Abenteuer Iweins

(Aus: König Artus' Tafelrunde)

Kalogreants Erzählung

Einst fand auf dem Schloß Karidol ein Frühlingsfest statt. Da trafen sich viele Ritter und edle Frauen und vergnügten sich mit allerlei höfischen Spielen und mit Musik, Geschichtenerzähler trugen halbverschollene Sagen aus alten Zeiten vor, Minnesänger priesen in tönenden Liedern die Schönheit von Frauen, die keiner von den Zuhörern je zu Gesicht bekommen hatte, und fahrende Ritter berichteten von gefahrvollen Abenteuern, die sie bestanden hatten oder denen sie nur mit heldischem Mut entronnen waren.

Da war ein fremder Ritter, der Kalogreant hieß und schon älter war, der erzählte nun gar von einem schlimmen Erlebnis, in dem er den kürzeren gezogen hatte und um ein Haar sein Leben hätte lassen müssen. Daß aber einer gestand, den kürzeren gezogen zu haben, das fand Anerkennung und besonderen Beifall. Auch war dieses Erlebnis so, daß alle sich dem Kreis der Zuhörer zugesellten, auch König Artus selbst, der gern von wunderlichen Begebnissen erfuhr.

Dieses erzählte Kalogreant:

Als ich auf einer meiner Reisen in den Wald von Brozeliande verschlagen wurde, der gar nicht fern von hier liegt, aber sich, wie ihr wißt, an die tausend Meilen nach Norden erstreckt, geriet ich in eine schier undurchdringliche Wildnis, in der es von wilden Tieren aller Art wimmelte. Ich sah den Löwen mit dem Auerochsen und den schwarzen Panther mit dem Bären kämpfen, aber man muß vorsichtig sein, ihnen nicht zu nahe zu kommen, denn den Menschen zerfleischen sie, sobald sie ihn nur wittern. Indem ich noch trachtete, mich im Gebüsch verborgen zu halten, erblickte ich einen Menschen oder jedenfalls ein menschenähnliches Wesen, der-

gleichen ich noch nie gesehen hatte. An Hautfarbe glich er einem Mohren, sein Haar war so lang gewachsen, daß es ihn wie ein Mantel umgab, sein Haupthaar sträubte sich wie der Stachelwald eines Igels, und aus seinem Mund ragten zwei Zähne wie die Hauer eines Ebers.
Ich wollte mich schon sachte davonmachen, da sah mich der Waldmensch und rief mich an: »Was suchst du hier unter meinen Gesellen, Fremder?«, und ich fragte dagegen: »Wer bist du?«
»Der Meister dieser Tiere«, erwiderte er. »Ich pflege und füttere sie, und sie sind mir so zahm wie Hündchen. Dich aber würden sie in Stücke reißen, komm ihnen nicht zu nahe!«
»Da werde ich mich hüten«, wehrte ich lachend ab und wollte mich schon davonmachen, aber er hielt mich an: »Nochmals, was suchst du denn hier in meinem Ziergärtlein und trittst meine Blumenbeete zuschanden?« So sprach er und schien einen grimmigen Humor zu haben.
Ich gab zurück: »Was ich suche? Nun, was ein Ritter in einem tiefen Wald zu suchen pflegt – ein Abenteuer.«
Da grinste er: »Du gefällst mir, Mann, denn du scheinst gewillt, auch eine gefährliche Sache zu bestehen. Meinst du es ernst mit deiner Abenteuersuche, so höre: Hier in der Nähe liegt im Schatten dreier uralten Eichen ein Brunnen. Daneben steht ein Steintrog, und am Stamm des Baumes hängt ein kupferner Kessel. Schöpfe damit Wasser aus dem Brunnen und gieße es in den Trog.«
»Ist das alles?« fragte ich enttäuscht. »Wo soll es hinaus?«
»Das wirst du ja sehen«, grunzte er – denn seine Sprache klang mehr wie ein Grunzen als wie eine Rede aus Menschenmund, »und es wird dir bald klar sein, wie teuer guter Rat ist!«
Dabei fletschte er seine Hauer zu seinem häßlichen Grinsen und huschte so plötzlich ins Dickicht wie eine Wildkatze; ich aber kratzte mich am Kopf und ging mit mir zu Rate, ob ich dieses Abenteuer suchen sollte. Aber, wie ihr euch denken könnt, ihr edlen Ritter und Frauen, stand meine Ritterehre auf dem Spiel und verbot mir, einem Abenteuer auszuweichen, und so fand ich nach kurzem Ritte die Eichengruppe und den Brunnen, den Trog und den Kessel und tat, wie mir der Unhold geheißen. Aber Entsetzliches begab sich auf der Stelle, kaum hatte ich das Wasser in den Trog gegossen. Der Schein der Sonne erlosch, das Gezwitscher der Vögel verstummte, mit Windeseile zogen schwarze Wolken herauf, Blitze zuckten, der Donner krachte, als ob die Welt untergehen wollte, und es begann mit so schweren Tropfen zu regnen und zu hageln, daß sie Beulen in meinen Panzer schlugen, und die Beulen kann ich euch hernach zeigen, wenn ich den Panzer anlege. Ich wurde davon schier zu Boden geworfen und glaubte, meine letzte Stunde sei gekommen. Dann ließ das Unwetter nach, und ich sah einen Ritter heransprengen, der zügelte dicht vor mir sein Roß, das mit pechschwarzen Tüchern behängt war, und schrie mich an: »Was habt

Ihr angerichtet, Ihr unnützer Geselle! Meinen Wald zerstampft, meine Tiere ermordet! Das sollt Ihr mir büßen!«

Ich erwiderte wütend: »Ich bin kein Geselle, sondern ein Ritter, und lieber solltet Ihr diesem Waldmenschen verbieten, einen Durchreisenden zu foppen, statt mir Vorwürfe zu machen!« Aber der Mann hatte seinen Speer schon eingelegt, und ich mußte mich zum Kampfe stellen. Bei meiner Ehre, ich muß es gestehen, er war mir über und stieß mich beim ersten Anprall aus dem Sattel. Da lag ich und erwartete den Todesstreich, aber es dünkt mich noch jetzt wie ein Wunder, er ließ mich liegen, ohne mir ein weiteres Leid anzutun, und ritt davon. Glaubt mir, ihr Herren und ihr edlen Frauen, gern berichte ich nicht von solch einer Schande, aber es mag wohl sein, daß der Mann bedeutend jünger war als ich und darum stärker, und wer noch nie aus dem Sattel gestoßen wurde von einem besseren Kämpfer, der mag über mich lachen. Was wahr ist, muß wahr bleiben. –

So sprach Kalogreant, und alle spendeten ihm Beifall. Und König Artus sprach:

»Mit Euerm aufrichtigen Eingeständnis habt Ihr die Scharte auf Eurem Ehrenschild wieder ausgewetzt, und gern heiß' ich Euch an meiner Tafelrunde willkommen.«

Denn das Hundert seiner ritterlichen Gäste war noch nicht voll, und seit diesem Tage war Kalogreant einer der Runde.

Nun aber erhob Keye, der Hofmeister und Marschall und Artus' Ziehbruder, der gern spottete und stichelte, seine Stimme:

»Das habt Ihr wahrhaftig schlau angefangen, die Schmach solcher Niederlage auf uns abzuwälzen.«

»Wie meint Ihr denn das?« fragte Kalogreant.

»Nun, wer von uns wollte sich wohl den Vorwurf gefallen lassen«, sagte Keye, »diesen Strauß nicht noch einmal zu versuchen? Was Euch nicht gelang, herauszufinden, was es mit diesem schwarzen Ritter auf sich hat, müßte doch wohl einem andern gelingen.«

»Keye hat recht, das wollen wir sehen!« rief da König Artus. »Ich selbst will mit einigen von euch, ihr Herren, in den Wald Brozeliande reiten und das Wunder vom Brunnen und was es mit dem Waldmenschen und dem Ritter auf sich hat untersuchen. Bereite sich vor, wer Lust hat mitzukommen, in einer Woche brechen wir auf.«

Da gab es begeisterte Zustimmung; aber es war einer dabei, der noch nicht zur Tafelrunde gehörte, der junge Iwein, der sagte zu sich selbst: Das wäre gelacht, in einer Woche und mit einer ganzen Rotte! Nein, dieses Abenteuer ist für mich gemacht, ich will ihnen allen zuvorkommen und den Ruhm für mich allein gewinnen. Gleich morgen reite ich, und niemand soll etwas davon erfahren. In drei Tagen will ich dies Abenteuer bestanden haben oder, wenn Gott es anders will, tot oder spurlos verschollen sein.

Lunete und Laudine

Gleich am darauffolgenden Tag machte sich Iwein auf den Weg und gelangte nach einem Tagesritt in den Wald Brozeliande. Dort erging es ihm genauso, wie es Kalogreant beschrieben hatte. Er begegnete dem Waldmenschen, der ihn zu dem Brunnen wies; er schöpfte Wasser und goß es in den Trog, worauf das fürchterliche Unwetter heraufzog, das ihn mit der Gewalt des Sturmes und Hagels beinahe zu Boden warf. Danach erschien wieder der schwarze Ritter, der ihn mit starken Worten beschimpfte und gegen ihn anritt.

Aber diesesmal spielte sich das Abenteuer anders ab, als es Iweins Vorgänger erlebt hatte. Iwein stieß seinen Gegner aus dem Sattel, und dann sprang auch er vom Roß, und beide setzten den Kampf zu Fuß mit den Schwertern fort. Es war ein wildes, erbittertes Kreuzen der Klingen, aber Iwein war der bessere Mann. Ein Hieb mit seinem Schwert durchdrang den Helm des Gegners und fügte ihm eine schwere Kopfwunde bei. Der Angreifer wandte sich zur Flucht, nachdem es ihm gelungen war, sein Roß wieder zu besteigen, und Iwein tat das gleiche und setzte ihm nach. Eine Blutspur hinterlassend, floh der fremde Ritter durch dick und dünn eine lange Strecke, dessen Waldpfade er zu kennen schien, bis auf sein Schloß, und Iwein blieb ihm dicht auf den Fersen.

Schon hatte der Flüchtling die Zugbrücke erreicht, als Iwein, sich weit im Sattel vorbeugend, zum letzten Schwertstreich ausholen wollte, aber in diesem Augenblick trat sein Roß auf eine im Erdboden dicht vor der Brücke vorborgene Feder, die das Fallgitter auslöste. Rasselnd schlug das schwere Eisengitter hinter dem Herrn der Burg nieder, der so in Sicherheit war und mit letzter Kraft in den Innenhof jagte; Iweins Roß aber wurde von dem Gitter das Rückgrat zerschmettert, und es stürzte tot zu Boden. Den Reiter rettete es, daß er sich weit vorgebeugt hatte. So gelangte er, abspringend, hinter seinem Gegner her in den Hof, aber da sauste ein zweites Fallgitter vor ihm nieder, und er fand sich im Torbogen eingesperrt wie in einem Käfig. Alles Rütteln an den Gitterstäben, alles Suchen nach einem Durchschlupf blieb vergeblich. Sein Gegner verschwand in der Burg, aber er war zu Tode verwundet.

Erschöpft sank Iwein in einem Winkel seines Gefängnisses zu Boden und brütete in ohnmächtiger Wut über sein Schicksal. Gewiß war er verloren, denn die Insassen dieser Burg brauchten ihn nur in der Falle, in der er saß, verhungern zu lassen oder konnten ihn auch, zu mehreren eindringend, niedermachen, und er hoffte nur, daß das letztere geschehen möge, damit er sein Leben teuer verkaufte.

Da erschien zu seinem Erstaunen ein Fräulein, schön von Angesicht und anmutig, draußen am Gitter, steckte die Nase zwischen die Stäbe und flüsterte: »O weh, Herr Ritter, das ist schlimm, daß Ihr hier hineingeraten seid, da ist Euer Ende nahe!«

»Wer ist es, den ich im Kampf bezwungen habe«, fragte Iwein, »und der mich nun, statt mit dem Schwert, mit schmutziger List wieder bezwang? Wer ist der Herr dieser Burg?«
»Es ist mein Herr, der König von Askalon«, erwiderte das Fräulein, »und Ihr habt ihn erschlagen. Er starb eben in den Armen seiner Gemahlin, der Königin Laudine, und sie ist untröstlich und wird Euch töten lassen. Aber hört, ich habe auf Eurem Helm das Zeichen erkannt, daß Ihr ein Vasall des großen Königs Artus seid, den ich über alles verehre, und darum will ich versuchen, Euch zu retten.«
»Wie wollt Ihr das anfangen, liebes Fräulein?« fragte Iwein verzagt. Sie zog einen Ring hervor und reichte ihn ihm durch das Gitter: »Nehmt diesen Ring, er hat einen Zauber, über den ich verfüge, nur daß ich ihn nicht mir selbst zunutze machen darf. Er besitzt die Kraft, Euch unsichtbar zu machen. Da staunt Ihr! Ja, Ihr werdet seiner sehr bald bedürfen. Aber verratet niemals irgendeiner Menschenseele, daß das Edelfräulein Lunete Euch geholfen hat – sofern Ihr überhaupt noch Gelegenheit habt zu reden!« Damit verließ sie ihn wieder und huschte in das Innere der Burg zurück.
Es dauerte nicht lange, da zog ein Trauergeleite an dem Gefangenen in seinem Käfig vorüber. Knappen trugen den Leichnam ihres Herrn, und eine Frau, so schön, wie Iwein noch nie eine gesehen hatte, so daß sie alle seine Sinne betäubte, folgte der Bahre. Kurz darauf kamen Knechte mit langen Spießen und Knüppeln und stocherten damit zwischen den Stäben des Gitters herum, denn inzwischen war die Dunkelheit gekommen, und sie konnten nicht sehen, wo sich Iwein befand und ob er überhaupt zu sehen war. Dann gaben sie sich damit zufrieden, ihn wohl getötet zu haben, und entfernten sich. Er aber saß in seiner Ecke und versank in Halbschlaf und unruhige Träumereien, in denen das süße Bild der Königin von Askalon schwebte, die es seinem Herzen angetan hatte.
Am Morgen erschien das Edelfräulein Lunete am Gitter und sagte: »Ihr habt gewiß eine schlimme Nacht hinter Euch, Herr Ritter, und welches ist Euer Name?«
»Ich heiße Iwein«, erwiderte er, »und ich muß Euch widersprechen, denn die Nacht war nicht schlimm, sondern voll süßer Traumbilder?«
»Wie kann das sein?« fragte sie erstaunt. »Es sieht doch so aus, als sei Euer Leben verwirkt.«
»Mein Herz ist in Liebe verstrickt«, sagte er, »und die Gebieterin meines Herzens ist die wunderschöne Frau, die gestern hinter der Bahre herging.«
Da jammerte Lunete: »Ihr liebt meine Herrin Laudine? O weh, das ist eine traurige, hoffnungslose Sache, denn sie haßt Euch. Welch andere Gefühle könnte sie gegen den Mörder ihres Gatten hegen!«
»Ich habe ihn nicht ermordet«, entgegnete Iwein unwillig, »sondern im ehrlichen Zweikampf bezwungen. Den Kampf aber hat er mir angesagt.«

Lunete jammerte weiter, und auch darum, weil ihr eigenes Herz schon von Liebe zu dem schönen Jüngling erfüllt war.
Iwein verfiel in Nachdenken, dann sagte er: »Ich bitte Euch um einen letzten Dienst, liebes Fräulein. Geht zu Eurer Herrin und überbringt ihr meine Bitte, sie möge meinen Tod befehlen, denn nicht mag ich weiter leben ohne ihre Huld und unter ihrem Haß. Aber sagt ihr noch eine zweite Botschaft, hört gut zu. Es werden binnen einer Woche wieder Männer im Wald erscheinen und das Unwetter am Brunnen entfesseln, das sind König Artus und seine Ritter. Sie aber möge ihre besten Streiter entsenden, denn die berühmte Tafelrunde ist gewillt, das Geheimnis des Waldes Brozeliande um jeden Preis zu ergründen. Daß ich die Königin vor diesem Kampf warne, möge mein erster und letzter, mein einziger Minnedienst für sie sein.«
Lunete ging und bewegte dies alles in ihrem Sinne. Sie war ein kluges Mädchen und kam bald zu dem Schlusse, daß sie trachten wollte, die Königin mit dem fremden Jüngling zu versöhnen, denn er schien ein tapferer Held zu sein, und vielleicht gelänge es, ihn als der Königin Vasall an ihren Hof zu ziehen.
Darauf verstand sie es, die prächtige Erscheinung des Gefangenen, seinen Kampfesmut und seine edle Gesinnung vor ihrer Herrin so hoch zu rühmen, daß Laudines Herz gerührt ward und sich unmerklich dem fremden jungen Ritter zuneigte, der so stark war, daß er ihren Gatten im Kampf überwunden hatte. Lunete berichtete weiter, daß König Artus sich mit seinen Rittern auf dem Wege befände und gewiß keiner ihrer Vasallen die Stärke besäße, den Helden der berühmten Tafelrunde die Stirn zu bieten – keiner als vielleicht nur der junge Ritter Iwein, den sie zum Sterben bestimmt habe. Und das Fräulein Lunete weinte ein paar rührende Tränen des Mitleids.
Da entließ Laudine sie, um nicht selbst von Rührung übermannt zu werden, und versprach, sich dies durch den Kopf gehen zu lassen. Vorerst aber wollte sie den Fremdling sehen.
Lunete ging zu Iwein und sagte: »Schlechte Botschaft bringe ich, Herr Ritter. Die Königin hat befohlen, Euch vor ihr Angesicht zu bringen, aber sie wird hartes Gericht über Euch halten.«
»Schlechte Botschaft nennt Ihr das?« jubelte da der liebeskranke Iwein. »Im Gegenteil, denn mein höchster Wunsch geht in Erfüllung, ich werde sie sehen, und was danach mit mir geschieht, will ich ohne Murren ertragen.«
Lunetes Herz klopfte freudig, daß ihre List zu wirken begann, und es klopfte voll Kummer, weil sie erkannte, daß Iweins Liebe niemals ihr gehören würde, sondern der Königin.
Er wurde aus seinem Versteck geholt und zur Königin Laudine gebracht, und als er ihre strahlende Gestalt so dicht vor sich sah und in ihre leuch-

tenden Augen blickte, die tiefblau waren wie das Meer unter der Sommersonne, da sank er in die Knie und flehte: »Nehmt ein Schwert, hohe Gebieterin, die Ihr mein Herz ganz in der Gewalt habt, und tötet mich, denn der Todesstreich von Eurer Hand bedeutet mir noch Liebkosung!«
Laudine wurde gewahr, daß der kniende junge Held in übermächtiger Liebe zu ihr entbrannt war, und das entfachte in ihr mit der Eile des Sturmes, der über das Land fegte, die Flamme der Leidenschaft. Noch suchte sie das Gefühl, das sie überwältigen wollte, zu zügeln und in ihrer Brust zu verschließen, sie schwieg und sah düsteren Blickes auf den Jüngling, der ihr den Gatten genommen hatte, aber die Düsterkeit ihres Blickes war nur ein Schein. Sie sagte: »So wollt Ihr, daß ich Euch töten lasse, wie Ihr meinen Herrn getötet habt? Ja, gewiß will ich Euch töten lassen, aber sagt mir zuvor, ob Ihr Euch schuldlos fühlt am Tode meines geliebten Herrn.«
Er erwiderte: »Da Euer Herr mich doch angriff, welches Unrecht tat ich, mich zu verteidigen?«
Sie darauf: »Wenn Ihr Euch schuldlos fühlt, warum wollt Ihr dann meinen Willen über Euch ergehen lassen? Setzt Euch und nehmt diesen Becher mit Wein, bevor ich Euch töten lasse, und steht mir Rede.«
Er sagte: »Daß ich mich Eurem Willen füge, dazu treibt mich mein Herz.«
Sie sagte: »Es treibt Euch Euer Herz? Aber sagt mir, bevor ich Euch töten lasse: Wer treibt Euer Herz?«
Er erwiderte, setzte den Becher an die Lippen, trank aber nicht: »Herrin, meine Augen treiben mein Herz.«
»Und wer treibt Eure Augen?«
»Die hohe Schönheit, die ich an Euch sehe.«
»Die Schönheit, was hat die damit zu tun?«
»Herrin, sie macht, daß ich liebe.«
»Lieben? Und wen? Sagt mir das, bevor ich Euch töten lasse.«
»Euch, Herrin!«
»Mich? Und wie geht das zu?«
»So geht es zu, daß ich nur noch an Euch denke, daß ich Euch mehr liebe als alles sonst in der Welt und daß ich für Euch leben oder sterben will.«
»Und werdet Ihr meinen Brunnen schützen, als wär' er mein Herz, und gegen jeden, der sich ihm naht?«
»Gegen die ganze Welt, Herrin.«
Darauf sagte sie nur: »Dann sind wir uns einig«, und sie küßten einander. Danach führte sie ihn in den Saal zu ihren Baronen und sagte ihnen, dieser sei ihr Gemahl und ihrer aller Herr, und drei Tage danach wurde die Hochzeit gefeiert.
Kaum waren die Festlichkeiten der Eheschließung zu Ende gegangen, da erschienen Artus und eine kleine Schar seiner Ritter, der Beschreibung Kalogreants folgend, an dem Brunnen mit dem Trog und dem Kessel.

Als sie von den Pferden stiegen, konnte sich Ritter Keye einen Spott nicht verkneifen, denn das war seine Art: »Wo ist denn unser junger Freund Iwein geblieben? Hat er es vorgezogen, zu Hause zu bleiben?«
Gawan erwiderte: »Was redet Ihr nur. Ich wette, Iwein hat sich irgendwo ein eigenes Abenteuer erwählt und steht in hartem Kampf um einer guten Sache willen.«
Keye darauf: »Meint Ihr, Gawan? Es ist schade. Hier hätte er vielleicht erproben können, wie einem Sack zumute ist, wenn er zur Erde plumpst.«
Er hatte das kaum gesagt, als, weil inzwischen König Artus das Wasser geschöpft und in den Trog gegossen hatte, das Unwetter hereinbrach mit einer Gewalt, wie es alle die in Abenteuern erprobten Ritter noch nie erlebt hatten und sie die Schilderung Kalogreants bestätigt fanden. Aber es ging vorüber, und die Stille kehrte wieder im Wald ein, als ein Ritter dahersprengte und schweigend, doch mit eingelegter Lanze, in kurzer Entfernung sein Roß anhielt.
Da erbat Keye sich vom König die Erlaubnis, das Gefecht zu bestehen, legte die Lanze ein und ritt dem Fremden entgegen. Krachend fuhren die Lanzen gegen die Schilde, und es war Keye, der unterlag, seine Lanze zersplitterte, und er stürzte zu Boden. Da riß der andere sein Roß herum, hielt vor dem Besiegten und öffnete das Visier, um sich ihm zu zeigen. Es war Iwein. Keye erhob sich mühsam und wußte nicht, was er sagen sollte.
Da kam Gawan herbei und gab Keye lachend den Spott zurück: »Das war beim Himmel das kürzeste Stechen, das ich je sah. Aber ich sollte meinen, Freund Keye hat den Sturz freiwillig getan, um zu erproben, wie einem Sack zumute ist, wenn er zu Boden plumpst.«
Keye mußte gute Miene zum bösen Spiel machen. Die anderen Ritter drängten herzu und begrüßten Iwein mit herzlichen Rufen. Mit Erstaunen vernahm König Artus, als Iwein von seinem Ergehen erzählte, wie wunderbar sich sein Schicksal gestaltet hatte, und sagte: »Wahrhaftig, Iwein, der Ihr nun König seid, Ihr habt ein beneidenswertes Los gezogen. Wäre es nicht um Eurer Beweggründe willen, so müßte ich Euch grollen, daß Ihr die fremde Sache gegen die unsrige gestellt habt. Aber es geschah im Dienste der Liebe, und das ist aller Ehren so wert, daß wir Freunde bleiben.«
Und sie nahmen alle mit Freuden die Einladung auf die Burg Askalon an und wurden von Königin Laudine mit holdem Lächeln empfangen. Ihr Glück war vollkommen, denn sie wußte nicht, von wie kurzer Dauer es sein sollte. Sie feierten den Bund zwischen Askalon und Karidol mit einem Festmahl, und die Liebenswürdigsten unter ihnen vergaßen auch das Edelfräulein Lunete nicht, die diese zarten Fäden so klug gesponnen hatte, und Gawan nahm sie zur Seite und sagte: »Wieviel hat doch Freund Iwein Eurer Klugheit und Güte zu verdanken, liebes edles Fräulein. Wir werden es Euch nie vergessen und Euch immer gewogen sein.« Und Lunete wußte nicht, ob sie lachen oder weinen sollte.

Iweins Demütigung

Sieben Tage weilten die Gäste auf der Burg, und viele Ehren genossen die Ritter von der Tafelrunde an der gastlichen Stätte. Dann aber hieß es, an den Aufbruch zu denken.

Da nahm Gawan seinen Freund Iwein zur Seite und sagte: »Das Glück hat dich hoch begünstigt. Ein Land und eine herrliche Frau hast du erworben. Aber hüte dich davor, die Tugenden, die einem Ritter ziemen, unter dem Glück und Wohlleben verkümmern zu lassen. Bist du nicht noch zu jung, um als friedlicher, geruhsamer Herr auf der Burg dein Leben zu verbringen?«

»Da magst du wohl recht haben«, sagte Iwein nachdenklich.

»Zieh mit mir hinaus in die Welt. Glanzvolle Turniere, kühne Kämpfe um guter Taten willen, wilde Abenteuer warten auf uns.«

Wie Ätze fraßen sich diese Worte in die ruhmdürstige Seele des jungen Ritters. Die Ehre des Rittertums gebot, das Leben wieder und wieder in die Schanze zu schlagen. Und nun, da dieser beste aller Ritter ihm so zuredete, konnte er seine Worte nicht in den Wind blasen. Laudine, mit allen ritterlichen Geboten wohl vertraut, würde ihn nicht halten. Er trug ihr seinen Entschluß vor, wenn es ihm auch nicht leichtfiel, ihrer beider junges Glück aufs Spiel zu setzen, und sie mußte sich fügen – schweren Herzens und voll liebender Wehmut. Und nach einigem Nachdenken fügte sie noch hinzu: »Den Urlaub gewähre ich Euch bis zu einem bestimmten Zeitpunkt. In spätestens einem Jahre sollt Ihr zurück sein. Und bedenket dies wohl: Meine Liebe wird sich in Zorn und mein Zorn wird sich in Haß verwandeln, wenn Ihr diesen Zeitpunkt überschreitet. Los und ledig sollt Ihr meiner Liebe werden, wenn Ihr nicht nach einem Jahr wieder zurück seid.«

Iwein konnte vor Gram und Verwirrung nicht sprechen, weinend trennte er sich von ihr, mit Tränen waren ihre Abschiedsküsse besät und von Zärtlichkeit umduftet. Schwere Not sollte aus seinem Entschlusse erwachsen, doch in die Zukunft vermochte ja keiner zu schauen. Er sattelte sein Roß und ritt an der Seite Gawans von dannen.

Kreuz und quer zogen sie fortan durch die Länder, von einem Turnier zum andern. Immer blieb Gawan, der Ältere, Ruhmreichere, an der Seite des Freundes und sorgte, daß Iwein den Vorrang bekam. Und als der Jüngere Einspruch erhob, wenn Gawan ihm den Vortritt ließ und einem Turnier fernblieb, damit Iwein die Palme errang, meinte Gawan:

»Laß nur, lieber Freund, mein Ruhm ist vollendet, deiner aber soll noch wachsen.«

Aber im Laufe der Monate, die vergingen, wurden die beiden Ritter immer mehr, statt von wahrhaft ritterlichen Taten und guten Werken, von spielerischen Freuden und buntem Treiben, von allerlei Festlichkeit und Minnedienst angelockt, und glanzvolle, doch eitle Nichtigkeit füllte ihr Leben aus. Sie waren wie zwei Blätter, die im Winde trieben.

Die Heimkehr aber zu seiner liebenden Gemahlin, die einsam auf ihrer Burg trauerte, vergaß Iwein. Es war, als sei die Sehnsucht nach ihr und als sei das Treuegelöbnis, das er ihr gegeben, aus seinen Gedanken gelöscht. Und weit mehr als ein Jahr nach seinem Ausritt war vergangen.
Auf schmerzliche, demütigende Art sollte er daran erinnert werden.
Etliche Jahre verflossen. Der Sommersonnenwendetag wurde auf dem Schloß Karidol festlich begangen. Sorglos und fröhlich im Vorgeschmack lustiger Tage kehrten Gawan und Iwein von einem Turnier auf Artus' Schloß ein, wohin der König sie geladen hatte.
Als sie auf der Festwiese eintrafen, waren Jubel und Heiterkeit auf ihrem Höhepunkt angelangt. Zwischen den aufgeschlagenen Zelten bewegte sich die bunte Schar der Ritter mit ihren Frauen, Söhnen, Töchtern und Knappen, lustig flatterten die Fähnlein mit den Wappen der Edlen im Wind, der Ball wirbelte im Spiel durch die Luft, im Reigen drehten sich frohgestimmte Paare zu Fiedel- und Zimbelmusik.
Als die beiden Freunde erschienen, wurden sie von einer Schar von Bewunderern umdrängt, denn der Ruhm ihrer Taten und Abenteuer hatte weithin die Runde gemacht. Der König selbst suchte sie im Zelte auf, sie umarmten einander, heitere Scherzworte flogen hin und her, als gleich einem Blitz ein unerwartetes Ereignis die heitere Stimmung zerriß.
Der Zeltvorhang wurde zur Seite geschlagen, und im Eingang stand Lunete, das Edelfräulein der Königin von Askalon. Ihre Augen flammten in blitzendem Zorn. Hoch aufgerichtet schritt sie auf Iwein zu, der sich nicht von der Stelle rührte, griff nach seinem Arm, nach seiner Hand und riß ihm mit einem einzigen heftigen Ruck den Ring Laudines vom Finger.
Vor Schrecken erstarrten sie alle, denn Lunete hatte nicht mehr das Gebaren eines lieblichen Fräuleins, sondern einer rächenden Göttin. Keiner sprach ein Wort, aber alle wußten, was die Tat des Mädchens zu bedeuten hatte. Am besten wußte es Iwein. Er sah ihr totenbleich nach, indes sie aus dem Zelt schritt. Die Demütigung hatte ihn getroffen wie ein Keulenschlag. Und keiner trat zu ihm, ihn zu trösten.
»Nur fort von hier!« pochte die Stimme des Gewissens in ihm. »Nur fort, irgendwohin, wo ich Wortbrüchiger allein bin mit meiner Schande.« In sinnloser Verwirrung des Geistes riß er sich das Festgewand vom Leib, das er eben erst angelegt hatte, zog den nächstbesten Mantel aus der Hand eines Knappen an sich, warf ihn um, daß sein Haupt verhüllt ward, und stürzte aus dem Lager.
Lange Zeit vernahm kein Mensch mehr etwas von ihm. Er irrte durch die Länder abseits von Straßen und Dörfern, scheute die Menschen, lebte in den Wäldern vom Fleisch der Tiere, die er erlegte, und sah nun aus wie ein Landstreicher, ungekämmt und ungewaschen, in Lumpen gehüllt. Nichts mehr erinnerte bei ihm an den strahlenden, ruhmbedeckten Ritter Iwein, der König von Askalon war und sich, von der Demütigung und

Schande zu Boden gedrückt, in die Nähe der Burg Laudines nicht mehr traute.
Einmal überwältigte ihn die Müdigkeit, und er legte sich an den Rand einer Landstraße zum Schlaf. Da kamen drei Frauen geritten, und als sie den Mann da liegen sahen, stiegen sie ab und betrachteten ihn neugierig.
»Sieh an, es ist nur ein Landstreicher«, sagte die eine.
»Ein seltsamer Landstreicher«, sagte die zweite. »Landstreicher sind meistens alte Männer, dieser aber ist noch jung.«
Sie beugten sich über ihn und sahen ihn sich genauer an. Immer noch waren die Kraft und das Ebenmaß seiner Glieder und der Adel seiner Gesichtszüge zu erkennen. Er war beschmutzt, durchschwitzt, zerlumpt und barfüßig, aber doch war er, das schien ihnen, kein gewöhnlicher Landstreicher.
Da rief die dritte der Frauen: »Ich weiß, wer es ist! Es ist Iwein, Ritter Iwein, ich erkenne ihn wieder. Einst saß ich bei einem Festmahl nach einem Turnier an der Tafel ihm gegenüber. Er ist seit langem verschwunden, es heißt, er sei elend umgekommen, er gilt für verschollen, und dies ist er!«
»Wahrhaftig, er muß es sein«, stimmten die anderen zu. »Was sollen wir mit ihm machen? Wir wollen ihm helfen.«
Sie kauerten sich neben ihn, und da sie ihn fortgesetzt anstarrten, auch miteinander flüsterten, wachte er davon auf und schaute verstört um sich.
»Wir wissen, wer Ihr seid, Ritter Iwein«, sagten sie. »Alle Welt trauert um Euch, weil Ihr vor den Menschen flieht. Wir wollen Euch helfen, wieder zu Ehren zu kommen.«
»Ihr könnt mir nicht helfen, denn ich bin entehrt«, murmelte er und wollte aufstehen, um sich davonzumachen, aber sie hielten ihn zurück.
»Eure Ehre wird ohne Flecken sein«, sagte die eine, »wenn Ihr eine gute Rittertat tut und einer bedrängten Burgfrau helft, die in schwerer Not ist. Ihr seid der einzige, der es kann.«
Iwein hatte die Kraft nicht mehr, zu widersprechen. Er war zu Tode erschöpft und hatte seit Tagen nichts mehr gegessen.
Sie setzten ihn auf eins ihrer Rösser, und zwei von ihnen bestiegen das andere. Die dritte ritt voran. Es dauerte nicht lange, da kam eine Burg in Sicht. »Das ist die Burg Narison«, sagten sie, »dort sollt ihr erfrischt und gekleidet werden, Herr Iwein, und unsre Herrin, die Gräfin Lavaine, wird Euch anflehen, ihr gegen den Grafen Aliers beizustehen, der mit Gewalt ihre Hand begehrt, da sie keinen Gatten mehr hat, denn er starb im Kampf gegen die Sarazenen. Da habt Ihr die allerschönste Gelegenheit, Eure Ritterehre wiederzugewinnen, wenn sie je verloren war, aber davon wissen wir nichts, daß sie verloren wäre, und wenn Ihr in neuer Rüstung und Waffen zu Rosse sitzt, soll es an nichts fehlen, und ganz gewiß wird Euer Herz, das, wie man weiß, immer schönen Frauen gehört, sich unserer Herrin zuneigen, denn sie ist eine schöne Frau, und es haben schon viele Barone und Grafen um sie geworben, aber sie hat von keinem etwas wissen

wollen, am wenigsten von diesem Grafen Aliers, der eine ganze Rotte von Männern mitgebracht hat, um sie zur Vernunft zu bringen, wie er das nennt, aber es sind keine Ritter, sie tun nur so, eher sind's Räuber und Banditen; wenn einer mit denen fertig wird, so seid Ihr es, Herr Iwein, und wenn der Sieg errungen ist, da wird die Herrin es sich nicht nehmen lassen, Euch hoch und süß zu belohnen, sie hat auch eine Waffenkammer von ihrem Gemahl her, der ein großer Waffenkenner war, und wird Euch in die schöne Rüstung kleiden und . . .«

So plapperten sie ohne Unterlaß daher, bis sie die Burg Narison erreichten, und alles, was sie erzählt hatten, erwies sich als wahr. Die schöne Gräfin Lavaine gab ihren Mägden Befehl, ihn zu scheren, zu waschen und anzukleiden, und als er, der kaum wußte, wie ihm geschah, vor sie hintrat, regte sein Herz sich wieder vor Freude, einer edlen Frau dienen zu dürfen, denn wie sagt der Dichter Hartmann von Aue? »Ich weiß wohl«, sagt er, »irgendwo in der Welt führt der Weg zum höchsten Ruhm, ihm bin ich aufs Geratewohl nachgeritten, und wenn ihr mich fragt, wie wir solches Leben bestehen, so antworte ich euch, daß uns die Frauen die Kraft dazu geben.«

Die Rotte des Grafen Aliers, die nicht aus Rittern, sondern aus Knechten bestand, rückte vor die Burg Narison, um sie zu belagern, mit Gewalt Einlaß zu erzwingen und die Burgfrau zur Vernunft zu bringen, wie er dieses nannte. Aber in den zwei Tagen, die zuvor verstrichen waren, hatte Iwein, in dem der alte Kampfesgeist erwachte, die Knechte und Knappen auf der Burg bewaffnet und eingeteilt, daß einige hinter dem Burgtor standen mit Spießen und Morgensternen, um die Eindringlinge zu empfangen, und einige stellte er auf die Zinne über dem Burgtor mit Kesseln voll Teer und Feuer darunter, um es auf die Angreifer zu schütten, und die Besten wählte er aus, um einen Ausfall zu machen und über die Männer des Grafen Aliers herzufallen.

Da fand sein Schwert die alte Kraft und Hurtigkeit wieder, und er ließ es kreisen und hieb vielen die Köpfe ab, daß man kaum mit den Augen folgen konnte, bis nur noch wenige übrig waren, und diese ergriffen die Flucht. Den Grafen Aliers aber, der auch flüchtete, verfolgte er und beschimpfte ihn mit starken Worten, daß er ein Feigling sei, eine Memme und sich zum Kampfe nicht stellte; und ehe daß er von hinten erschlagen ward, drehte der Mann sich doch lieber um und kämpfte mit seinem Schwert, aber nicht lange, dann lag er in seinem Blute und hauchte den Geist aus.

Da empfing den Sieger die edle Lavaine und gab ihm zu wissen, daß sie willens sei, sein getreues Eheweib zu sein. Aber er mußte bekennen, daß er nicht frei sei und um seiner Ritterehre willen weiterziehen müßte, denn die neugewonnene Kraft und Freude ließ ihn nicht ruhen.

Und so ließ er eine schöne Frau mit wehem Herzen zurück und zog von dannen.

Er machte sich abermals auf den Weg, diesmal zu Roß und in guter Rüstung, mit Lanze und Schwert, mied aber die Straßen, die zu König Artus' Hof führten, weil er sich weiterhin schämte, und mied erst recht den Weg zur Burg Askalon, sondern lenkte sein Roß einem unwegsamen Gebirge zu. Auf einem schmalen, einsamen Pfad dahinreitend, vernahm er aus einer Schlucht ein schreckliches Gebrüll. Er pirschte sich näher an den Abgrund heran und sah, wie sich tief unten auf dessen Sohle ein Drache und ein Löwe in wildem Kampf ineinander verbissen.

Der Drache, ein riesengroßes, grauenerregendes Ungeheuer, aus dessen Nüstern feuriger Atem sprühte, hatte die Oberhand gewonnen und hielt den Löwen so fest gepackt, daß dieser sich der mörderischen Umschlingung nicht mehr zu entwinden vermochte und sein Gebrüll zu einem kläglichen Winseln herabsank.

Es lockte Iwein, dem edlen Geschöpf, das man den König der Tiere nannte, zu Hilfe zu kommen. Jedoch zauderte er, denn er dachte, es könne dabei zugehen wie oft im Leben, wo man für hilfreiche Dienste Undank erntet, und sei erst der Löwe vor dem Drachen gerettet, so betrachte er vielleicht den Menschen als willkommene Beute.

Aber mußten solche Bedenken nicht jede gute Tat verhindern? Der Löwe war der schwächere, und ihm stand ein qualvolles Ende bevor, da durfte es kein furchtsames Zögern mehr geben. Er sprang aus dem Sattel, kletterte in halsbrecherischen Sätzen den Abhang hinunter und stieß dem Drachen sein Schwert bis zum Heft in den Leib. Da spritzte das Blut wie ein Wasserfall hervor, und schauerlich aufbrüllend und seinen letzten giftigen Atem versprühend, wälzte sich das Ungeheuer auf die Seite und verendete.

Iwein aber klomm, so rasch er konnte, den Abhang wieder hinauf, um nicht auch ins Gemenge mit dem Löwen zu geraten. Dabei schaute er nicht mehr zurück, aber wie staunte er, als er oben bei seinem Roß angelangt war. Der Löwe war hinter ihm hergeklettert, und oben kauerte er sich sanft und still vor seinem Retter nieder und schaute ihm mit den dankbaren Augen eines Hundes ins Gesicht. Iwein wunderte sich sehr, hatte er doch noch nie mit einem Löwen zu tun gehabt, aber hielt es doch für geraten, sich so schnell wie möglich aus der Drachenschlucht zu entfernen. Aber o Wunder, der Löwe trottete friedlich hinter ihm her. Das ging so eine gute Strecke Weges. Gegen Abend verschwand der Löwe im Gehölz, und schon glaubte Iwein, das Tier habe sich endlich eines andern besonnen, als es nach einiger Zeit wieder auftauchte und ein getötetes Reh im Maul hatte, das es vor seinem Retter niederlegte.

Iwein entzündete ein Feuer, ließ sich den Braten gut schmecken und gab auch dem Löwen davon ab. Dann schlug er unter einem Baum sein Nachtlager auf und legte sich schlafen. Der Löwe aber wich nicht von seiner Seite, sondern lagerte sich als Wächter davor, um jede Gefahr von ihm fern-

zuhalten. Als er am Morgen wieder aufbrach, ging der Löwe dicht neben ihm her und wich nicht von seiner Seite.
Von da an blieb das königliche Tier ein treuer Gefährte des Ritters. Da der Drache ihm Wunden geschlagen hatte, machte Iwein an einem Quell halt und wusch dem Tier diejenigen Wunden aus, an die es mit der Zunge nicht gelangen konnte, und der Löwe leckte ihm dankbar die Hände. Er folgte ihm treulich auf allen seinen Wegen, durch Wälder und Dörfer, es war ein wunderliches Paar, und man nannte Iwein fortan den Ritter mit dem Löwen.

Lunetes Drangsal

Eine sonderbare Fügung führte Iweins Weg abermals mit dem Edelfräulein Lunete, der Dienerin seiner Gemahlin, zusammen.
Wohl einen Monat war Iwein mit dem Löwen, dieses seltsame Paar, schon durch die Länder gezogen, als er unversehens wieder auf die mächtige Eichengruppe mit dem Brunnen und dem Steintrog stieß, von wo sein Schicksal seinen Ausgang genommen hatte. Als er die Stätte wiedererkannte, überwältigte ihn der leidvolle Gedanke an alle Kümmernisse, die ihm seit jener Stunde begegnet waren, er brach in Tränen aus und stieg vom Sattel, aber dabei stolperte er und rannte sich die Spitze seines eigenen Schwertes ins Fleisch. Er hatte das Schwert aus der Scheide gezogen, ohne zu wissen, was er tat, und nun sank er halb ohnmächtig zu Boden, und das Blut rann aus seiner Wunde. So lag er am Rande des Steintrogs und stöhnte: »Ich Unglücklicher, besser wäre es gewesen, ich hätte nie diese Stätte betreten. Jetzt bin ich an der Grenze des Landes meiner Frau und bin doch nur ein fahrender Ritter ohne Land und ohne Ehre. Denn noch lange ist die Schmach und Schuld, die ich Laudine angetan, nicht abgewaschen.«
Als er so hilflos und verzweifelt da lag, legte sich der Löwe neben ihn, liebkoste ihn zärtlich mit seinen Tatzen und leckte seine Wunde mit seiner rauhen und doch heilsamen Zunge, daß das Blut aufhörte zu fließen und er neue Kraft in seine Adern strömen fühlte. Aber doch fuhr er fort zu klagen, und plötzlich fand seine Klage ein Echo. Er ging dem Klagelaut, der von einer Frauenstimme zu kommen schien, nach und stieß auf eine Grotte mit einer schweren vergitterten Tür aus dickem Eichenholz, und hinter diesem Gitter vernahm er die Worte: »Beklagt Euch nicht zu sehr, Herr Ritter, denn das Los, das mich getroffen hat, ist viel grausamer!«
Er rief durch das vergitterte Fensterchen in die Grotte hinein: »Wer spricht hier?« und erhielt die Antwort: »Eine Jungfrau sitzt hier gefangen, die Dienerin der Königin Laudine von Askalon, und soll morgen auf dem Scheiterhaufen verbrannt werden.«
»Dann bist du Lunete!« schrie Iwein, der sie an ihrer Stimme erkannte, und sie rief zurück: »Und du bist Iwein, der Ritter und Herr von Askalon, ich

höre an deiner Stimme, daß du es bist. Hilf mir, Iwein, und zürne mir nicht, daß ich dich verdammte.«

»Du tatest recht, mich zu verdammen«, entgegnete Iwein, »und noch lange ist dein Fluch nicht gelöscht. Aber sag mir, warum dies alles und wie ich dir helfen kann.«

»Ich besitze einen Ring, der unsichtbar macht«, berichtete Lunete, »es ist derselbe, den ich dir damals gab und den du mir zurückgabst. Daß ich ihn aber besitze, wurde mir zum Verhängnis. Zwar nützt er mir nichts, denn ich darf ihn nicht zu meinen eigenen Gunsten verwenden, aber er wurde entdeckt, und ich wurde angeklagt, eine Hexe zu sein. Es gibt keine schlimmere Anschuldigung, und auf diese Schuld steht der Flammentod. Ich Unglückliche kann meine Unschuld nicht erweisen, denn wie soll ich das? Nun soll ein Gottesgericht darüber entscheiden, ob ich schuldig bin und verdiene zu brennen. Ach, könntet Ihr mir doch helfen, tapfrer Iwein, aber ich fürchte, Ihr könnt es nicht, denn Ihr seid allein.«

»Ich bin nicht allein«, erwiderte Iwein, »aber sagt mir, auf welche Art das Gottesgericht stattfinden soll.«

»Die Ankläger«, berichtete Lunete, »haben die sechs stärksten Männer des Landes aufgeboten, um für die Anklage zu streiten, und das Gericht hat entschieden, daß nur zwei, die für mich streiten wollen, ihnen entgegentreten dürfen. Gelingt es diesen zweien nicht, die sechs zu überwinden, ist mein grausames Ende besiegelt. Schon ist der Scheiterhaufen vor der Burg errichtet, und das Volk freut sich auf das Schauspiel. Ach, ich habe schreckliche Angst vor den Flammen!«

»Sagt mir, Lunete«, fragte da Iwein, »da Ihr doch die treueste Dienerin Laudines seid, warum läßt sie dies alles zu und kommt Euch nicht zu Hilfe?«

»Sie ist zu ihrer Schwester auf eine entferntere Burg gereist, wo Kindstaufe sein soll, und dort ist sie krank geworden und liegt im Fieber. Sie weiß von nichts, und die Zeit ist zu kurz, um sie um Hilfe zu bitten. Ihr nun aber, Iwein, seid allein und könnt nicht gegen sechs Haudegen und Raufbolde kämpfen.«

»Ich bin nicht allein«, sagte Iwein, »sondern habe einen treuen Gefährten bei mir. Seid getrost, ich kämpfe für Euch, liebes Fräulein, da ich Euch so viel verdanke.«

Damit trennte er sich von der Grotte, in der Lunete gefangen saß, und begab sich scharfen Rittes, gefolgt von seinem Löwen, zur Burg und teilte dem Gericht mit, daß er und ein anderer zu zweien gegen die sechs, die für die Anklage stritten, zum Kampf antreten wolle. Darauf wurde beschlossen, daß der Kampf am anderen Tag am Fuße des Scheiterhaufens ausgetragen werden sollte.

Anderntags fand er sich mit dem Löwen ein und erklärte dem Gericht, dies sei sein zweiter Mann; und als sich Einspruch erhob, daß man den Löwen zum Kampf nicht zulassen wollte, denn noch nie habe ein Löwe zugunsten einer Hexe gestritten und sei ja auch überhaupt kein Mann, erklärte Iwein sich bereit, auch ohne den Löwen gegen die sechs zu kämpfen, nur solle der Löwe im Hintergrund bleiben und nur im Notfall eingreifen. Die sechs Gesellen, wüste und bärenstarke Raufbolde, waren damit nicht einverstanden und machten einen Lärm, aber dann entschieden die Richter nach langer Beratung es doch für recht und billig, daß der Ritter als einer gegen sechs einen Rückhalt und Ersatzmann verdiene und daß der Löwe im Notfall eingreifen dürfe, und Iwein fügte hinzu, allein dies, daß ein Löwe für eine Hexe streiten wolle, sei Teil eines Gottesgerichtes und ohne Gottes Billigung sei ein Löwe überhaupt nicht imstande, Menschen zu dienen. Dagegen wurde wiederum von den Klägern angeführt, die Teilnahme des Löwen sei nicht als Gottes Wille, sondern als Zauberei und Hexenkunst anzusehen, und so ging der Wortwechsel endlos hin und her.

Unterdessen war Lunete auf den Scheiterhaufen gestellt und dort oben an einen Pfahl gebunden worden, wo sie die Qualen der Angst vor dem Feuer litt. Am Schlusse einigte man sich dahin, daß der Löwe zwar dem Kampfe beiwohnen, aber nicht in ihn eingreifen dürfe, sondern er solle angekettet am Rande des Kampfplatzes stehen. Wenn er aber seine Ketten zersprengte, solle dies als ein Teil des Gottesurteils gelten.

Also begann der Kampf. Iwein hatte seinen Kettenpanzer an und sein gutes Schwert zur Hand; die sechs Raufbolde durften, da sie keinen Ritterrang hatten, kein Schwert führen, sondern trugen Spieße, Keulen, Morgensterne und Dolche und drangen mit all diesen Waffen, die ebenso gefährlich waren wie Schwerter, in großer Übermacht auf Iwein ein. Er ließ sein Schwert blitzschnell kreisen und trennte zweien von ihnen den Kopf vom Halse, aber mit den vier anderen wurde er nicht ebenso schnell fertig, sondern sie bedrängten ihn hart, und schon blutete er aus mehreren Wunden. Einen durchbohrte er noch, aber die drei übrigen stießen ihn mit roher Kraft von hinten zu Boden, und laut jammerte Lunete auf ihrem Holzstoß vor Angst, und die Knechte entzündeten schon die Fackeln, um das dürre Reisig zu ihren Füßen in Brand zu setzen.

Da ertönte rasselndes Gebrüll, der Löwe riß mit so furchtbarer Kraft an seiner Kette, daß sie zersprang, und er fiel die drei Männer an, die Iwein eben totschlagen wollten; mit seinem Gewicht riß er sie alle drei zu Boden und zerschmetterte ihnen mit Tatzenhieben die Köpfe. Da war der Kampf entschieden, das Volk jubelte dem Helden zu, und alle waren sich einig, daß dies als ein rechtmäßiges Gottesurteil zu gelten habe. Mit Freuden begrüßten sie Iweins Sieg und die Befreiung Lunetes, wiewohl sie zuvor ihre Verbrennung ebenso freudig begrüßt hatten. Sie wurde losgebunden und vom Scheiterhaufen hinuntergetragen und sank in die Arme Iweins, denn die Angst und die Aufregung hatten sie ihrer Sinne beraubt. Nun lebte sie

wieder auf und war nicht mehr die rächende Göttin wie dazumal, als sie Iwein den Ehering vom Finger gerissen hatte, sondern sah ihn zärtlich an und sagte: »Wollt Ihr, Herr Iwein, nicht endlich zu meiner Herrin zurückkehren? Denn sie harrt Eurer noch immer in Sehnsucht.«
»Ich wage ihr noch nicht vor die Augen zu treten«, erwiderte er, »aber eines Tages werde ich mein Fehl abgebüßt haben. Zürnet mir nicht, liebe Lunete. Das Schicksal hat mir noch einen Kampf beschieden, dem ich nicht ausweichen darf. Dieses weiß ich, es wird der härteste, stärkste und dazu edelste aller Gegner sein, auf die ich je im Leben traf, und ich werde seinen Namen nicht kennen noch er den meinen. Ehe ich dies nicht ausgestanden habe, darf ich Laudine nicht wiedersehen.«
»Woher wißt Ihr das, Herr Iwein?« fragte Lunete niedergeschlagen.
»Ich kann es nicht sagen«, war seine Antwort. »Es steht in feurigen Lettern tief in meiner Brust geschrieben, mehr weiß ich nicht.«

Iweins letzter Kampf und die Versöhnung

Darin hatte er richtig geahnt, es sollte ihm noch der härteste Zweikampf seines Lebens bevorstehen, der Kampf mit seinem besten Freunde.
Als er aus der Gegend von Askalon fortritt, gefolgt von seinem getreuen Löwen, fiel es ihm auf, daß das edle Tier hinkte und sich immer mühsamer bewegte. Da entdeckte er, daß es mehr und tiefere Wunden von den Zähnen und Klauen des Drachens empfangen, als er gesehen hatte, und daß sie sich nicht schließen wollten. Es hatte mit seiner letzten Kraft gekämpft, um seinem Herrn das Leben zu retten, nun aber bedurfte es der Pflege und Schonung. Darum kehrte Iwein bei einem Einsiedler ein, um den Löwen gesund zu pflegen. Tagelang saß er an seiner Seite und kühlte und verband seine Wunden, bis das Tier wieder gesund war.
Hier nun, in diesen Tagen, suchte ihn die Tochter des Grafen Schwarzdorn auf, die gehört hatte, daß er sich hier aufhielt, und erzählte ihm ihre Geschichte.
Der reiche Graf war gestorben und hatte seinen beiden Töchtern seine Habe vermacht. Aber die ältere wollte es nicht gelten lassen, daß die Habe zu gleichen Hälften geteilt würde, und erhob Anspruch auf den größeren Teil. Das wieder war der jüngeren nicht recht. Und beide machten sich auf, jede ohne Wissen der anderen, um einen Ritter zu suchen, der ihre Sache ausfocht.
Die Ältere kam an den Hof des Königs Artus und fragte nach dem Besten seiner Ritter, der für eine gerechte Sache zu kämpfen wüßte, und der Name Gawan wurde ihr genannt. Da ging sie zu ihm und wußte ihre Sache so darzustellen, daß sie ihm gerecht schien, und er willigte ein, für sie zu kämpfen. Voll Siegeszuversicht kehrte sie mit ihm auf die Burg des Vaters zurück.

Die Jüngere aber suchte nach Iwein, dem Ritter mit dem Löwen, der weit und breit als der beste Ritter galt, und fand ihn lange Zeit nicht. Aber schließlich erfuhr sie, daß er in einer Einsiedlerklause säße, wo er seinen Löwen gesund pflegte, fand den Weg dorthin und flehte ihn an, sie gegen das Unrecht, das ihr angetan werden sollte, zu verteidigen. Auch sie wußte ihre Sache so gut vorzubringen, daß Iwein von ihrem Recht überzeugt war und ihr versprach, für sie zu kämpfen.

Und so trafen die beiden besten Freunde, die es je unter Rittern gab, auf dem Kampfplatz zusammen, die Gesichter unterm Visier verborgen, denn so war es üblich, unerkannt pflegten sich die Streitlustigen zu messen.

Dies nun wurde ein langer, grausiger Kampf, denn beide waren Fechter ohnegleichen, und stundenlang konnte keiner den andern bezwingen. Bald hatte der eine, bald der andere die Oberhand. Noch nie hatten Ritter so glänzend, kraftvoll und listenreich die Klingen gekreuzt. Vom frühen Morgen bis zur Mittagsstunde währte das Ringen, dann ließen beide die Schwerter sinken und sich von ihrer Dame einen Labetrunk reichen, dann nahmen sie so frisch, als hätten sie erst eben das Feld betreten, den Kampf wieder auf, und immer noch erkannte keiner den andern, denn wortlos fochten sie, wie es Männern geziemte, die für das Gute eintraten.

Die Sonne begann zu sinken. Sorge erfüllte die vielen, die dem Zweikampf beiwohnten, daß schließlich einer der beiden sein Leben lassen müßte, denn es wuchs bei den Helden die Wildheit und die Erbitterung, ungeachtet der ritterlichen Regel, daß einer den andern im ehrlichen Kräftemessen nicht hassen dürfe.

Da der Tag zur Neige ging und die Dunkelheit herabsank, brachen die Streiter den Kampf ab und kamen überein, ihn am anderen Morgen weiterzuführen. Schwer atmend stützte sich Iwein auf seine Waffe und erwies seinem Gegner Ehre, indem er sprach: »Nie habe ich eine Nacht sehnlicher herbeigewünscht als heute. Wäre sie ausgeblieben, beim Himmel, der Sieg wäre Euch zugefallen.«

Da sprach Gawan: »Um der Wahrheit die Ehre zu geben, Eure Sorge war auch die meine. Ich glaubte nicht, das Ende dieses Tages noch zu erleben. Nie habe ich einen solchen Gegner getroffen, und unterliege ich, so entehrt es mich nicht. Siege ich aber, so sei es für Gawans Ruhm der höchste Glanz.«

Er hatte seinen Namen ausgesprochen, ohne es gewollt zu haben, und als Iwein ihn vernahm, der ihm so teuer war, stutzte er. Dann hob er sein Visier und rief: »Tor, der ich bin! Gawan und kein anderer kann es sein, der so ficht!«

Nun hob auch Gawan sein Visier und erkannte Iwein, und da liefen sie aufeinander zu und fielen sich in die Arme und beteuerten ihre Brüderschaft unter Freudentränen. Aber da war guter Rat teuer, denn nun erklärten sie beide wie aus einem Mund, sich für besiegt zu geben. Keiner wollte dem andern die Niederlage zugestehen, jeder dem Freunde den Sieg gönnen, und die feindlichen Schwestern sahen dem Schauspiel gerührt zu und kamen überein, daß fürder kein Zwist mehr sein solle, sondern sie einigten sich gütlich über die Erbschaft, die mit einem Schlage den beiden unwichtig dünkte.

So endete der härteste Kampf, den die beiden besten Ritter der Tafelrunde im Leben zu bestehen hatten.

Es war aber nun Gawan, der bekannte, Unrecht gehandelt zu haben, daß er den Freund von seiner Gemahlin fortgelockt hatte zu seinem unsteten Abenteurerleben, und also redete er: »Lieber, ich fordre dich noch einmal zum Kampf darum, daß du endlich zu deiner Gemahlin, der edlen Laudine, zurückkehrst. Ich trage die Schuld, daß du sie verließest und vergaßest. Werfe ich dich nieder, so sollst du heimkehren nach Askalon; bezwingst aber du mich, so sollst du dasselbe tun, denn alsdann hast du für deine Ehre genug getan.«

Da mußte Iwein lachen, und die Rede des Freundes leuchtete ihm ein. Gemeinsam machten sie sich auf zur Burg Askalon, und Iwein fiel seiner Königin zu Füßen, da sie mit einem Schlag wieder die Königin seines Herzens war, und flehte um ihre Verzeihung. Sie schloß ihn weinend vor Glück in die Arme, und er flüsterte: »Heute ist der Auferstehungstag meiner Seligkeit.«

Erek und Enite und die wahre Liebe

(Aus: König Artus' Tafelrunde)

Wie Erek auf Enite trifft

Neben den Rittern Gawan, Iwein, Lanzelot und noch manchen anderen, die hohen Ruhm gewannen, zählte auch der junge Erek, Sohn des Königs Lake von Estregal, zu den Besten der Tafelrunde, und seine Abenteuer stehen denen des Ritters mit dem Löwen nicht nach. Er gewann das Herz der schönen Enite und bewies, daß wahre Liebe über allen anderen Tugenden steht.

Er war in jungen Jahren an den Hof des Königs Artus gekommen und gehörte zum engeren Hofstaat der Königin Ginover. Als einmal, zur Zeit des Osterfestes, Ginover zur Hirschjagd ausritt, trabte sie auf ihrem weißen Zelter ihrer Begleitung voran, hielt auf einer Lichtung plötzlich an und rief verwundert: »Was für ein seltsamer Zug kommt uns da entgegen!«

Erek war sogleich an ihrer Seite, beschattete die Augen mit der Hand und sagte: »Wahrhaftig, ein seltsamer Zug. Es sind drei Reiter. An der Spitze reitet ein sehr Kleiner, der ein Zwerg sein muß, dahinter eine Jungfrau und am Schluß ein Ritter in prunkvollem Harnisch. Wenn Ihr erlaubt, will ich erkunden, wer die Menschen sind, die hier im Geleit eines Zwerges durch den Tann reiten.«

Ginover nickte Gewährung, und er sprengte auf den kleinen Trupp zu, aber er hatte noch nicht den Mund aufgetan, da kam er übel an, denn der Zwerg versperrte ihm mit grobem Anruf den Weg. Erek lachte: »Dann sag mir wenigstens, du Knirps, wer dein Herr ist.«

Statt einer Antwort schwang der Wicht eine mit Bleikugeln beschwerte Geißel und versetzte dem Ritter einen kräftigen, schmerzhaften Hieb. Dazu stimmte der Gewappnete im Hintergrund eine laute höhnische Lache an. Ereks Hand fuhr an die Seite nach seinem Schwert, aber er hatte es nicht umgegürtet, denn zur Hirschjagd brauchte er es nicht, er hatte nur einen kurzen Dolch im Gürtel, Und ehe er sich's versah, war der kleine Trupp davongesprengt.

Erek kehrte eilends zur Königin und ihren Begleitern zurück und bat mit schamroten Wangen: »Gewährt mir Urlaub, meine Königin, und Erlaubnis, diese Leute zu stellen und die Schmach, die mir angetan wurde, zu rächen.«

Ungern nickte Ginover Gewährung – die Kränkung war zu groß, als daß sie ungestraft hätte bleiben dürfen. So sprengte Erek davon, den dreien nach, vielen schlimmen Abenteuern, aber auch seinem Glück entgegen. Er nahm sich nicht die Zeit, seine Rüstung zu holen, denn die Spur seiner Beleidiger wollte er nicht verlieren. Bald bekam er sie auch wieder zu Gesicht und folgte ihnen in geringer Entfernung, doch ohne sie einzuholen, denn er wollte sehen, wohin der Ritt ging.

Sie gelangten auf freies Feld und schließlich in ein Dorf, das zu Füßen einer stattlichen Burg lag. In den Gassen ging es hoch her, und eine Menschenmenge drängte sich den drei Reitern mit Willkommensgrüßen entgegen. Die zwängten ihre Pferde rücksichtslos durch die Menge und nahmen den Weg zur Burg, wo sie alsbald unter dem Torbogen verschwanden.

So ist mir's am liebsten, dachte Erek, denn es soll nicht damit getan sein, daß ich den unverschämten Zwerg und seinen Herrn züchtige, sondern meine Vergeltung soll gründlicher sein.

Er suchte Unterkunft in dem Dorf, fand aber keine, bis er an ein halbverfallenes Gemäuer kam, das er zunächst für unbewohnt hielt. Zögernd trat er hier ein, um sich in einem Winkel ein Nachtlager zu bereiten. Doch wie erstaunte er, als er sich in einem dürftig ausgestatteten Raum einem Greis gegenübersah, der ihn mit vollendeter Höflichkeit begrüßte: »Seid mir willkommen, Fremder, und seid, wenn ich auch arm bin und nicht viel bieten kann, mein Gast.«

Es war sogleich zu erkennen, daß dies ein Mann von edler Sitte war, der sich umwandte und einem Mädchen, das hinter ihm auftauchte, befahl: »Geh, Enite, und versorge das Pferd dieses Ritters. Warte es sorglich, damit es an nichts fehlt.«

Ereks Blicke fielen auf eine Jungfrauengestalt, wie er sie niemals lieblicher gesehen hatte. Freilich war sie nur in ein ärmliches Gewand gekleidet, aber wie ein Stern leuchtete ihr jugendfrisches, märchenschönes Antlitz aus der verschlissenen Hülle. Der Greis, der das Entzücken in der Miene des Ritters bemerkte und es für enttäuschtes Erstaunen hielt, entschuldigte sich verlegen: »Es ging uns einmal besser, mir und meiner Enkelin hier, und wir waren begütert, aber feindselige Arglist hat dieses Haus, das einmal eine Burg war, zerstört und mir meine Habe geraubt, auch diesem Kind seine Eltern genommen.«

Erek sammelte sich, ohne die Blicke von dem liebreizenden Mädchen lassen zu können, und erwiderte höflich: »Schönheit und Adel des Herzens können nicht durch Armut getrübt werden. Erek, Sohn des Königs Lake von Estregal, ist stolz, Euer Gast sein zu dürfen.«

»Wie, so seid Ihr wohl einer der Ritter von der Tafelrunde des Königs Artus?« rief der Greis erfreut. Erek bestätigte es und tat es ein wenig hastig, denn es drängte ihn, dem Mädchen nachzugehen, das nach draußen geschlüpft war, um sein Roß zu versorgen. Er gesellte sich zu ihr, die schon begonnen hatte, das Fell des Tieres mit Stroh abzureiben, und sagte: »Ein solch reizender Schildknappe hat mir noch niemals zur Verfügung gestanden!«

Sie erwiderte und wurde gleich dabei ein wenig rot: »Herr Ritter, Ihr müßt nicht immer mein Gesicht ansehen, sondern darauf achten, daß Euer Roß richtig abgerieben wird.«

Er nahm auch Stroh zur Hand, und sie taten die Arbeit zusammen. Er lächelte: »Selbst wenn Ihr etwas dabei verkehrt machtet, nie würde ich es wagen, einer so schönen Dame Vorhaltungen zu machen.«

»Ach, Dame!« gab sie zurück. »Ein Aschenbrödel müßtet Ihr mich eher nennen.«

»Ihr seht nicht so aus, liebes Kind, als säßet Ihr in Sack und Asche«, entgegnete er, »aber auch Sack und Asche würden Euch so gut stehen wie ein Prinzesinnenkleid.«

Unter solchem Geplauder war die Arbeit bald beendet, Erek wurde hineingebeten, und sie setzten sich zu dreien zur Abendmahlzeit nieder. Es störte ihn nicht, daß es ein sehr einfaches Mahl war noch daß er sich zur Nacht auf Stroh betten mußte, und die Nähe der liebreizenden Enite versüßte ihm den Schlummer.

Der Schönheitswettbewerb

Am anderen Morgen erfuhr er von seinem freundlichen Wirt, daß das Dorf und die Burg einem begüterten Herrn namens Yders gehörte, der es sich zum Spaß machte, alljährlich die Frauen aus Dorf und Land einzuladen, damit die schönste Dame gewählt würde. Jede, ob reich oder arm, hoch oder niedrig, dürfe daran teilnehmen, sofern sie einen männlichen Begleiter habe, der sie zum Fest geleite. Der Preis der Schönheit sei immer ein wertvoller Jagdfalke. Seit drei Jahren aber habe immer ein und dieselbe Dame, welche die Gunst des Burgherrn habe, den Preis bekommen, obwohl sie durchaus nicht die schönste sei, aber die Richter, die die Wahl trafen, getrauten sich nicht, sich gegen den Willen des mächtigen und gewalttätigen Beschützers dieser Dame aufzulehnen. So sei das Ganze nichts als prunkvoller Schwindel, und es werde morgen, wo das Fest wieder stattfand, nicht anders zugehen als sonst.

»Das nenne ich freilich einen Betrug und eine Schiebung«, sagte Erek unwillig, und der Greis gab ihm recht: »Aber wenn der Herr Yders schwer gewappnet und in Begleitung seines bösartigen Zwerges, der mit großer Kraft eine Geißel schwingt, dabei ist, wagt niemand anders zu entscheiden, als er befiehlt.«
»Den Zwerg kenne ich so gut wie seinen Herrn«, sagte Erek, der aber nicht von dem Schimpf, den er erlitten hatte, berichten mochte. »Habt Ihr wohl noch eine alte Rüstung im Haus, edler Freund, so seid so gut und leiht sie mir, denn ich bin unbewaffnet von zu Haus fortgeritten.«
»Ein Harnisch und ein Schwert wird sich finden«, sagte der Alte. »Wollt Ihr denn auf dem Fest Zuschauer spielen?«
»Nicht nur Zuschauer spielen will ich«, versetzte Erek, »sondern ich will jener Dame den Preis abjagen. An Eure Enkelin richte ich die Bitte, mitzukommen und die Dame meiner Wahl zu sein, welcher der Schönheitspreis gebührt, sei es ein Jagdfalke oder was sonst.«
Enite sträubte sich mit verlegenem Lachen: »Wie, in meinen abgerissenen Flicken wollt Ihr mich mit Frauen in Damast und Seide und Samt wetteifern lassen? Und den Zorn des mächtigen Herrn Yders herausfordern? Das wird Euch fehlschlagen und gar ins Verderben bringen.«
»Wenn Ihr Eure Schönheit zur Schau tragt, ist es genug«, erwiderte Erek, »und daß keiner sie Euch streitig macht, dafür will ich sorgen.«
Es half keine Widerrede, nichts konnte ihn von seinem Vorhaben abbringen. Brannte er doch darauf, nicht nur mit dem Zwerg und seinem Herrn Abrechnung zu halten, sondern auch Enite, für die sein Herz immer heftiger schlug, vor allem Volk zu erhöhen. Er bekam einen Harnisch, der schon manchen Rostfleck aufwies, ein gutes Schwert und einen Helm, der ihm paßte, und am andern Morgen erschien er, gefolgt von Enite, die auf dem Ackergaul ihres Großvaters saß, auf der Festwiese, wo eine Menschenmenge auf das Eintreffen des Burgherrn und seiner Dame wartete.
Als der Herr Yders mit seiner Dame auf dem Platz eintraf und sich vor dem Zelt aufstellte, wo die Schiedsrichter saßen, erhob er sogleich seine Stimme und rief: »Welcher, ihr Herren, stellt seine Dame zur Wahl und behauptet, daß sie die Schönste sei!«
Da trat gleich Erek vor, während alles sonst ringsum still blieb. Er war abgestiegen und führte das Pferd, auf dem Enite saß, in die Mitte des Platzes und rief mit lauter Stimme:
»Diese meine Dame hier, Enite mit Namen, ist die Schönste weit und breit, und keiner andren gebührt der Preis.«
Aller Augen richteten sich entsetzt auf das Mädchen, das lumpig gekleidet auf einem Ackergaul saß und nur mit der Schönheit ihres Angesichts betan, verlegene Röte auf den Wangen.
Da sagte Yders erbost: »Was ist das für ein Spaß, Herr Ritter, den Ihr da

mit einer Bauernmagd treibt, die Ihr besser zu Haus am Herd gelassen hättet. Packt Euch und stört dieses Fest nicht, sonst bekommt Ihr die Geißel meines Zwerges zu kosten!«
»Mit Eurer Mißgeburt rechne ich nachher ab!« schrie Erek. »Einstweilen laßt Euch sagen, Herr Yders, daß Ihr ein Mal übers andere mit einer Dame, die nicht die Schönste ist, Betrug treibt. Damit hat es ein Ende, das schwöre ich. Ich bin Erek, Sohn König Lakes von Estregal, ein Ritter von der Tafelrunde, und ich fordre Euch zum Kampf.«
Gern hätte da der Beleidigte seinen Zwerg mit der Geißel vorgeschickt, um den andern zu züchtigen, aber die höfische Sitte zwang ihn, die Herausforderung anzunehmen.
»Wählt, ob Ihr das Lanzenstechen wollt oder den Schwertkampf«, sagte Erek. »Aber es soll auf Leben und Tod gehen, denn tödlich habt Ihr mich durch Euer Gelächter beleidigt.«
Da wählte Yders notgedrungen, weil der Platz auf der Wiese in all dem Menschengedränge zu eng für das Lanzenstechen war, den Schwertkampf.
Er ließ sich seine Rüstung bringen, sein Schwert und seinen Schild, und ein anderer, da er ohne einen Schild gekommen war, wurde Erek überreicht. Starr vor Angst, aber auch zitternd vor Liebe, saß Enite auf ihrem Gaul und rührte sich nicht, denn vergebens, das wußte sie, wäre es gewesen, ihren Ritter von diesem Waffengang abzuhalten. Erek aber trat an sie heran und sprach zu ihr hinauf: »Liebes Edelfräulein, habt nur keine Sorge um mich, denn ich spüre ein Geheimnis: Kraft, die nicht überwunden werden kann, ist in der Liebe.«
Dann standen sich die Kämpen gegenüber, und das Gefecht begann. Ein guter, starker Fechter war Herr Yders, und er bedrängte den Jüngeren hart, so daß dieser all seine Schwertkunst, die noch nicht in so langen Jahren erprobt war, aufbieten mußte. Aber was ihm an Erfahrung noch fehlte, gewann er sich in diesen Augenblicken der Liebe, denn sie war es, die seinen Arm führte, und das Wissen, daß es um Enite ging, machte ihn unwiderstehlich. Es verging eine Stunde grimmigen Wechsels von Hieben und Stößen, dann dämmerte es dem Burgherrn Yders, daß er seinen Meister gefunden hatte. Das aber lähmte seinen Arm und seinen Mut, und als er sich zum erstenmal eine Blöße gab, war es um ihn geschehen. Mit furchtbarer Wucht sauste Ereks Schwert auf seinen Helm nieder, und der Hieb war so wuchtig, daß das alte Schwert zerbrach, aber auch zerbrach es Yders Helm und fuhr ihm tief in den Schädel, so daß er, von seinem Blut überströmt, zu Boden stürzte.
Da warf Erek sein zerbrochenes Schwert fort, bückte sich und nahm dem Toten sein Schwert ab und rief: »Wo ist der mißgestaltete Wicht mit der Geißel, daß ich ihn züchtige?« Aber der Zwerg war von dem Augenblick an, wo sein Herr starb, verschwunden und wurde nicht wieder

gesehen. Da ließ Erek den Gedanken der Rache an solch niedrigem Geschöpf, das kein Gegner für ihn war, fallen, und auch verschmähte er es, die Dame, der die Gunst des getöteten Mannes gehört hatte, zu demütigen, und verzichtete auch auf den Siegespreis Enites, den Jagdfalken. Nichts wollte er von alledem wissen, sondern er brachte Enite zu ihrem Großvater zurück und sagte ohne Umschweife: »Ich bitte Euch, edler Freund, gebt mir Eure Enkelin zur Frau.«

Da war große Freude, und bald darauf wurde Hochzeit gehalten.

König Artus lud das Paar an seinen Hof, wo es Turniere und Spiele gab, in denen Erek Ruhm gewann und fortan zu den Besten der Tafelrunde, ungeachtet seiner Jugend, gezählt wurde. Auch wurde Enite, die Liebliche, von Ginover ins Herz geschlossen und mit aller höfischer Kleidung ausgestattet, so daß sie mit den schönsten Damen wetteifern konnte, ungeachtet ihrer Jugend. Und kluge Worte sagte die Königin dem jungen Ritter: »Danket der seltsamen Fügung, die Euch, Ritter Erek, den Schimpf von dem scheußlichen Zwerg mit der Geißel empfangen ließ, und danket dem scheußlichen Zwerg, den Ihr mit Eurer Rache verschont habt. Ohne ihn wäre Euch diese liebreizende Jungfrau nicht zu eigen geworden.«

Erek trifft den kleinen Guivreiz

Die Zeit floß dahin, die Jahre vergingen, Jahre des Glücks und der Freuden, Erek und Enite lebten in seliger Ehe miteinander, am Hofe zu Estregal fehlte es ihnen an nichts. Doch allmählich ging eine Veränderung mit Erek vor. Er fühlte sich so behaglich an der Seite seiner liebenden Gemahlin, daß er bald kaum noch anderes im Sinne trug, als sein Dasein in Ruhe zu genießen. Ringsum in den Ländern waren Zwiste und Kriege, Untaten und Ränke, war Trübsal und Wirrung in Fülle, aber Erek achtete der Welt nicht, und auch Ritterspiele, Turniere und Festlichkeiten, die es da und dort gab an den Höfen und Burgen, vermochten ihn nicht zu locken und aus seiner Untätigkeit zu reißen. So tatenfroh und kampflustig er ehedem gewesen war, so wenig gelüstete ihn jetzt danach, erregende Abenteuer zu suchen. All seine Kühnheit schien ausgelöscht, als wäre er nie ein rechter Ritter gewesen. Bald begann alle Welt sich über ihn zu wundern, sein Hof zog keine edlen Gäste mehr an, selbst das Gesinde flüsterte insgeheim: »Es war keine gute Stunde, daß unser Herr eine Ehefrau nahm.«

Aber Enite hatte keine Schuld daran, sondern sah es mit Sorge und Kummer. Als der alte König Lake seinem Sohn ins Gewissen redete, lachte der nur: »Ach, Vater, was soll mir das alles. Enite ist mein ganzes Glück, alle Freuden der Welt wiegt sie mir auf. Ich habe keine Sehnsucht als nach ihrem Herzen.«

Niemand kränkte sich mehr darüber und über das Gerede um sie als

Enite, die daran nicht schuld war. Sie suchte ihn zu ermuntern, daß er ausritte und sich an anderem vergnügte als am satten Genuß, aber offen darüber mit ihm zu reden, traute sie sich nicht. Als ihr zu Ohren kam, daß man ihr den Vorwurf machte, Ereks Wandlung verschuldet zu haben, weinte sie heimlich, aber es ziemte ihr nicht, so meinte sie, dem Manne, den sie so über alle Maßen verehrte, Vorhaltungen zu machen.

Als er eines Mittags in behaglicher Ruhe in der Sonne schlief und die freundlichen Sonnenstrahlen sein Gesicht bescheinen ließ, saß sie an seiner Seite, beugte sich über ihn und flüsterte: »Ach, mein lieber Gemahl, wie schlimm ist es doch, daß du deine ritterlichen Pflichten so ganz vergessen hast! Ich soll deinen mutigen Sinn von männlichen Taten abgelenkt haben – wie fern liegt es mir aber doch, dich an ein Leben träger Genüsse zu fesseln! Besser wäre es gewesen, du hättest nie um mich gefreit!«

Da rief er erschrocken: »Enite, was redest du da?« Denn ihre Worte waren durch den Schlaf zu ihm gedrungen, er richtete sich auf und sah sie verstört an. Da faßte sie sich ein Herz und hielt ihm vor, er sei auf dem Wege, kein rechter Ritter mehr zu sein.

Er hörte es finsteren Angesichtes an und erwiderte dann: »Liebe Frau, ich habe geglaubt, auch du habest an unserem Leben Gefallen, da es in ihm nichts anderes gibt als unsere Liebe. Ist es denn nicht so?«

Da wußte sie keine Antwort, stand doch auch ihr nichts höher als ihre Liebe. Sie schluckte die Tränen hinunter. Erek sagte: »Mach dich fertig.«

»Fertig?«

»Wir brechen auf.«

Sie wagte keine Widerrede, sondern folgte seinem Gebot und machte sich fertig. Er legte den Harnisch an und steckte das Schwert ins Gehänge, zwei Reitpferde ließ er satteln und zwei Packpferde beladen. So brachen sie am nächsten Morgen in der Frühe auf. Erst da sagte sie schüchtern und erstaunt: »Wenn es gilt, Taten zu tun und Abenteuer zu bestehen, da nimmt kein Ritter sein Weib mit.«

»Ich aber tu es«, entgegnete er trotzig. »Denn Taten kann ich nur tun und Gefahren bestehen, wenn du mir zur Seite bist.« Da war sie es zufrieden und ritt gehorsam hinter ihm her.

Ihr Weg führte durch fremde Länder, deren Herren er nicht kannte. Eines Tages sah er eine seltsame Gestalt heranreiten, die nicht sehr geschickt zu Pferde saß, aber das Pferd war von edler Rasse, gepflegt und schön aufgezäumt, und der Reiter war mit guter Rüstung umtan und zeigte ein Wappen auf seinem Schild. Er war aber sehr klein, nur die Arme und Beine waren so lang wie bei einem hochgewachsenen Menschen. Er sprengte mit eingelegter Lanze auf Erek zu, hielt aber kurz zuvor sein Roß so schroff an, daß es in die Höhe stieg, und ließ sich mit vollendeter Höflichkeit vernehmen:

»Verzeiht, Herr Ritter, daß ich Euch so hastig entgegengetreten bin.

Ich glaubte, da ich ein wenig kurzsichtig bin, einen Strauchdieb vor mir zu haben, aber nun erkenne ich, daß Ihr von edlem Blut seid und hochgeboren, Eurem Schild und Wappen nach zu urteilen.«
Erek erwiderte höflich: »Das mit dem Strauchdieb verdient eigentlich eine Züchtigung, soll Euch aber, mit Hinblick auf Eure Kurzsichtigkeit, verziehen sein . . .«
Ehe er noch weitersprechen konnte, fuhr der Fremde fort: »Da ich Euch nun so wohlgerüstet und von edler Abkunft sehe, vermute ich, daß Ihr vielleicht nichts dagegen habt, einen kühnen Zweikampf zu bestehen, und alsdann stehe ich Euch mit Vergnügen zu Diensten. Mit Euch zu fechten ist mir das schönste und gefährlichste Abenteuer, das sich denken läßt.«
»Habt Ihr denn wirklich so große Lust, Euch mit mir zu schlagen?« gab Erek verwundert zurück, »und dies, obwohl Ihr doch, wie Ihr zugebt, kurzsichtig seid?«
»Laßt Euch das nicht anfechten«, war die Antwort, »es behindert mich nicht. Und es tut mir aufrichtig leid, Euch sagen zu müssen, daß ich noch nie besiegt worden bin, und bitte von Herzen um Verzeihung, wenn ich diesem Ruhm auch heute gerecht bleiben möchte.«
»Und mir würde es schlecht ziemen«, sagte darauf Erek, »von Euch zu verlangen, daß Ihr freiwillig meine Überlegenheit zugebt.«
Der Kleine darauf: »Gewiß würde ich es von Euch erwarten, wenn ich nicht Eurer Ehre damit zu nahe träte, was mir ganz fernliegt.«
Erek sagte: »Wenn dem so ist, will ich Eurer Kampfeslust nicht im Wege stehen. Wünscht Ihr die Lanze oder das Schwert?«
»Das Schwert«, war die Antwort, »denn ich sehe wohl, daß Ihr gar keine Lanze mit Euch führt. Allerdings hat mein Knappe, der dort hinten am Waldrand hält, zwei in Verwahrung, aber sie sind nicht gleich gut.«
»So gebt mir die schlechtere«, sagte Erek, erhielt aber die unwillige Antwort: »Wo denkt Ihr hin, Herr! Das stünde mir übel an. Im Gegenteil, ich nehme die schlechtere, Ihr aber sollt die bessere haben, da Ihr mir vermutlich ohnehin nicht ebenbürtig seid.«
Natürlich wies dies wiederum Erek ebenso unwillig zurück, und so einigten sie sich auf das Schwertgefecht. Die Namen nannten sie einander nicht, denn es war in jenen Zeiten Brauch, dies erst nach dem Waffengang zu tun. Nach all den wohlgesetzten Reden nahm das Gefecht seinen Anfang.
So klein der Mann war, wußte er doch das Schwert mit großer Kraft und Behendigkeit zu führen, und Erek, der zu Beginn ein wenig leichtsinnig focht, hatte Mühe, sich seiner Haut zu wehren. Schließlich aber gewann er doch die Oberhand und brachte den Gegner mit einem kräftigen Hieb zu Fall.
Darauf ermunterte ihn der Kleine, am Boden liegend und nachdem er die erste Betäubung von sich abgeschüttelt hatte: »Da habe ich einen Fehler gemacht, wie er mir noch nie vorgekommen ist; Euch aber muß

ich zugestehen, daß Ihr mir ebenbürtig seid und den Ruhm beanspruchen könnt, als Erster den Grafen Guivreiz von Eire besiegt zu haben. Tötet mich denn also, was Euer Recht ist, denn ich wäre ein schlechter Ritter, wenn ich Euch das übelnähme.«
»Das sei ferne von mir«, beteuerte Erek, »denn Ihr habt Euch wacker geschlagen und mir auf ein Haar das gleiche Schicksal bereitet wie ich Euch. Auch ist ritterliche Tugend und feine Sitte Euch vertraut, wie ich sehe, denn Erek, dem Sohn Lakes von Estregal, machte es Vergnügen, mit seinesgleichen die Klingen zu kreuzen.«
»Wenn Ihr derselbe Erek seid, der der berühmten Tafelrunde angehört«, sprach nun Guivreiz und erhob sich, wobei ihm Erek behilflich war, »und Ihr in der Tat hochherzig beschlossen habt, mir das Leben zu schenken, so darf ich es an Dankbarkeit nicht fehlen lassen, sondern will Euch bitten, mich von Stunde an als Euren Vasallen zu betrachten.«
Da lachte Erek fröhlich: »Nun, einen so höflichen und unerschrockenen Ritter meinen Vasallen zu nennen, soll mir zur Zier gereichen.«
Guivreiz verneigte sich mit vollendeter Höflichkeit, wobei seine langen Arme, die von dem kurzen Oberkörper baumelten, beinahe den Boden streiften. Dann erklärte er: »Wenn Ihr es einverstanden seid, kehre ich auf mein Schloß zurück und harre dort Eurer Befehle. Sollte ich aber hören, daß Ihr in Not seid, so eile ich unverzüglich herbei, Euch zu Hilfe zu kommen, mit wem auch immer Ihr kämpft, mit Teufeln, Drachen oder Wegelagerern. Ihr müßt nämlich wissen, daß ich eher als irgendein anderer höre und erfahre, was sich Absonderliches begibt.«

Das Geheimnis der Burg Brandigan

Weit in den Ländern ging das Geraune, daß wer das Geheimnis um die Burg Brandigan ergründe und das Abenteuer, das sich daran knüpfte, bestehe, der höchsten Ritterehren würdig sei; doch sei es das Allergefährlichste, das sich denken ließe, und viele seien daran schon gescheitert.
Da verbrachte Erek, von Enite begleitet, viel Zeit und Mühe, in Erfahrung zu bringen, wo diese Burg läge; endlich aber fanden sie den Weg. Um die Mittagszeit eines heißen Sommertages stieg die mächtige Burg vor ihnen auf. Dreißig Türme blickten weit über das Land, und zu ihren Füßen breitete sich ein Städtchen, durch dessen Straße das Paar einritt.
Ausgelassene Fröhlichkeit herrschte hier. Die Jugend tollte unter freiem Himmel auf der Wiese, die Älteren tafelten und tranken, auf Schießständen, wo man mit Armbrüsten auf Strohpuppen schoß, herrschte buntes Treiben. Erek und Enite sahen sich bald von Neugierigen umgeben, die sie freundlich auffordertern, an den Lustbarkeiten teilzunehmen. Da sagte Erek, er wolle in die Burg Brandigan hinein, um zu erfahren, was es dort gäbe, hieße es doch, ein unheimliches Geschehen sei darin verborgen.

Da verdüsterten sich alle Mienen wie mit Zauberschlag, Stille trat ein, sie tuschelten miteinander, und eine Frau klagte: »Ein so vollendeter Ritter und will sich dem bösen Mabonagrin zum Opfer anbieten! Lieber Herr, schlagt Euch das doch aus dem Sinn!«
Und ein alter Mann sagte wehmütig, indem er Enite betrachtete: »Nie sah ich eine schönere Dame, und nun soll diese strahlende Jugend so früh in Witwentracht gehen? Gebet diesen Plan auf, Herr Ritter, es ist kein Segen daran, nur Unsegen und Leid.«
Das alles aber machte Erek erst recht neugierig, und er lachte über die abergläubischen Leutchen: »Ihr denkt fehl, ihr Guten, wenn ihr mich für einen haltet, den dergleichen abschreckt. Ich meine, schon anderen Gefahren getrotzt zu haben als dieser. Auch weiß ich, daß ich einmal sterben muß: genau dann, wann Gott es so will.«
Und als einer der ihn Umstehenden anfangen wollte, ihm ausführlicher zu schildern, was es mit diesem bösen Zauberer Mabonagrin auf sich hatte, bäumte sich sein Stolz dagegen auf, und er sagte: »Nein, liebe Leute, ich möcht' es nicht hören, sondern selbst herausfinden, was meiner da wartet, denn eure Beschreibungen sind gewiß nur dazu angetan, mir den Kopf zu verdrehen.«
Damit nahmen Erek und Enite den Weg auf das Burgtor zu und baten um Einlaß. Der wurde ihnen ohne weiteres gewährt, und sie wurden zum Burgherrn, dem Herrn von Brandigan, geleitet, der sie auf das höflichste empfing, sie bewirtete, ihre Pferde versorgen ließ und sie dann durch die prächtigen palastartigen Räume der Burg führte. Danach fragte er Erek unvermittelt, ob er Lust habe, die Frauen zu besuchen.
Sie willigten ein, ohne erst zu fragen, was denn das für Frauen seien, und wurden in ein weites kreisrundes Gemach geführt, dessen Wände aus Marmor in den verschiedensten Farben bestanden, Weiß, Gelb, Grün und Schwarz in der kunstvollsten Ausführung, so daß das Ganze fugenlos aussah und wie aus einem einzigen köstlichen Kristall gefügt. In diesem herrlichen Saal saßen Frauen in großer Anzahl, so daß er sie nicht zählen konnte, in kostbare Gewänder gekleidet, die dennoch düster wirkten, denn alle die leuchtenden brokatnen Stoffe waren mit Rändern aus schwarzem Samt eingefaßt.
Erek wußte nicht, wie er dies alles deuten sollte, aber sein Gastgeber tat ihm nur kund, daß dieser Besuch jetzt zu Ende sei und daß am andern Tag, so es ihm recht wäre, ein Ritt in den Baumgarten folgen solle. Bei dieser Ankündigung geschah etwas Unerwartetes: Die Frauen, die bis dahin stumm dagesessen hatten, schluchzten, einige laut und andere verhalten, und Erek und Enite hörten das Jammern noch lange durch die Gänge hallen, während sie in die Kemenate geleitet wurden, wo sie übernachten sollten.
Als sie eben ihr Lager aufsuchen wollten, wurde an die Tür geklopft, und

es war sein neuer Freund und Vasall, Graf Guivreiz von Eire, der Kleine, der das Gemach betrat. Er schien noch atemlos vom schnellen Ritt und erklärte, die Sorge habe ihn hergetrieben, denn wohl habe er gewußt, daß Erek den Weg nach Brandigan genommen habe.

Erek unterbrach ihn sogleich: »So sagt mir nun endlich, mein Guivreiz, was es mit dieser Burg und dem Zauber, der darin walten soll, auf sich hat. Warum weinen denn hier überall die Menschen, wenn man mit ihnen spricht, und jammern die Frauen drüben im Saal, daß es Gott erbarme?«

»Sie weinen um Euch, Ritter Erek«, erwiderte der Kleine.

»Um mich? So erklärt mir's doch näher!«

»Der Baumgarten ist der Wohnsitz des Ungeheuers Mabonagrin, und noch keiner hat lebend das verwunschene Gehölz verlassen. Die Frauen, denen Ihr im Marmorsaal gewiß schon begegnet seid, sind alle Witwen und beklagen den Tod ihrer Männer. In der Blüte ihrer Jahre, mitten aus dem Glück ihrer Liebe, hat Mabonagrin sie zu Witwen gemacht.«

»Wie geht das zu? Es ist eine Besonderheit, daß ich mein Weib Enite bei mir habe, und in der Regel ziehen die Ritter doch nicht mit ihren Frauen auf Abenteuer aus. Wie kommt es, daß sich gerade hier so viele Edle mit ihren Gemahlinnen eingefunden haben?«

»Das eben ist der geheimnisvolle Zauber, der um die Burg Brandigan waltet«, sagte Guivreiz. »Es ist die Erprobung der Liebe, die die Menschen herbeizwingt, und wieder und wieder hat sich die Liebe nicht stark und echt genug gezeigt. Denn nur der kann den Mabonagrin – der zugleich Ritter und Zauberer und Unhold ist – besiegen, dessen Herz von reiner, makelloser, unbezwinglicher Liebe erfüllt ist und von ihr die höchste Kraft empfängt. Niemand kann sagen, wie das zugeht, denn noch hat niemand die Prüfung im Baumgarten bestanden.«

Schwer fiel dieser Bericht Enite auf die Seele, und sie bat den Gatten flehentlich, mit ihr von dannen zu ziehen und auf das Abenteuer zu verzichten. Er aber gab zurück: »Liebe Frau, zweifelst du denn an der Stärke meiner Liebe? Da wäre es freilich besser gewesen, ihr gleich zu entsagen.«

Vor dieser Frage verstummte Enite und legte sich schweren Herzens schlafen.

Früh am nächsten Morgen machten sich Erek und Enite, begleitet vom Herrn von Brandigan und Guivreiz, dem Kleinen, auf den Weg nach dem Baumgarten, der am anderen Ende der Stadt lag. Die Gassen waren voll von Menschen, sie drängten sich auch auf den Dächern und hingen aus den Fenstern, denn jeder wollte den unglücklichen waghalsigen Ritter sehen, der ein neues von den zahllosen Opfern Mabonagrins werden sollte.

Als die kleine Gruppe an den Rand des Gehölzes kam, das aus lauter Lärchen bestand und totenstill dalag, wunderte sich Erek, daß kein Zaun

und keine Hecke es abgrenzte, und der Herr von Brandigan sagte: »Mabonagrins Ruf ist ihm ein besserer Schutz als Wälle und Mauern.«
Noch ein Stück Weges ließ sich Erek von Enite begleiten, dann befahl er ihr zurückzubleiben, umarmte sie und sprach ihr Mut zu: »Wenn ich an dich denke, liebe Frau, ist mir die höchste Kraft verliehen.« Er ließ sie aber zurück, weil er von ferne gewahrte, wie eine schaurige Stätte vor ihnen auftauchte, und im Näherkommen erkannte er deutlicher: In einer kahlen Lichtung standen eine Reihe von Pfählen im Kreis, und auf jedem Pfahl stak ein Totenschädel, der den drei Rittern entgegengrinste. Nur einer der Pfähle trug keinen Schädel, sondern es hing ein Horn aus Silber daran.
Erek ritt näher heran, und es lief ihm kalt über den Rücken. »Was soll dieses bedeuten?« fragte er den Herrn von Brandigan.
»Diese Schädel«, erklärte der Gefragte, »gehören Euren Vorgängern, Ritter Erek. Ich nenne sie Eure Vorgänger, denn nach dem Treffen mit Mabonagrin wird sich Euer Schädel zu diesen gesellen. Eure Vorgänger waren die Gatten der Frauen, die Ihr in meinem Marmorsaal antraft. Um sie weinen sie, und sie weinen auch um Euch.«
»Und was bedeutet der Pfahl mit dem Horn?« fragte Erek.
»Nachdem Euer Schädel auf diesen Pfahl gespießt ist, wird das Horn an einen neuen Pfahl gehängt. Für den Fall aber, daß ein Ritter den Mabonagrin bzwingt, soll er in das Horn stoßen, und sein Schall wird den Zauber für immer brechen. Jeder wünscht, Ihr hättet die Kraft, das Land von dieser Geißel zu befreien, aber es kann nur dem gelingen, dem die höchste Liebe das Schwert führt. Dies aber war noch bei keinem Eurer Vorgänger der Fall.«
»Ich bitte Euch, Herr von Brandigan«, sagte Erek unwillig, »daß Ihr nicht fortwährend jene armen Männer, deren Schädel hier stecken, meine Vorgänger nennt. Ich habe in ihnen keine Vorgänger noch bin ich ihr Nachfolger, denn mein und meines Weibes Schicksal ist ein andres.«
Sie gelangten an einen Hügel, auf dem ein Zelt stand, so kostbar, als sei es das Zelt eines großen Herrschers oder Heerführers. Die hoch aufgeschlagene Vorderwand dieses Zeltes gab den Blick in das Innere frei, und hier saß auf einem Ruhebett, das dicht mit Fellen und glitzernden Stoffen bedeckt war, eine Frau. Erek glaubte, außer Enite, die ihm die schönste von allen war, noch nie eine schönere Frau gesehen zu haben. Er bat seine beiden Begleiter, zurückzubleiben, und trat in den Eingang des Zeltes, um die Frau nach höfischer Sitte zu begrüßen. Da schauderte er, denn als er in ihre Augen sah, waren es keine Augen, sondern Diamanten, die ihn farblos, doch voll unbeschreiblich klar und hell schimmernden Feuers ansahen.
Sie neigte auf seinen Gruß das Haupt und sagte mit leiser, klirrender Stimme: »Ihr seid übel beraten, Herr Ritter, hierher zu kommen.«

»Und warum, schöne Dame?« fragte Erek, den gleichwohl ein Schauder überkam und nicht weichen wollte und ihn kalt überlief.
»Das wird der Mann, der hinter Euch steht, Euch zu erkennen geben«, sagte die Frau mit einem leisen Lächeln, und als Erek sich umwandte, stand ein hochgewachsener Ritter in strahlender Rüstung hinter ihm, auf sein Schwert gestützt, das Visier geschlossen. Auf seinem Schild war ein Totenkopf abgebildet, der Erek nicht anders angrinste, als es all die Schädel auf den Pfählen getan hatten.
Der Mann sagte: »Wer hat dir erlaubt, dieser Dame so nahe zu kommen?« Seine Stimme hallte tief und rauh wie das Gebrüll eines Löwen.
Erek erwiderte unerschrocken: »Mein Herz und mein freier Wille haben mich hergeleitet, vor allem aber der Ruf, der Euch vorangeht: daß Ihr kein Mensch und kein Ritter seid, sondern ein Ungeheuer.«
»Das mag wohl sein«, lachte der Mann böse, »und den Beweis dafür wirst du gleich erfahren. Zieh dein Schwert, Mann, und sag mir allenfalls, wofür du überhaupt dein Leben so sinnlos aufs Spiel setzest.«
Daß das Ungeheuer Mabonagrin, denn er war es, ihn mit du und Mann anredete, was aller guter Sitte widersprach und wahrhaftig bewies, daß der Kerl kein Ritter war, sondern ein Flegel, ungeachtet seiner strahlenden und kostbaren Rüstung – das ließ Erek das Blut zu Kopf steigen. Er erwiderte hitzig: »Sagt mir erst, wofür denn Ihr Euch so aufführt wie ein Räuberhauptmann und das Land in Unglück und Schande stürzt, anstatt Eurer Dame dort mit Ritterwürde zu dienen!«
»Um die handelt sich's ja«, war die Antwort, »denn sie ist die Göttin der Schönheit und Herrin der Welt, und alle Gattenliebe, die mir schon geopfert wurde, ist blöde Narretei dagegen. Und nun genug davon, weiter wird dir nichts zu schwatzen bleiben, Mann, komm heran!«
Ehe Erek es konnte, kam er schon selbst heran, und Erek hatte kaum Zeit, das Visier herabzuschlagen und das Schwert zu ziehen; und da er selbst seinen Schild nicht trug, hatte das Ungeheuer wenigstens den Anstand, auch seinen Schild mit dem Totenkopf wegzuwerfen, ehe er mit dem Schwert auf Erek eindrang.
Es entbrannte ein fürchterlicher Kampf, ärger und wütender, als Erek je einen gefochten hatte, und sein Gegner focht wie dreifach Guivreiz, der treffliche Fechter. Der stille Lärchenwald hallte wider vom Klang der Hiebe, und die von ferne angsterfüllt zusahen, konnten gewahren, wie zahllose Raben und Fledermäuse aufgescheucht aus den Bäumen und Felsspalten emporflatterten und in der Luft hin und her schwirrten. Kaum konnte Erek den Schlägen des Mannes widerstehen, der für die Schönheit und gegen die Liebe kämpfte, wie es ihm dumpf durch den Sinn ging, ohne daß er zu begreifen Zeit hatte, was das für ein Rätsel sein mochte. Die Gegner wechselten mehrfach den Platz und umkreisten einander, hielten auch dann und wann inne, keuchend und in geduckter Haltung,

in jedem Augenblick nach einer Blöße spähend und auf Hieb und auf Parade bedacht.
Als sie wohl eine Stunde lang so gekämpft hatten, wollte es Erek scheinen, als gewahrte er fern die Gestalt seiner Enite, die auf einem Baumstumpf saß und seiner gedachte, und da zog neue Kraft in seinen Arm ein, als habe er eben erst angefangen, das Schwert zu führen, und die Kraft der Liebe erfüllte sein Herz. Auch verstand er die Kunst, mit der Linken so gut wie mit der Rechten zu kämpfen, und war darin dem Gegner über, der ihn an Körperkraft und in der Härte seines Harnischs übertraf.
Dann geschah es, daß nach einem fürchterlichen Schlagwechsel beider Klingen zerbrachen und die Spitzen zu Boden fielen, Während es aber nun ritterlicher Brauch war, alsdann den Zweikampf abzubrechen und einander entweder die Hand zu reichen oder sich neue Schwerter reichen zu lassen, stürzte Mabonagrin auf Erek zu und umschlang ihn mit den Armen, um ihn im Ringkampf zu Boden zu werfen. Da aber kam er an den Unrechten, denn von früher Jugend an hatte sich Erek im Ringkampf geübt und war all seiner Feinheiten mächtig. So dauerte es nicht lange, und Mabonagrin wurde von ihm zu Boden geschleudert. Da lag er und hob die Hand zum Zeichen, daß er besiegt sei.
Erek trat auf ihn zu und hob ihm das Visier in die Höhe, um in das Gesicht dessen zu sehen, der so viel Blut vergossen hatte. Er starrte in ein Gesicht, das so aussah, als gehörte es keinem Menschen, sondern einem Teufel; und als ihm nun Erek den Fuß auf die Brust setzte, verfiel dieses Teufelsgesicht und nahm menschliche Züge an, aber zugleich erschlaffte es und wurde totenbleich, der Mund öffnete sich, und Blut sickerte daraus hervor, dann brachen die glanzlosen Augen und drehten sich nach innen, und da war zu sehen, daß Mabonagrin tot war.
Als Erek aufatmend um sich blickte, da war das Zelt und die Frau darin wie mit Zauberschlag verschwunden.
Guivreiz und der Herr von Brandigan eilten herbei und beglückwünschten ihn, und dann stand Enite vor ihm, und die Gatten fielen einander in die Arme. »Dir verdanke ich den Sieg«, flüsterte Erek ihr zu, »denn du gabst mir die Kraft.«
»Endlich ist das Land von diesem Fluch befreit«, sagte der Herr von Brandigan, »gegen den so lange keiner etwas hat ausrichten können, da keiner, der mit Mabonagrin kämpfte, so von der wahren Liebe erfüllt war wie Ihr.«
Sie saßen nieder, und Erek fragte: »Erklärt mir, ihr Herren, das Rätsel dieses Mannes und dieses Fluches, denn ich habe es nicht verstanden.«
Da sagte Guivreiz: »Nicht alles ist daran verständlich, nur dies. Der Mann war in das Netz jenes wunderschönen Weibes geraten, das ihm die Sinne bis zum Wahnwitz betörte, und das Weib selbst war nicht von den Himmlischen gesandt, sondern von dem Herrn der Unterwelt.

Er hat ein Gelübde getan, ihr zu dienen und ihre Schönheit zum Gesetz der Welt zu machen, denn so war ihr Gebot: zu erproben, ob von ihrer Verführung ein mächtigerer Zauber ausginge als von der Glut echter Liebe. Da kamen sie alle, wie von dem Magneten, der den Schiffen die Richtung weist, angezogen, und wollten für die echte Liebe kämpfen, aber sie alle liebten nicht genug – bis Ihr kamt, Ritter Erek. Nun erst ist der Bann gebrochen.«

»Das verstehe, wer kann«, sagte Erek nachdenklich. »Aber ich meine, nicht ich war es, der den Bann brach, sondern Enite, mein geliebtes Weib.«

Die Abenteuer Gawans

(Aus: König Artus' Tafelrunde)

Wie Gawan Obilots Minne gewann und ihr diente

Der edle Ritter Gawan, dem König Artus in inniger Freundschaft verbunden und als einer der Besten von der Tafelrunde angesehen, wurde fälschlich beschuldigt, den König von Askalon tückisch getötet zu haben, und wußte doch von nichts. Oft entstehen den Kühnsten und Edelsten Anklagen, die aus der leeren Luft gegriffen sind, und dienen dazu, sie in böse, gefährliche Abenteuer zu verwickeln – und welches ist der Sinn davon? Vielleicht der, daß sie die Abenteuer zum Heile anderer, wohl auch zum eigenen Heile bestehen.

Ein Ritter und Landgraf mit Namen Kingrimursel aus dem Land Askalon verschaffte sich Eintritt in die Burg Karidol und forderte Gawan auf, sich in zwei Monaten zum Gottesurteil zu stellen. Am Grabe des Königs von Askalon wolle Kingrimursel sich im Zweikampf mit ihm messen. So habe das Gericht es beschlossen.

Gawan machte sich auf und trat die weite Reise an, nicht allein, sondern mit einem Geleit von Pagen und Dienern. Denn ungeachtet seiner verwegenen Kühnheit liebte er den Prunk und das Wohlleben.

Auf halbem Weg nach seinem Reiseziel gelangte er in einen Talgrund, in dem eine Heerschar sich zum Angriff gegen eine Burg anschickte. Er erfuhr, der Belagerer dieser Burg sei der junge Herzog Melianz, der sich mit Gewalt der Jungfrau Obie bemächtigen wollte, der Tochter des Burgherren Lippart, an die er sein Herz verloren hatte. Als er unlängst dieses Edelfräulein um ihre Hand gebeten hatte, hatte sie ihn spottend abgewiesen: zuvor solle er durch Taten beweisen, daß seine Jugend ihrer würdig sei. Dies nun war seine Tat: sie sich mit Gewalt zu holen.

Gawan ließ sich am Fuß einer Linde zur Rast nieder, neugierig, wie dieser Kampf auslaufen werde. Er selbst mochte sich nicht einmischen, ehe er seinen Kampf mit seinem Herausforderer bestanden hatte; auch hatte das Edelfräulein Obie unter ihren Angehörigen Beschützer. Umgeben von seinen Begleitern, lagerte er sich da, und es kümmerte ihn nicht, mitten in die kämpfenden Heerhaufen zu geraten. Dergleichen machte ihm nichts aus, nur seinen Pagen und Dienern war bänglich zumute.

Droben vom Söller der Burg blickte Obie in die Ebene hinunter, und neben ihr stand ihr Schwesterchen Obilot, die noch ein Kind war, süß und kindlich von Angesicht und Wesen. Sie bemerkten, daß Melianz und seine Männer immer dichter gegen die Burgmauern heranrückten, wo sich deren Bewohner zur Abwehr bereitmachten.

»Sieh doch«, rief die kleine Obilot, »da lagert ein prächtiger Ritter unter der Linde! Ob er uns beistehen will?«

»Ach was«, entgegnete Obie, »das ist ein gewöhnlicher Kaufmann. Er schläft gemächlich und sieht sich den Kampf von weitem an. Das ist nicht Ritterart.«

Der Kampf begann, und Melianz konnte nicht eindringen. Lippart und seine Leute warfen sich ihm entgegen und trieben ihn zurück. Es trat eine Kampfpause ein.

»Nein, das ist kein Ritter«, wiederholte Obie, »sondern ein Schläfer. Sieh doch dagegen den Herzog Melianz, wie kühn er das Schwert führt. Fast meine ich, ich könnte ihn doch lieben.«

Aber der Anblick Gawans und die Sonderbarkeit seiner Anwesenheit dort unter der Linde ließ Obilot keine Ruhe. Sie heckte sich einen Plan aus und stiftete eine Dienerin an, sie solle zum Vater gehen und ihm berichten, da unten lagere ein Betrüger mit unrechtmäßig erworbenem Gut, das man ihm abnehmen sollte. Man wird ja sehen, dachte sie, wie er sich dazu verhält.

Lippart schickte seinen Hausmeister zu Gawan, und der überzeugte sich, wie es um den Fremden stünde: »Das ist kein Betrüger, sondern ein Ritter edlen Ranges, der sich auf der Reise ausruht. Helfen will er uns aber nicht, weil es ihm angeblich an Zeit mangelt.«

Lippart hielt das seinem Töchterchen vor: »Vielleicht, wenn du dein Glück versuchst, kommt er uns doch zu Hilfe?«

Das ließ sich die Kleine nicht zweimal sagen. Sie lief zu Gawan hinaus, und er empfing sie mit vollendeter Höflichkeit, als wäre sie eine hochgestellte Dame. Denn nie ließ er es an Höflichkeit fehlen. Da sagte Obilot voll kindlicher Offenheit: »Ihr seid der erste Mann, dem ich mein Vertrauen schenke.«

Gawan errötete und sagte wohlgelaunt: »Das schmeichelt mir, liebes Fräulein.«

Sie fuhr fort: »Darum will ich Euch, lieber Herr Ritter, etwas sehr Ernstes, sehr Wichtiges fragen, wenn Ihr es mir erlaubt.«

»Und das wäre?« fragte er.
»Wäret Ihr bereit, mir für Minnelohn zu dienen?«
Da lachte er belustigt: »Du redest ja wie eine Große. Da muß ich wohl auch als ganzer Mann und Ritter antworten.« Er machte eine tiefe scherzhafte Verneigung vor ihr. »Mein Dienst soll Euch, edle Dame, geweiht sein!«
Die Kleine spielte ihr Spiel, das ihr ernst war, weiter: »So dank' ich Euch und will Euch meine Minne schenken.«
»Dann sagt mir«, erwiderte Gawan, »mit welchem Dienst ich Eurer Minne Lohn erringen soll.«
Und sie darauf: »Helft meinem Vater, dem Burgherrn Lippart, den frechen Herzog Melianz von unserer Burg wegzujagen!«
Da konnte Gawan nicht anders, er mußte auf das Spielchen, welches ihr ganz ernst war, eingehen, um nicht unhöflich zu sein, und so erwiderte er, indem er ihre Hand in seine nahm: »Gut, wenn Ihr es befehlt, schöne Dame, soll es geschehen, da ich Euch nun angehöre.«
Überglücklich kehrte Obilot in die Burg zurück, aber unterwegs besann sie sich, und als sie ihre Freundin Klodette traf, jammerte sie: »Was soll ich tun? Ein wirklicher Ritter hat mir seinen Minnedienst zugesagt und erfüllt meinen Wunsch – ich aber, was soll ich ihm schenken? Minnelohn hab' ich ihm versprochen, aber wie mach' ich das?«
Die Freundin wußte Rat: »Nimm eins deiner neuen Kleider, trenne einen Ärmel davon ab und sende ihn deinem Ritter. Das ist ein Lohn.«
Das tat sie, und da Melianz an diesem Tag keinen Sturm mehr unternahm, ließ Obilot durch eine Dienerin dem Ritter, dem ihr Lohn gebührte, ihren Ärmel bringen. Den heftete er an seinen Schild und schwor in scherzhaftem Überschwang, unter diesem Zeichen wolle er siegen oder sterben. So angetan, begab er sich in die Burg.
Doch inzwischen hatte auch Melianz einen Verbündeten bekommen. Ein roter Ritter, dessen Namen keiner kannte, war zu ihm gestoßen, und am andern Tag lief Melianz mit seinen Männern Sturm. An der rechten Seite seines Haufens kämpfte der rote Ritter und warf jeden, der sich ihm entgegenstellte, in den Sand. Aber an der linken Seite focht Gawan und warf auch jeden, der sich ihm stellte, in den Sand. Dabei stieß er auf den Herzog Melianz und überwand ihn mühelos. Damit endete der Kampf zugunsten der Belagerten, und Lippart nahm seine Gefangenen, darunter den Herzog Melianz, mit in die Burg. Gawan nun, der Melianz überwunden hatte, war dadurch zu dessen Gebieter geworden und befahl ihm, das Knie vor seiner Dame, dem Edelfräulein Obilot, zu beugen. Das tat Melianz, und die Ältere, Obie, um die er gefreit hatte, war davon wenig erbaut, und es fehlte nicht viel, so zürnte sie ihrer kleinen Schwester, die sich indessen würdevoll wie eine große Dame benahm.
Was tat sie? Sie sprach zu Melianz: »Herzog, ich gebiete Euch, die Verzeihung meiner Schwester Obie zu erflehen. Sie ist Euch wohlgesonnen,

da Ihr durch eine Tat, wenn ihr auch der Sieg nicht zufiel, sich ihrer würdig gezeigt habt. So beugt das Knie vor ihr und bittet sie abermals um ihre Hand.«

Errötend hieß Obie den abgewiesenen Freier, der nun doch ihr Herz gewonnen hatte, aufstehen und reichte ihm ihre Hand. Dem Ritter Gawan aber raunte das Mädchen zu: »Seid Ihr zufrieden, mein Minnediener?«

Nach dem Ende des Gastmahls, das der Hochzeit voranging, nahm Gawan Abschied und küßte die kleine Obilot, die ein Tränlein vergoß, auf die Stirn. Der rote Ritter wurde nicht mehr gesehen, er war weitergezogen. Erst später erfuhr Gawan seinen Namen. Er hieß Parzival.

Wie Gawan und Antikonie sich mit Schachfiguren wehrten

Nach diesem heiteren Zwischenfall stieß dem Ritter Gawan ein schon ernsteres, danach aber ein böses und höchst gefährliches Begebnis zu.

Er setzte seinen Weg nach dem Lande Askalon in scharfer Gangart fort, um den angesetzten Tag zum Zweikampf mit dem streitsüchtigen Herrn Kingrimursel nicht zu versäumen, und erfuhr bald, daß nach dem Tode des alten Königs von Askalon, den er verschuldet haben sollte, Kingrisin, ein jüngerer König, der Vergulacht hieß, das Land regierte.

Ihm kam eine Jagdgesellschaft entgegen, und nach einer Begrüßung der Jagdherren ergab sich beider Herkunft und Rang: hier der berühmte Gawan auf seinem Weg zu einem Zweikampf in Askalon und dort der junge König Vergulacht, der von jenem Zweikampf zwar wußte, aber nicht gesonnen war, sich viel um ihn zu kümmern. Auch wollte er sich bei seinem Jagdvergnügen nicht stören lassen, entschuldigte sich bei Gawan und bat ihn, die Gastfreundschaft seiner Schwester Antikonie einstweilen in Anspruch zu nehmen, bis sich alles weitere fände. Gawan dankte für das Anerbieten, und der König ließ ihn durch einen alten Edelmann von seinem Gefolge zum Schloß Askalon geleiten.

Er wurde von der schönen Frau Antikonie voll Anstand begrüßt und aufgenommen mit den Worten: »Seid mir willkommen, Ritter Gawan von der Tafelrunde, von dessen Ruhm ich schon vernommen habe. Befehlt über mich und sagt, was Ihr am meisten wünscht, Jagd oder Musik oder Spiel oder Wettkampf. Und wenn Ihr begehrt, mit freundlichem Kuß empfangen zu werden, so will ich ihn Euch nicht versagen.«

Nach dieser freimütigen Rede bot sie ihm ihren roten Mund, und im Kuß loderte sein Herz sogleich in hellem Brand auf. Die Abwechslung, die der Besuch des stattlichen Ritters ihr bot, bewegte sie so freudig, daß auch ihr Herz in Wallung geriet. So speisten und tranken sie zusammen und saßen beieinander, vertieft in bald gleichgültige, bald vertrauliche Gespräche.

Da platzte der gleiche alte Ritter, der Gawan hierhergeleitet hatte, in das Gemach und geriet in Wut über den allzu raschen Erfolg des Fremden bei

seiner Herrin – war er doch der Meinung, daß der Gast wirklich der Mörder des früheren Königs Kingrisin gewesen sei. Er stürzte unter heftigen Scheltworten auf den Gast zu, dem er aber doch, wie er im Nu begriff, nicht gewachsen war, kehrte um, lief aus dem Gemach und rief im Burghof eine Schar bewaffneter Männer zum Kampf gegen den frechen Eindringling auf.

Da wurde es für Gawan gefährlich, denn er hatte sein Schwert in dem Vorgemach abgelegt, er war wehrlos. Der schönen Frau schoß eine heiße Welle der Empörung ins Gesicht ob dieser Verletzung des heiligen Gastrechts, und sie bangte um das Leben des Ritters, dem sie eben erst ihr Herz geschenkt hatte und der ihrem Schutz anvertraut war.

»Hier sind wir verloren, kommt mit ins Turmgemach«, flüsterte sie ihm zu, »dort können wir uns verbarrikadieren!« Schon stampften die Schritte der Angreifer die Treppe hinauf.

Sie fanden das Gemach leer, rasten durch Hallen und Gänge, fanden das Treppchen, das in den Turm führte, und stürmten hinauf, immer nur einer hinter dem andern, denn das Wendeltreppchen war nur schmal, zu zweien nebeneinander kamen sie nicht hinauf.

Droben aber war der Riegel zum Turmgemach schadhaft, so daß die Verfolger eindringen konnten, einer nach dem andern, und Gawan und Antikonie sahen sich nach Gegenständen um, sich zu verteidigen. Da stand ein Schachspiel auf dem Tisch, das sehr groß war, und Brett und Figuren waren kunstvoll aus Eisen gegossen. Frau Antikonie reichte das Brett Gawan, der es abwechselnd als Schild und als Hiebwaffe benutzte, abwechselnd die Frau beschirmte und es jedem, der zum Vorschein kam, über den Kopf schlug, und Frau Antikonie nahm eine der eisernen Schachfiguren nach der andern und schlug sie jedem, der vor sie hinkam, ins Gesicht, und von alledem stürzten die Männer übereinander weg die enge Treppe hinunter und rissen andere mit sich, etliche blieben betäubt und verletzt, etliche tot unten liegen.

Unterdessen war der junge König Vergulacht von der Jagd zurückgekommen, schalt die Überlebenden heftig aus, daß sie das Gastrecht verletzt hätten, und bat Gawan um Verzeihung. Antikonie verlangte, die Hitzköpfe streng zu bestrafen, der alte Ritter hingegen, daß Gawan für die unziemliche Vertraulichkeit mit der Schwester des Königs zur Rechenschaft gezogen würde. Da war es an dem jungen König, salomonische Weisheit walten zu lassen. Er setzte sich mit seinen Räten zur Beratung zusammen. Nach längerem Für und Wider wurde beschlossen, den Zweikampf mit Kingrimursel einstweilen zu verschieben, die Überlebenden vom Kampf auf der Treppe für ein Jahr im Burgverlies einzusperren, dem Ritter Gawan aber aufzutragen, als Sühne für die unziemliche Vertraulichkeit mit der Burgherrin die Gralsburg auf dem Berge Montsalwatsch zu suchen, von der es hieß, daß keiner sie fände, es sei denn, Gott habe einen dazu ausersehen. Dort solle er, sobald er sie fände, beten und seine Seele reinigen.

Gawan zog aus und suchte den Berg Montsalwatsch lange, lange Zeit, aber er fand ihn nie.
Der streitsüchtige Ritter Kingrimursel aber wurde in der Zwischenzeit in einem Zweikampf erschlagen, und so fand der Kampf zwischen Gawan und ihm nicht mehr statt. Den Kampf auf der Treppe des Turmgemachs nannte man Gawans Schachpartie, und es wurde viel darüber gelacht.

Wie Gawan in Klingsors Schlingen geriet und heil daraus hervorging

Nicht weit von der ersehnten Gralsburg entfernt, irrte Gawan durch die Gegend am Fuße des Montsalwatsch und fand ihn nicht. Ein Zauber lag über die Länder, zweierlei Zauber, ein heiliger und ein unheiliger. Ein heiliger behütete die Stätte des Grals, der bewirkte, daß keiner, der nicht erkoren war, ihm zu nahe kam; ein unheiliger aber ging von den argen Künsten des Magiers Klingsor aus, der Fallen stellte und Spinnennetze wob und Schlingen auslegte, um der Macht des Teufels zu dienen.
Eine über die Maßen schöne Frau mit Namen Orgeluse hatte er sich mit Zaubergewalt unterworfen, um edle Ritter und große Helden zu locken und zu Fall zu bringen und namentlich die zu verderben, die den Gral suchten, denn er haßte die heilige Stätte und den Gralskönig und seine fromme Ritterschaft. In seinem Zauberschloß hielt er Orgeluse gefangen, die nicht wußte, wie ihr geschah, weil er ihr die Helligkeit des Denkens und Fühlens genommen hatte. Sie entkam seinem Gefängnis nicht, denn keiner der Männer, die ihrer Schönheit und Süße verfielen, vermochte die Prüfungen des Kingsorschlosses zu bestehen, sie starben und verdarben darin, keiner vermochte sie zu erlösen.
Nur dem Ritter Gawan, der den Gral nicht fand, war wenigstens dies eine beschieden: den Bann der Orgeluse zu brechen.
Nachdem er aus dem Land Askalon fortgezogen war, hatte ihn die Suche nach dem Montsalwatsch schließlich in die Nähe der Burg Klingsors geführt, und da fand er in einem Hain einen Ritter am Boden liegen, der schwer verletzt war. Gawan verband ihm die Wunden, aber das Blut floß aus ihnen so reichlich, daß es nicht mehr zu stillen war. Mit seiner letzten Kraft erzählte der Mann, daß er auf der Suche nach der herrlichen Fürstin Orgeluse gewesen sei, aber ein riesenhafter Mameluck, der in den Diensten der Dame stand, habe ihn niedergeschlagen. »Ich warne Euch, Ritter,« sagte er mit seiner letzten Kraft, »laßt die Hand von dem Wagnis, so Ihr es vorhabt, Euch dieser Frau zu nähern, denn jeder ist verloren, der in ihren Bann gerät.« Damit starb er.
Gawan schwor, wenn er die verführerische Frau träfe, wolle er sie dafür büßen lassen, daß sie sich eines heidnischen Säbels bediente, um einen christlichen Ritter zu verderben. Er ahnte nicht, daß sie auf Klingsors Geheiß schon ihre Netze nach ihm ausgeworfen hatte.

Als er seinen Pfad weiterverfolgte, gelangte er in einen Rosengarten, über dem die süßesten Düfte schwebten, Schmetterlinge von unbeschreiblicher Schönheit flatterten in den Gebüschen, ein zarter, warmer Windhauch strich durch die Luft, und ein silberklares Bächlein wand sich plätschernd durch das moosige Gestein. Da sah er am Rande des Wassers eine Frau sitzen, deren holde Schönheit seine Sinne gleich gefangennahm, ja beinahe benebelte, so daß er sich die Augen rieb, um sich zu vergewissern, daß er nicht träumte.

Er bot ihr einen ehrerbietigen Gruß und bat sie, sich neben sie setzen zu dürfen. Sie gewährte es ihm mit einer Handbewegung, sagte aber nichts und sah ihn nur mit leisem Lächeln an. Da raffte er sich zu der Anrede auf: »Wenn ich Euch ein wenig Gesellschaft leisten darf, holde Frau, wird mein Glück vollkommen sein, denn mir scheint, neben Eurer Lieblichkeit und Anmut verblaßt alles, was den Namen Frau trägt.«

Darauf erwiderte sie mit sachtem Spott: »Habt Ihr, Ritter Gawan, nicht dasselbe auch zu der Dame Antikonie gesagt, als ihr zusammen Schach spieltet?«

Verwundert entgegnete er: »So wißt Ihr, wer ich bin?«

»Die Kunde von Euren Abenteuern spricht sich herum«, erwiderte sie. »Hier aber erwartet Euch ein Abenteuer, von dem ich Euch nicht wünsche, daß Ihr Euch darauf einlaßt. Darum geht von hier fort, das ist meine ernstliche Bitte. An meiner Seite erwartet Euch Schande und Tod.«

»Ihr seid also Orgeluse, die Herrin des Klingsorschlosses?« sagte er. »Denn auch dies, daß Ihr einem mächtigen Zauberer angehört, hat sich herumgesprochen. Ich trotze Eurem Wunsch.«

»Es ist nicht nur mein Wunsch, es ist mein Befehl«, sagte sie und sah ihn dabei so liebreizend an, als sei es nicht ihr Befehl, daß er fortgehen, sondern daß er bleiben sollte. Und weiter sprach sie, und trotz des Ernstes ihrer Worte klang ihre Stimme ungerührt, heiter und kühl: »Wenn Euch nicht schon der Name Orgeluse und nicht der Name Klingsor warnt und schreckt, so zieht im Land umher und zählt die Gräber derer, die schon für mich ihr Leben lassen mußten, es sind stolze Namen darunter, beklagt die Krüppel, die um meinetwillen ihre Gliedmaßen verloren, und beweint den armen Gralskönig Amfortas, der für meinen Kuß seine ewig schwärende, unheilbare Wunde eingetauscht hat.«

Dabei zerpflückte sie mit ihren zarten elfenbeinfarbenen Fingern eine Rose, zwei Rosen und immer mehr und ließ die Blätter in ihren Schoß fallen.

Gawan lachte: »Derlei Warnungen hab' ich schon oft in den Wind geschlagen, holdeste der Damen! Die Gefahren, die Euch umwittern, locken mich um so heftiger, denn einem aus der Tafelrunde des Königs Artus geziemt es nicht, einer Gefahr aus dem Wege zu gehen.«

»Ich weiß es, Gawan«, erwiderte sie, »geht also ans Werk. Aber wisset, der Zauberer Klingsor ist stärker als Ihr.«

Danach beschrieb sie ihm den Weg, der in das Schloß führte; dort möge er vorerst friedlich um Gastfreundschaft bitten. »Aber seid auf der Hut«, fügte sie hinzu, »wenn Ihr Euch zur Ruhe begebt, denn die Umarmung, die Euch dann zuteil wird, schmeckt bitter wie eine vergiftete Frucht, schmerzt ärger als eine vergiftete Pfeilspitze und legt sich Euch auf die Brust wie ein Felsblock.«

Gawan versuchte nicht, den dunklen Sinn dieser Worte zu enträtseln, sondern beugte vor ihr das Knie, bestieg sein Roß und sprengte von dannen. Bald sah er die Zinnen des Zauberschlosses vor sich, die über die Tannenwipfel hoch hinausragten, und als er an einen Fluß gelangte, der den Pfad durchschnitt, schien der Anblick von weitem ihm nicht drohend, sondern freundlich, und aus den Fenstern lugten hübsche Mädchengesichter hervor. Er klopfte den Fährmann aus seiner Hütte und bat ihn um die Überfahrt. Unterwegs meinte er, zu dem Fährmann gewandt, er freue sich auf eine Stätte so voll hübscher Gesichter, die sich an Stelle von Speeren, Wurfmaschinen und Feuerpfannen dort zeigten.

Der Mann schlug vor Entsetzen über solche Unwissenheit die Hände zusammen und rief: »Lieber Herr, nehmt Euch in acht! Die Burg ist wie eine eiserne Jungfrau, die innen Dolchspitzen hat und Euch zu Tode sticht, wenn Ihr hineingelangt und ihre Klappen sich schließen. Die Mädchen, die Ihr da seht, sind Gefangene des Zauberers und schauen sehnsüchtig nach ihrem Befreier aus.«

»Was weißt du sonst noch von der Burg, guter Mann?« fragte Gawan.

»Nicht viel«, war die Antwort, »denn keiner, den ich übersetzte, kam je wieder heraus. Nur weiß ich, daß Ihr Euch vor dem rasenden Bett hüten sollt!«

Aber auf die Frage, was es denn damit für eine Bewandtnis habe, wußte er nichts Genaueres zu berichten. So entlohnte Gawan ihn und beschritt die Treppe, die zum Tor hinaufführte. Ehe er noch anklopfte, taten sich die Torflügel vor ihm auf und ließen ihn ein, und hinter ihm schlossen sie sich wieder, ohne daß eine Hand sie berührte. Er durchschritt Hallen, Säle und Gänge, und sein Sinn stand danach, die hübschen Mädchen zu finden, die aus den Fenstern geschaut hatten, aber weder sie noch sonst irgendeine menschliche Erscheinung ließ sich blicken. Seine Schritte hallten durch die leeren Räume von den marmornen Wänden wider.

Als er eine besonders reich mit Edelsteinen besetzte Tür aufstieß, sah er sich einem riesenhaften Löwen gegenüber, der ihn mit wütendem Gebrüll ansprang. Kaum hatte er Zeit, den Schild zu heben, auf den ein fürchterlicher Tatzenhieb des Untieres traf, aber so stark war Gawans Arm, daß der Schild nicht von der Stelle wich, und so furchtbar die Kraft des Hiebes und die Schärfe der Löwenkrallen, daß diese sich tief in das Erz des Schildes bohrten und darin steckenblieben. Da war das Scheusal fast kampfunfähig und strampelte wütend, um seine Vordertatze freizubekommen, und Gawan

hieb ihm mit vier Schlägen alle vier Beine ab, daß es sich am Boden wälzte und verblutete.
Danach kam Gawan in ein fürstlich ausgestattetes Schlafgemach, darin stand ein Bett, und er dachte: »Wenn dies das rasende Bett ist, wovon der Fährmann redete, so soll mir's willkommen sein.« Er legte sich zum Ausruhen hinein, behielt aber seine volle Rüstung an, und schon hatte ihn der Schlaf halb übermannt, da spürte er, wie sich das Bett bewegte und in eine kreisende Bewegung geriet, die immer schneller, immer rasender wurde, daß es ihm im Kopfe wogte. Schwere Not hatte er da, seine Sinne beieinanderzuhalten.
Nun jagten Ungeheuer mit aufgesperrten Rachen zischend hinter ihm her, feurige Schlangen zuckten über die Fliesen hin und stießen mit ihren breit aufgeblähten Köpfen nach ihm, von der Decke des Gewölbes hagelten Wurfgeschosse auf ihn nieder, brennende Pfeile und Bolzen, die rings um ihn in das Bett schlugen und giftig aufqualmten, und nachdem all dieser Höllenspuk die eiserne Willenskraft des Helden nicht zu erschüttern vermochte, kam das greuliche Treiben zur Ruhe, das Bett stand still, und statt jenes Spuks drängte sich ein anderer an ihn: Ein Leib voll kalter Fischschuppen lag neben ihm und trachtete ihn zu umschlingen, zerrte ihn an sich, ein Mund suchte nach dem Schlitz des Visiers, um an sein Gesicht zu gelangen, und ein Rosenduft wie der Duft jener Rosen, die Orgeluse zerpflückt hatte, ging davon aus, blieb aber nicht Rosenduft, sondern ward zu Gestank und wechselte zwischen Duft und Gestank hin und her. Mit einer äußersten Anstrengung des Abscheus schüttelte Gawan den Leib von sich ab, sprang aus dem Bett, richtete sich hoch auf und machte feierlich das Zeichen des Kreuzes, und da war mit einem Schlag alles zu Ende, Ruhe kehrte ein, und nun taten sich Türen auf, die zuvor in den Marmorfugen der Wände nicht sichtbar gewesen waren, und herein strömten Mädchen und Frauen verschiedenen Alters und verschiedener Gestalten und umringten ihn mit freudigem Glanz in den Augen, und einige brachten Wein in Krügen und boten ihm Erfrischungen dar. Er erkannte wohl, daß dies die Geschöpfe waren, die Klingsor als seine Opfer und Gefangenen hielt, doch er traute den Schlichen des Zauberers nicht und wich vor ihnen zurück, sie aber versicherten ihm, der Bann sei gebrochen, kein Zauber drohe ihm mehr, eine Schlacht habe Klingsor verloren.
Da fragte er, dessen Herz aufs neue rege wurde, nach der schönen Orgeluse, und sie hießen ihn zum Fenster hinausblicken, da sah er die Herrliche auf weißem Roß auf das Burgtor zureiten, machte sich von den Mädchen los und eilte ihr entgegen. Er hob sie vom Roß und wollte sie umarmen, aber ihr Gesicht war wie Marmor und ihr Leib starr wie in einem Krampf.
»Herrin«, sprach er zu ihr, »ich habe dem rasenden Bett und dem Spuk des Zauberers widerstanden und die armen Geiseln aus dem Banne befreit, nun sagt mir, was ich tun soll, um ihm auch sein letztes Werkzeug zu ent-

reißen, auch Euch, süßeste aller Frauen, zu erlösen und Eure Liebe zu gewinnen. Glaubt mir, sei der Preis noch so hoch, ich will ihn gewinnen!«

So redete er sich in flammenden Eifer. Sie erwiderte, und ihre Stimme blieb kalt und entfernt: »Seht Ihr dort droben die Esche und den Zweig, der herabhängt? Ihn sollt Ihr brechen, dann wird ein Mann vor Euch hintreten, dessen Haupt Ihr mir bringen müßt.«

»Daran soll es nicht fehlen!« rief Gawan und lief zu dem Baum hin, langte zu dem Zweige hinauf und brach ihn ab. Kaum hatte er das getan, so trat hinter dem Stamm, der so breit wie ein Turm war, ein gepanzerter Mann hervor, und gleich fuhr Gawans Hand nach seinem Schwert. Aber da mußte er sehen, daß der Mann kein Schwert hatte, auch keine andere Waffe, er war wehrlos.

»Holt Euch ein Schwert, Herr!« rief er dem Fremden zu. »Seht, die schöne Orgeluse will mir ihre Liebe schenken, wenn ich ihr Euer Haupt bringe.«

»Ich weiß«, sagte der waffenlose Mann mit tonloser Stimme. »Aber ich bin durch Zauberspruch an diesen Baum gefesselt und harre auf den, der mich erschlägt, da gibt es kein Schwert für mich und kein Wehren. Ihr müßt ein großer Held sein und habt den Zauberbann der Klingsorburg gebrochen, diesen aber noch nicht. Leicht zerschneidet Euer gutes Schwert diesen Helm, leicht ist jetzt die Minne der Frau Orgeluse zu gewinnen – schlagt zu!«

»Großer Gott!« schrie Gawan zurück. »Was redet Ihr da, ein Ritter der Tafelrunde des Königs Artus soll seine Ehre schänden, indem er einen Wehrlosen erschlägt? Wahrhaftig, das wäre der letzte, böseste Teufelsstreich Klingsors. Auf, verschafft Euch ein Schwert, dann wollen wir den Waffengang in Ehren tun.«

Der andere schüttelte den Kopf: »Nein, jetzt, zu dieser Stunde, müßt Ihr Frau Orgeluse gewinnen. Versäumt Ihr den Augenblick, so entführt der Zauberer sie in sein fernes Reich im Morgenland, dann ist es zu spät. Erlöst sie und tötet mich.«

Ein schlimmer Gewissenskampf wogte in Gawans Brust, aber er brachte es nicht über sich, den Wehrlosen zu töten, und sein Mund stieß die bitteren Worte hervor: »Niemals, es kann nicht sein. Fahr hin, herrliche Liebe. Einen Wehrlosen tötet Gawan nicht.«

»Gawan seid Ihr?« brachte der andere hervor. »Ich bin stolz, Euch zu begegnen. Trefft Ihr jemals wieder auf mich, den Ritter Gramoflanz, so wollen wir in Ehren und nach aller Ritterregel turnieren.«

»Das gilt!« rief Gawan und wandte sich zum Gehen. Er wollte wieder zum Burgtor zurück, wo sein Roß stand, war aber nicht weit gekommen, da saß Orgeluse auf einem Stein und sah ihm entgegen, und in ihren Blicken war keine Kühle mehr, sondern ein frohes, glückliches Leuchten.

Als er vor sie hintrat und ihr sagen wollte, daß er ihr das Haupt jenes waffenlosen Ritters nicht bringen könnte, ließ sie ihn nicht zu Worte kommen, sondern stand auf, breitete die Arme aus und bot ihm ihren Mund zum Kusse. Da war er der Seligste auf Erden und nahm sie mit sich von dannen, aus dem Zauberschloß Klingsor fort, der ins Morgenland entwichen war, und brachte sie an den Hof des Königs Artus und übergab sie der Obhut der Königin Ginover.

Während er später abermals auf Ritterfahrt ging, um aufs neue den Berg Montsalwatsch und den Heiligen Gral zu suchen – den er doch nicht finden sollte –, starb sie, zart an Leib und Seele wie eine Elfe, eines sanften, friedlichen Todes, bis zuletzt geehrt und bewundert von allen Rittern der Tafelrunde.

Lanzelot vom See

(Aus: König Artus' Tafelrunde)

Lanzelot und das Schloss Namenlos

Das Geheimnis der Geburt und Herkunft Lanzelots, den man den Ritter vom See nannte, blieb unergründet; nur hieß es, daß die Wassernixe Viviane ihn geboren und großgezogen habe, und so war es denn auch, und nie erfuhr dieser Ritter, wer sein Vater war. Ihm war aber bestimmt, der Vater Galahads, des »Letzten Ritters«, zu werden, des letzten nämlich, der an der Tafelrunde seinen Platz bekam, den letzten und einzigen noch leer gebliebenen Sitz, von dem geweissagt war, daß nur der reinste und makelloseste aller Ritter ihn einnehmen dürfe. Sobald er aber diesen letzten Platz, den Platz der Entscheidung, verlasse, so war zugleich geweissagt worden, sei das Ende der Tafelrunde und der Ritterschaft gekommen.

So war denn dieser letzte Platz lange Zeit leer geblieben, und mit Beklommenheit harrten König Artus und seine Getreuen auf den Mann, der ihn einnehmen würde.

Lanzelot vom See war der Kühnsten und Treuesten einer, seine Treue galt vor allem Königin Ginover, der er mit der ganzen Glut seines Herzens anhing und diente. Und doch war ihm beschieden, ihr untreu zu werden. Das fing mit dem Tage an, da er auszog, das Schloß Namenlos zu suchen.

In diesem verwunschenen Schloß jenseits der Grenzen und jenseits des Flusses Corbin, welches ein anderer Name für den Acheron, den Fluß zur Unterwelt, ist, werde eine Jungfrau gefangengehalten und von einem Drachen bewacht, so hatte sich die Kunde verbreitet, und werde auf das Gräßlichste mit heißen Dämpfen gemartert, so daß es gar nicht auszudenken war, welche Qualen sie litt. Und auch war nicht auszudenken, durch welche höllische Macht und zu welchem Ziel dies geschehen konnte.

Da hatte sich der große und wackere Streiter Gawan, der schon an der Schwelle des Alters stand, aufgemacht, das Schloß Namenlos zu suchen und die gepeinigte Jungfrau zu befreien, aber er hatte den Weg nicht gefunden, war trauernd am Ufer des Flusses umhergeirrt und zuletzt heimgekehrt zur Burg Karidol, bekennend, daß er zum zweiten Male in seinem Leben versagt hatte. Denn einmal schon hatte er den Berg des Heils, den Montsalwatsch, nicht finden können und hatte seine blöden Augen verflucht; das war schon lange her.

Als nun der Marschall des Königs, Keye, der Spötter, anfing zu spotten über solche, die sich zu Großes vornahmen, ohne es zu vollbringen, sprang Lanzelot auf, wies ihn mit herben Worten zurecht und erbat von der Königin die Erlaubnis, auszureiten und das Schloß Namenlos zu suchen.

Er gelangte nach langen Ritten an den Fluß Corbin und stieß geradewegs auf eine Furt, die er durchritt, und da sah er schon, wie das Schloß vor seinen Augen emporwuchs, und es schien ihm das gewaltigste, das er je gesehen, schöner und mächtiger noch als Schloß und Burg Karidol. Goldgedeckte Türme krönten seine Mauern, so viele, daß er sie nicht zu zählen vermochte, und blickten weit über eine wilde, felsige, mit Wäldern bestandene Landschaft hinaus.

Kurz ehe er zu der Brücke kam, die über den Burggraben führte, sah er eine Kapelle am Wege stehen und trat in sie ein, um sich mit einer Andacht für sein Vorhaben zu stärken. Vor einem ragenden Holzkreuz kniete er nieder und flehte den Segen des Himmels auf sein Beginnen herab. Als er sich wieder erhob, gewahrte er in einer Nische der Kapelle einen schweren Grabdeckel, auf dem er die Inschrift las:

»Hebe den Stein und bezwinge den, der sich aus der Gruft erhebt, sonst ist dir versagt, deine Sendung zu erfüllen.«

Da beugte er sich nieder und zog mit aller Kraft an dem bronzenen Ring auf der Vorderseite des Deckels, und sieh, die marmorne Platte hob sich von der Gruft. Zugleich aber wich Lanzelot erschrocken zurück, denn aus der Gruft schoß mit bösem Zischen und Fauchen ein Untier hervor und auf den Ritter zu, um ihn mit einem fürchterlichen Tatzenhieb zu treffen, und wenn Lanzelot nicht wie der Blitz zur Seite gesprungen wäre, läge er zu Brei zermalmt am Boden. Er zog im Nu sein Schwert und hieb dem Scheusal die Tatze ab, die noch ein Eigenleben führte und wild um sich schlug, aber auch blind, und dann liegenblieb und gleich einer Aschenmasse zerfiel.

Aber der Drache drang mit seinem feurigen Giftbrodem auf ihn ein, daß ihm schier die Sinne vergingen und er bis zur rückwärtigen Wand der heiligen Stätte zurückwich. Da bäumte sich der Drache noch einmal hoch auf, als wollte er den Ritter wie mit einem Felssturz unter sich begraben, und es fügte sich, daß er das hohe Holzkreuz im Rücken hatte und es wie eine teuflische Verhöhnung der Kreuzigung des Heilands aussah. Da sah

Lanzelot neben sich eine Lanze liegen, die faßte er, indem er sein Schwert fallen ließ, und schleuderte sie dem Ungetüm in den emporgereckten weißlichen Bauch hinein mit solcher Gewalt, daß die Spitze ihm durch den ganzen Leib bis in das Kreuz hineinfuhr und dort zitternd steckenblieb, und da hauchte der Drache sein Leben aus und wurde im Nu zu einem Aschenhaufen, der zu den Füßen des Kreuzes herabfiel, und so war der Kampf vorüber.

Aufatmend trat der Sieger ins Freie, und da sah er sich einer Menschenmenge gegenüber, die ihm zujubelte, und Junge und Alte liefen zu ihm, um ihm die Hände zu küssen, und sie riefen: »Heil dem kühnen Kämpfer, der den Bösen erschlug und die Arme im Schloß von ihrer Marter erlöst!«

Lanzelot wandte sich an einen Greis: »Sage mir doch, Vater, was mich in dem Schloß dort, das keinen Namen hat, erwartet?«

Er bekam zur Antwort: »Droben im letzten Gemach lebt eine Edle mit Namen Elaine an die Wand gekettet, und heiße Dämpfe versengen ihr unablässig den Leib, aber keiner der Bewohner drinnen kann ihr beistehen, auch ihr Vater nicht, der Burgherr Pelles, denn ein Zauber hält das Gemach verschlossen. Nur wer den Drachen in der Gruft bezwingt, kann den Zauber brechen, und das habt Ihr getan.«

Weiter erzählte der Greis: »Unsere Herzensnot und unser Mitleid wuchs und wuchs, denn der kühne Ritter Gawan gelangte schon an das Ufer des Flusses, aber fand die Furt nicht und sah nicht das Schloß. Ein frommer Einsiedler aber kam vorbei und tröstete uns, dereinst werde das arme Weib im Schlosse für die erlittenen Qualen hoch belohnt werden, denn sie sei ausersehen, der Welt den reinsten Helden zu schenken. Wie konnte das zugehen, da es keinem bisher gelang, die Gruft zu öffnen und den Drachen zu bezwingen? Nun aber mag es geschehen, Herr Ritter – geht nur und vollendet Euer herrliches Vorhaben.«

Lanzelot schritt auf das Burgtor zu und stemmte sich dagegen, und es gab nach wie eine offene Tür und gab ihm den Zugang frei in einen riesigen Burghof. Keines Menschen Seele war hier zu erblicken. Wohin sollte er sich wenden? Viele Türen sah er in das Innere des Gebäudes gehen, aber eine stand angelehnt, und durch diese betrat er das Schloß. Durch endlose Hallen und Gänge schritt er dahin, marmorne Säle und kleine Gemächer, enge Kammern und hohe Hallen nahmen ihn auf, sein Fuß schritt über Korridore, Treppen und Höfe, und immer wiesen ihm neue Türen, die offenstanden, den Weg.

Je weiter er raschen Schrittes durch das vielgestaltige Gebäude wanderte, desto glühender wurde die Luft, Dämpfe schlugen ihm entgegen, heiß und feucht wie jene, die in einer fernen Insel, von der weitgereiste Leute berichteten, aus dem Erdboden strömen, so daß er sich im Gehen den Harnisch vom Leibe riß und den Helm von sich warf, um nicht zu ersticken.

Schließlich gelangte er in einen Saal, in dessen Mitte ein Marmorbecken eingelassen war, aus dem die Dämpfe hervorstiegen, und durch die Schwaden hindurch sah er eine Frauengestalt mit ausgebreiteten Armen an der Wand stehen; und als er näher trat, ließ sie die Arme sinken, und er hörte, wie zerbrochene Eisenringe klirrend zu Boden fielen, und er vernahm die Stimme der Frau: »Tretet nur näher, Lanzelot vom See, Ihr kühner Held, und habt Dank, daß Ihr mich von dieser unendlichen Marter erlöst habt. Seid auch ohne Sorge, es sind die letzten Atemzüge des Drachens, die hier vor Euch ausströmen, gleich werden sie verhaucht sein.«

Kaum hatte sie das gesprochen, als in der Tat der Dampf erlosch, nur ein letztes Zischen war noch zu hören, dann hatte der Spuk aufgehört, und Lanzelot sah eine Jungfrau von großer Lieblichkeit, die dicht vor ihn hintrat, und er fragte: »So wißt Ihr also, wer ich bin?«

»Ich weiß es«, sagte die Jungfrau, »und ich bin Elaine, die Tochter des Königs Pelles, und ich will Euch zu meinem Vater führen, damit er Euch Dank sagt.«

Indes sie ihn aus dem Saal führte, der jetzt friedlich dalag, als hätte ein reiner Wind ihn leer gefegt und alle Spuren des Dampfes und der Hitze getilgt, hatte sich das ganze menschenleere Schloß mit einem Schlage aus seiner Erstarrung gelöst. Allerorten waren Diener, Mägde, Knappen am Werk, standen Gruppen von Rittern im Gespräch, Musik erklang, und in Räumen, durch die sie schritten, wurde getafelt und geplaudert.

Schließlich gelangten Lanzelot und Elaine in einen Thronsaal, und dort trat der König und Burgherr Pelles ihnen entgegen, umarmte den Ritter und sagte mit einer Stimme, die von Tränen der Rührung zitterte: »Habt Dank, Ritter, für Eure kühne und edle Tat, dergleichen bisher noch keinem gelang! Ihr habt meine Tochter von einem furchtbaren Leiden erlöst, habt den Zauberbann gebrochen, habt uns unsagbare Freude bereitet.«

»Keine Freude kann größer sein als meine«, erwiderte Lanzelot, »daß mir die Gnade zuteil wurde, Euch und Eurer lieblichen Tochter solche Freude zu bereiten. Nun bitte ich um eins, laßt mir ein Gewand reichen, denn wie Ihr seht, stehe ich ohne meinen Harnisch da, denn ich habe ihn abgeworfen, um die Hitze zu ertragen.«

Diesem Wunsch wurde sogleich entsprochen. Ein Mahl wurde aufgetragen, und unaussprechliches Glück empfand Lanzelot vom See an der Seite Elaines, so daß er gar die Treue, die er der Königin Ginover gelobt hatte, darüber vergaß. Pelles aber erzählte:

»Vernehmt nun, Ritter Lanzelot, wer es ist, den Ihr aus so großer Not errettet habt. Die Reihe meiner Ahnen geht auf jenen Joseph von Arimathia zurück, der das Blut Christi am Kreuz in einer Schale auffing, die davon zu lauterem Gold wurde. Gläubige brachten sie weit weg aus dem Land, in dem die Heiden herrschten, sie heißt der Heilige Gral und wird heute in einer geweihten Stätte auf dem Berg Montsalwatsch aufbewahrt. Immer ist die Geschichte meiner Vorfahren mit dem Gral verbunden gewesen, und wohl mag es damit zusammenhängen, daß teuflische Arglist mir und meinem Kinde nachstellt und in tiefes, martervolles Leid versetzt. Nicht büßen wir für eigene Schuld, sondern tragen ein Teil der Schuld ab, die die Menschheit wieder und wieder auf sich lädt; aber als Lohn ist uns verheißen, daß aus meiner Tochter Schoß ein höchst reiner, vollkommener, ein priesterlicher Mensch hervorgeht.«

Viele Wochen verweilte Lanzelot vom See im Schloß Namenlos und wurde tiefer und tiefer in glühende Liebe zu Elaine verstrickt, und doch konnte er sich nicht entschließen, ihr seine Liebe zu gestehen, noch aber auch, nach der so ruhmvoll vollbrachten Tat, heimzukehren zum Schloß Karidol. Da nahm ihn eines Tages Pelles beiseite und sagte: »Ritter, wie soll ich's verstehen, daß ich Euch meinen Gast nennen darf? Vollendet Euer Werk, noch ist die Tat der Erlösung nicht zu Ende getan.«

Da verstand Lanzelot, was jener meinte, und die Ungewißheit löste sich in ihm. Seine Stimme bebte, als er erwiderte: »Wenn Jungfrau Elaine an einem Ritter Gefallen findet, der seine Herkunft nicht kennt, dann bitte ich sie, mein Weib zu werden.«

»Jeder weiß«, sagte Pelles, »daß Euch die gütige Fee Viviane geboren und erzogen hat. Ist diese Herkunft nicht erhaben genug? Nein, Ritter, kein Zweifel kann an Eurem Range bestehen, Ihr seid von erhabenem Stamm, und hohe Ehre ist es mir, Euch meine Tochter zur Gattin zu geben.«

Da wurde mit Pracht und Prunk und Freude und Frohsinn die Hochzeit gefeiert, und als die Zeit gekommen war, gebar Elaine ihren Sohn, den sie Galahad nannten.

Galahad auf Karidol

Jahre vergingen. Schon lange wunderten sich die Helden von der Tafelrunde über Lanzelots Fernbleiben. Keine Kunde von ihm drang mehr hierher, da mußten es gewiß gewaltige Abenteuer sein, die ihn in fernen Ländern festhielten. Auch dies war nicht bekanntgeworden, daß er die Burg Namenlos gefunden und die gepeinigte Jungfrau erlöst hatte. Denn alles, was von dieser Burg handelte, war in tiefes, geheimnisvolles Dunkel gehüllt. So konnten sie nur hoffen, er werde eines Tages zu ihnen zurückkehren, wenn seine Sendung erfüllt war.

Leer war immer noch der letzte Sitz an der Tafelrunde geblieben, den nur ein einzig Auserwählter einnehmen durfte. Aber am Vorabend des Pfingstfestes, das König Artus wie immer auf Karidol im Kreis seiner Getreuen verbrachte, geschah es, daß unvermutet eine Schar von Frauen durch das Burgtor schritt, die in die weißen Gewänder eines Klosters gehüllt waren, und in ihrer Mitte schritt ein Jüngling von strahlender Schönheit.

Es waren zwölf Nonnen, und die älteste, ihre Äbtissin, trat vor König Artus hin, verneigte sich vor ihm und sprach: »König Artus, hier bringen wir Euch Galahad, den Jüngling, der aus gerader Reihe von Joseph von Arimathia abstammt und dadurch mit der Familie verbunden ist, die uns den Heiland geschenkt hat. Als Kind wurde er, auf eine höhere Weisung, von seiner Mutter zu uns gebracht, nachdem das Gemüt seines Vaters sich verdunkelt und sein Geist sich verwirrt hat, und wir zogen ihn auf und übergeben ihn nun, auch dies auf höhere, himmlische Weisung, der Tafelrunde der besten Ritter. Er ist der Reine und Makellose, der den Kreis der besten Ritter voll macht; Euch aber, König Artus, ist aufgetragen, ihn ungeachtet seiner Jugend zum Ritter zu schlagen, denn er ist es, der den ›Letzten Platz‹ einnehmen soll.«

Da blickten sie alle staunend auf den Jüngling, der so still, mit ins Weite gerichteten Blicken dastand, als wäre dies ihm ein Traum, und spürten gleich, wie lieb sie ihn gewannen.

Die Äbtissin aber fuhr fort: »Solange er unter euch ist, ihr Herren, ist Heil euch beschieden. Wenn er aber von euch geht, ist das Ende der Ritterschaft nahe, und eine andere Zeit bricht an.«

Mit diesen Worten wandten die Frauen sich zum Gehen, und der Jüngling blieb zurück. Artus tat wie ihm geheißen und schlug ihn zum Ritter, und er nahm den Letzten Platz ein.

Aber nur einen einzigen Tag sollte er unter den Gefährten weilen.

Es war um die Mittagsstunde des nächsten Tages, der der Pfingsttag war und die Zeit, wo das Fest des heiligen Geistes seinen Höhepunkt erreicht. Die Ritter saßen schweigend in frommer Betrachtung an der Tafel vereint. Da verfinsterte sich plötzlich der Himmel, drohende Wolken zogen herauf, und einigen wollte scheinen, als nähmen sie die Gestalt eines vielgestaltigen Untieres an. Der Donner grollte, ein Getöse hub an, als wollte die Erde aufbrechen und der Welt letzte Stunde sich ankündigen. Die große Halle des Schlosses, in der die Helden versammelt waren, erbebte. Dann aber zog droben das Drachengewölk vorüber, der Donner verhallte, ein Stück des Himmels blaute, und ein Lichtschein drang durch die Spitzbögen der Fenster, heller als die Sonne. Der Strahl, von göttlichen Mächten entsandt, tauchte in die Herzen der Helden und tat ihre Augen auf für das wunderbare Geschehen, das sich vor ihnen begab.

Die Tür öffnete sich weit, ohne daß jemand sie anrührte, und von unsichtbaren Händen getragen, schwebte ein Schrein, von einer golddurchwirkten Hülle bedeckt, in den Saal. Langsam bewegte sich dieses Geheimnis heran, daß ein Schauder des Staunens und Entzückens alle überkam, und senkte sich vor dem Platz Galahads auf die Tafel nieder.

Da streckte er die Hände aus und schlug die Umhüllung zurück, und es stand eine goldenschimmernde Schale vor ihm, und es wußten alle, daß es der Gral war, das heilige Gefäß des Erlöserblutes. Niemand hatte den Gral jemals gesehen, und doch erkannten ihn alle.

Süßer Duft erfüllte den Raum. Galahad erhob sich und sprach mit einer leisen, klingenden Stimme, die wie die reine Stimme eines Kindes war: »Ich will euch speisen und tränken, und es nehme jeder zu sich, wonach sein Herz begehrt, denn jegliche Nahrung entströmt dem himmlischen Quell.«

Danach schritt er, die Schale in den Händen, rund um die Tafel von Ritter zu Ritter und bot jedem die Nahrung, die er sich wünschte. Sie alle nahmen zu sich, was sie begehrten, und fühlten sich von Herzen erquickt, und als das Mahl beendet war, stellte er die Schale wieder vor sich auf die Tafel und schlug die Hülle über sie hin. Und wie zuvor, von keiner menschlichen Hand getragen, entschwebte der Schrein der Gemeinschaft, und die Tür tat sich zu.

Das Licht des Alltags kehrte in die Halle zurück, die Mienen der Ritter erwachten wie aus einem Traum, hier und da flogen leise zaghafte Worte zwischen ihnen hin und her. Nur der Jüngling des Letzten Platzes verharrte in entrücktem Schweigen. Endlich aber hob er die Hand, und feierliche Stille senkte sich wieder über die Versammlung.

Er sprach: »Da nun der Strahl des Himmels über euch ergangen ist, habe ich darin das Geheimnis eurer Herzen gelesen. Kampf und Not und Leid, Anfechtung und Gefahr habe ich in jedem erkannt, in allen aber auch hohe Tugenden, wie sie nur wenigen Irdischen zuteil werden«. Er stockte und senkte das Haupt, Trauer lag auf seiner Miene, dann fuhr er fort: »Doch einer ist unter euch voller Makel, den keiner zu entsühnen vermag. An ihm geht ihr zugrunde. Da dies so ist und da es nicht in meiner Macht steht, euch zu helfen, muß ich von euch gehen. Ihr dürft nicht fragen, wohin.«

Sie saßen vor Schrecken erstarrt. König Artus flehte den Jüngling an: »Bleib, edler Galahad, bleib doch! Muß es denn wirklich sein? Bleib, damit die schönste Gemeinschaft auf Erden nicht elend zerbreche. Und sag, wer ist dieser eine? Ach, ich habe die Runde meiner Getreuen über alles geliebt!«

Er weinte, und als sie ihren König so sahen, weinten sie alle. Aber Galahad schüttelte nur traurig den Kopf und schritt schweigend hinaus. Sie sahen ihn nie wieder.

Sie weinten alle, nur einer nicht, der lachte verstohlen. Das war Mordred, König Artus' Sohn.

Lanzelots Herzensnot

Als Lanzelot eine Zeitlang mit Elaine, seinem Weib, auf Schloß Namenlos gelebt hatte und sie ihren Sohn bekommen hatten, verdüsterte sich sein Sinn, und das Herz wurde ihm schwer.

Wohin war es mit ihm gekommen? Hatte er nicht sein Lebelang der Königin Ginover gedient und ihr Treue geschworen? Nun war er fortgezogen um

einer guten Tat willen, und nachdem er sie vollbracht, hatte er sich darein verloren und einer anderen Liebe und Treue gelobt und war nicht zur Königin seines Herzens zurückgekehrt, sondern verbrachte sein Leben untätig auf einem Schloß ohne Namen.
Nachts wälzte er sich ruhelos und mußte mehr an die ferne Königin denken als an seine liebliche Gemahlin, das Gewissen peinigte ihn, und tagsüber ging er ihr aus dem Wege. Er streifte allein durch die Wälder und jagte, und wenn er jemandem begegnete, verbarg er sich im Dickicht vor Scham. Er legte den Harnisch nicht mehr an und ließ sein Schwert in der Kammer, den Bart ließ er wachsen, und das Haupthaar umgab ihn wie ein Gestrüpp. Als Landstreicher mußte er jedem erscheinen, der ihn sah, und wenn ihm der Name Ginover durch den Sinn kam und ihre hehre Gestalt vor seinem inneren Auge auftauchte, überkam ihn maßloses Weh.
So hatte er eines Tages den Grenzfluß Corbin auf der nämlichen Furt überschritten, durch die er hergekommen war als strahlender Ritter, und hatte Tage und Nächte, er zählte sie nicht, im Walde verbracht, als ihn wiederum das Gewissen mahnte, zu seinem Weibe Elaine zu gehen und sie zu bitten, ihn zu vergessen. Er fand auch die Furt und überquerte den Fluß, aber das vieltürmige Schloß, das sich nicht weit davon und fernhin sichtbar aus den Felsen erhoben hatte, war nicht mehr da. Es war wie von Zauberschlag vom Erdboden verschwunden.
Er wanderte kreuz und quer durch das Land, tief ins Gebirge hinein und zum Flusse zurück, aber das Schloß war verschwunden, und keine Spur davon war geblieben.
Da kehrte er um und beschloß, nach Karidol zu den Gefährten von der Tafelrunde zurückzukehren. Aber er war ohne Rüstzeug und Waffen und sah wie ein Landstreicher aus. Einen Tagesritt von der Burg entfernt, traf er auf einen Ritter, das war Mordred, der Sohn des Königs Artus.
Lanzelot hielt ihn an und fragte ihn: »Seid Ihr Prinz Mordred von der Tafelrunde des Königs?«
Mordred antwortete barsch: »Was geht es dich an, du Strauchdieb! Pack dich.«
Lanzelot erwiderte: »Erkennt Ihr mich denn nicht?«
Mordred schrie zurück: »Was gibt's da zu erkennen! Geh mir aus dem Weg.«
Lanzelot sagte: »Ich habe keine Rüstung, wie Ihr seht. Wie soll ich da mit Euch kämpfen?«
»Mit mir kämpfen? Du bist wohl toll!«
»Gebt mir Eure halbe Rüstung, Prinz Mordred. Ich bin ein Ritter wie Ihr. Man nennt mich Lanzelot vom See.«
Mordred zischte böse: »Wenn Ihr wirklich Lanzelot seid, so bleibt dort, wo Ihr Euch so lange herumgetrieben habt. Ein Ritter, der seine Waffen verliert, ist ihrer nicht wert.«

»Meine Waffen gingen nicht im Kampf verloren. Ich ließ sie in einer Burg, die nicht mehr steht.« Damit griff er Mordreds Roß in den Zaum.
»Geh mir aus dem Weg!« schrie Mordred noch einmal.
»Da Ihr mich beschimpft habt«, sagte Lanzelot, »will ich mit Euch kämpfen, und dazu brauch' ich Eure halbe Rüstung.« Mit einem Satz sprang er auf den andern zu und riß ihn vom Pferd. Da aber bekam Mordred Angst, der inzwischen erkannt hatte, daß er wirklich Lanzelot vor sich hatte, und er rettete sich in den Scherz: »Wenn Ihr es tatsächlich seid, Herr Lanzelot, so seid Ihr ein rechter Spaßvogel geworden. Wer sollte Euch in solchem Aufzug erkennen. Wir können nicht gut, jeder in halbem Rüstzeug, miteinander kämpfen. Begraben wir's also!«
Aber inzwischen hatte Lanzelot ihm schon mit unwiderstehlichem Griff eine Armschiene, den Helm und den Schild entwunden und sagte: »Damit soll mir's Genüge sein. Laßt uns so nach Kardiol zurückkehren, damit alle Welt sieht, daß Lanzelot wenigstens noch ein halber Ritter ist, das ist soviel wie manch ganzer.«
Dagegen sträubte Mordred sich vergebens, aber er mußte gute Miene zum bösen Spiel machen. Als sie in Kardiol eintrafen, gab es große Freude ob Lanzelots Heimkehr, aber auch Gelächter über den Aufzug der beiden. Und manche sagten das gleiche, wie er selbst gesagt hatte: »Lanzelot kommt als halber Ritter zurück, das ist soviel wie manch ganzer.«
Nur Mordred trug Grimm und Haß im Herzen. Auch wurmte es ihn, daß Lanzelot mit so herzlicher Freude von der Königin Ginover empfangen wurde und ihr nach wie vor diente und sie verehrte, wie es nur ihrem Gatten geziemte.

Ginovers Entführung

Frau Ginover war so von Herzen froh, daß ihr Ritter wieder zurückgekommen war, daß sie ihn öfter zu sich gehen ließ, als gebührlich war, und ihn beglückte es über die Maßen, zu ihr gehen zu dürfen. Das aber brachte viel Gerede und Schande über sie beide, denn es war nicht sittsam, daß die Königin von all ihrem Gefolge, das aus zehn jungen Rittern bestand, einen andern so sehr bevorzugte. Aber keiner der jungen Ritter, die das Gefolge Ginovers bildeten, getraute sich, mit Lanzelot anzubinden, denn er galt für ganz und gar unüberwindlich.
Eines Tages, als es Abend werden wollte und das Wasser des Flusses, der an der Mauer des Schlosses Kardiol floß, schon schwarz aussah, lehnten sich König Artus und Frau Ginover über die Brüstung und sahen auf den Fluß hinunter. Da bemerkten sie, daß eine Barke die Strömung dahergeschwommen kam, in der lag eine verhüllte Gestalt, und hinten saß ein Mann und führte das Ruder. Da befahl der König, die Barke unten am Steg anzuhalten und zu erforschen, wer darin läge. Dies geschah, und es erwies sich, daß

eine Tote dort lag, und es war eine junge Frau, die sehr schön war. Als sie den Mann, der das Ruder führte, befragten, gab er keine Antwort, denn er war stumm.
Die Tote wurde in die Burg gebracht und in der Vorhalle aufgebahrt, und am andern Morgen kamen die Ritter, um zu beraten, wer sie wohl sein möge. Es war aber Lanzelot vom See der einzige, der sie erkannte: es war sein Weib Elaine, und da wußte er wohl, daß sie an gebrochenem Herzen gestorben war. Sie wurde in der Gruft beigesetzt, ihn aber reute es bitter, die liebliche Elaine so schlecht behandelt zu haben, daß sie vor Kummer starb. Er entfernte sich aus dem Schloß und zog aus, abermals Abenteuer zu suchen und gute Taten zu tun um solcher Jungfrauen und edler Damen willen, denen Unrecht zugefügt wurde.
Als er nach langer Zeit wieder zurückkam, hieß es, nun wolle er wieder zur Königin gehen wie zuvor, und um der Nachrede aus dem Weg zu gehen, vermied er es, zu ihr zu gehen. Da aber wurde sie zornig, rief ihn zu sich in ihr Gemach und stellte ihn zur Rede:
»Ritter Lanzelot, ich sehe und fühle täglich, daß Eure Liebe zu mir geringer wird, denn Ihr habt keine Freude mehr daran, in meiner Gegenwart zu sein, sondern seid immer mit anderen Dingen befaßt und damit, anderen Damen zu dienen.«
»Ach, hohe Frau«, sagte Lanzelot darauf, »Ihr müßt mich aus vielen Gründen für entschuldigt halten. Einer ist, daß ich kürzlich auf der Suche nach dem Berg Montsalwatsch und dem Heiligen Gral war und ihn nicht fand, aber ich sah auf dieser Suche so viel, wie je ein sündiger Mensch gesehen hat. Aber wisset, meine hohe Frau, der Dienst um Euch, in dem ich mich so eifrig bemüht habe, der läßt sich doch niemals vergessen, und mein Wunsch ist, ihn eifriger als je zuvor fortzusetzen. Aber wisset Ihr nicht auch, daß es manche Männer und Frauen an diesem Hofe gibt, die Euch und mich mit Arglist belauern, um Euch Schaden und Schande zu tun, weil es nicht für gebührlich gilt, daß ich zu Euch gehe. Wisset auch, ich fürchte sie mehr um Euretwillen als um mich. Denn mir kann es immer gelingen, jeglicher Not zu entkommen und mich meiner Haut zu wehren, während Ihr alles über Euch ergehen lassen müßt, was gegen Euch geredet wird. Leid wäre es mir, Euch entehrt zu sehen. Wenn Ihr aber durch Torheit in Not geratet, denkt daran, daß keine Hilfe und kein Ausweg sein wird als durch mein Schwert und mein Blut.«
Dies alles und noch vieles mehr redete er, aber als er alles gesagt hatte, brach Ginover in Tränen aus, und als sie wieder sprechen konnte, sagte sie: »Lanzelot, ich merke wohl, daß Ihr ein ungetreuer Ritter seid und liebt andere Frauen weit mehr als mich. Darum will ich Euch nie mehr bei mir sehen, und auf der Stelle verbanne ich Euch von diesem Hof und will Euch bei Todesstrafe nie mehr zu Gesicht bekommen.«
Da zog sich Lanzelot sehr traurig zurück, so daß er sich vor großem Schmerz

kaum aufrecht halten konnte, und lebte in einer Einsiedelei. Um diese Zeit begann Mordred, König Artus' Sohn, Pläne zu schmieden, wie er seinen Vater vom Thron stoßen und die Krone selbst erlangen könnte, denn er war sehr ehrgeizig. Da kam es ihm und seinen bösen Plänen sehr zustatten, daß einer der Ritter von der Tafelrunde, mit Namen Meliagranz, dem eine Burg gehörte, die der König ihm verliehen hatte, weit weg von Karidol, von der Liebe zur Königin Ginover ergriffen und ganz überwältigt wurde. Daraus sollte vieles Unheil entstehen, denn Meliagranz war ein hitziger Herr, dem eine solche Leidenschaft zu Kopf stieg und seinen Verstand verwirrte. Als nämlich die Königin mit ihren zehn jungen Rittern auf der Jagd war, sammelte Meliagranz hundert seiner Männer, die alle schwer bewaffnet waren, stellte sich dem Jagdzug entgegen und forderte die Königin auf, mit ihm auf seine Burg zu kommen und bei ihm zu leben, was ein ganz unsinniges und ungebührliches Verlangen war, und solange Lanzelot sich in der Nähe Ginovers befunden hatte, war es Meliagranz nicht in den Sinn gekommen, solches zu wagen.
Da mußten sich die zehn jungen Ritter, die Ginover zu ihrem Schutze bei sich hatte, aber die keine Harnische trugen und nur schwach bewaffnet waren, zum Kampfe stellen; aber Ginover erkannte sehr wohl, daß dies ein hoffnungsloser Kampf sein würde, bei dem alle zehn ihr Leben lassen mußten. Sie befahl ihnen, zur Seite zu treten und sich dem Befehl des Ritters Meliagranz zu fügen. Da beschworen sie sie alle, dies nicht von ihnen zu verlangen, denn lieber wollten sie ihr Leben lassen, als feige zu sein, aber Ginover bestand auf ihrem Befehl und gab sich in die Gefangenschaft des Meliagranz.
Als das Lanzelot in seiner Einsiedelei vernahm, wappnete er sich und zog aus, um Ginover zu befreien, und dies kam dem Meliagranz zu Ohren. Er stellte auf dem Wege zu seiner Burg, hinter Gestrüpp verborgen, Pfeilschützen auf, um dem Ritter den Eintritt zu verwehren. Als er sich nun auf seinem Rosse der Burg näherte, schossen sie viele Pfeile auf ihn ab, die aber an seiner Rüstung abprallten, jedoch trafen mehrere davon sein Roß, daß es getötet wurde. Da kam ein Karren daher, auf dem zwei Fuhrleute saßen, und Lanzelot, der große Mühe hatte, sich in seiner schweren Rüstung den Weg durch das Gestrüpp und die Hecken und den sandigen Boden zu bahnen, hielt den Karren an und bat die Fuhrleute, ihn zur Burg zu bringen. Der eine sagte nein, er müsse eine Holzfuhre für den Herrn Meliagranz fahren. Darüber entstand ein Wortwechsel, und Lanzelot schlug den Fuhrmann tot. Der andere gab darauf klein bei und ließ den Ritter den Karren besteigen, darin stand er nun aufrecht auf sein Schwert gestützt und wurde in der Burg von weitem gesehen und belacht, denn der Anblick eines gewappneten Ritters, auf solch einem Karren stehend, wirkte lächerlich, und fortan wurde Lanzelot vom See manchmal der Ritter vom Karren genannt.
Als er nun das Burgtor geschlossen fand, stieß er es mit einem gewaltigen

Fußtritt ein, so daß die Wächter des Tores, die dahinter standen, sagten: »Wie, der tritt ein schweres Burgtor mit dem Fuße ein, mit dem ist nicht gut anzubinden«, und liefen ins Haus. Und Lanzelot stellte sich in die Mitte des Burghofes und rief mit schallender Stimme: »Herr Meliagranz, Ihr habt Schande über die Herrin Ginover gebracht und gegen gute Rittersitte gehandelt. Da seid Ihr ehrlos geworden und ein Aussätziger und dreckiger Lumpenhund, und Euer Vater ist ein Dieb und Beutelschneider, Eure Mutter muß weinen, Euch zur Welt gebracht zu haben, und ein Loch im Dunghaufen ist für Euch als Grab noch zu gut!«
So rief er noch viele andere arge Beleidigungen in die Burg hinauf, daß alle Insassen es hörten, wie ihr Herr solchen Schimpf erfuhr, und zum Schluß rief Lanzelot: »Heraus mit Euch und stellt Euch zum Kampf, Herr Wüstling und Gernegroß, daß man sieht, wie es mit Eurem Hasenherzen bestellt ist!«
Da konnte Meliagranz es nicht dulden, daß so vieler Schimpf auf ihm sitzenblieb, denn er war zwar ein Hitzkopf und Wüstling, aber doch ein Ritter mit verwegener Kampfeslust, und er mußte sich zum Zweikampf stellen. Da wurde er nach kurzem Schwertgefecht erschlagen. Und Lanzelot ging zu Ginover, die ihn unter vielen Tränen in ihre Arme schloß und ihm Verzeihung gewährte, und brachte sie aufs Schloß Karidol zurück.

Der Zwist

Als nun die schöne Königin Ginover wieder im Schlosse Karidol wohnte, wurden plötzlich viele der Ritter gewahr, wie schön und liebreizend sie war, und drängten sich zu ihrem Dienst, aber sie gab Herrn Lanzelot vor allen anderen den Vorzug.
Das neideten ihm manche und trachteten, ihn aus ihrer Gunst zu verdrängen, aber es war vergeblich. Daraus entstand Groll gegen ihn, aber mit ihm anzubinden, getraute sich keiner. Wenn er aber zu ihr ging, flüsterten sie untereinander und fanden ungute Worte über ihn.
Unter etlichen am Hofe ging aber auch das heimliche Gerede, die schöne Herrin Ginover sei nicht gezwungen, sondern freiwillig mit dem Herrn Meliagranz auf dessen Burg gegangen und habe ihm ihre Gunst geschenkt, und die zehn jungen Ritter, die sie zur Jagd bei sich gehabt hatte, bezeugten, daß sie ihnen verboten hätte, für sie zu kämpfen. Da wurde das Gerede immer lauter.
Als Mordred, der Sohn Artus', merkte, daß sich so die edle Ritterschaft spaltete in Hüben und Drüben und die einen der anderen Feinde wurden, ging er zum König und verleumdete seine eigene Mutter, sie sei freiwillig mit dem Herrn Meliagranz gegangen – so übel war es mit seinem Herzen und seiner Ritterlichkeit bestellt, und keinen andern als ihn hatte der Jüngling Galahad gemeint, als er gesagt hatte, es sei einer unter ihnen voller

Makel, den keiner zu entsühnen vermochte. Das aber wußte Mordred und war dessen sogar stolz und meinte, daß er erkoren sei, den Thron einzunehmen. Und er versuchte, seinen Vater zu bewegen, daß er die Herrin Ginover dem Gottesurteil unterwerfe, um zu erweisen, ob sie schuldig sei. Dieses aber bestand darin, daß eine Frau, die einer Sünde angeklagt war, mit bloßen Füßen über glühende Kohlen zu gehen hatte. Wurden ihr die Fußsohlen verbrannt, so war ihre Schuld erwiesen; blieb sie aber unverletzt, so hatte Gott durch solches Wunder ihre Unschuld verkündet.

Als König Artus das vernahm, betrübte er sich über alle Maßen, weinte und lag nächtelang wach und grübelte, ob er diesem Verlangen willfahren sollte, denn der Stachel des Argwohns war in sein Herz gesenkt. Aber am dritten Morgen hatte er sich dazu durchgerungen, zu dem bösen Wunsche nein zu sagen und keinerlei Gottesurteil anzurufen, sondern sein Weib aus eigenen Stücken freizusprechen. Um sein Herz aber von aller Gewissensnot zu befreien, beschloß er, eine Fahrt ins Heilige Land zu tun und am Heiligen Grabe zu beten.

Aber ehe noch die Vorbereitungen dazu getroffen waren, erhob sich neuer Zwist unter den Rittern, denn da die Flamme der Zwietracht einmal gebrannt hatte, fraß sie weiter und weiter und war nicht mehr zum Erlöschen zu bringen. Sie fraß sich auch in das Herz des edlen Ritters Gawan, und als Lanzelot gewahr wurde, daß auch dieser, der sein Freund gewesen war, sich gegen die Herrin stellte, forderte er ihn zum Zweikampf. Und sie kamen überein, den Kampf unter sich auszutragen, nicht unter den Augen der andren, und ritten weit fort in die Einsamkeit der Wälder, bis sie eine Lichtung fanden, die freien Platz bot, daß sie gegeneinander reiten konnten.

Dort angekommen, stiegen sie von den Pferden, traten aufeinander zu und umarmten einander, ohne ein Wort zu sprechen. Dann wappneten sie sich, stiegen in den Sattel und nahmen die gebührende Entfernung, legten die Lanzen ein und ritten gegeneinander. Beim ersten Anprall aber zersplitterten ihrer beider Lanzen, so hart war der Anprall, und beide Ritter wurden aus den Sätteln gerissen.

Danach griffen sie zu den Schwertern und kämpften lange Zeit miteinander, und es ging zu wie zwischen zwei wilden Ebern. Die Hiebe prasselten so dicht, daß es wie der Kampfeslärm zweier Heere klang, und ein Schlag vom Schwerte Gawans schlug den Schild Lanzelots, der einen schilfumkränzten See zeigte, in Stücke. Da war es fast, als sei dieser Held dahin, aber Lanzelots Gegenhieb traf stärker, riß das Schulterstück von Gawans Rüstung auf und trennte ihm den Schwertarm vom Leibe.

Da sank Gawan, der noch nie besiegt war, stöhnend zu Boden und verströmte sein Blut. Er erwartete den tödlichen Streich. Aber Lanzelot ließ seine Waffe sinken und sagte: »Ihr seid kein weidwunder Hirsch, edler Freund, dem man den Fangstoß gibt. Pflegt Eure Wunde, und wenn sie geheilt ist, wollen wir uns wieder begegnen.«

Aber das war umsonst gesprochen, und Lanzelot hatte in der Hitze des Kampfes nicht erkannt, daß es eine Wunde war, die nicht mehr heilte. Das Blut entquoll dem Besiegten, daß es wie ein Bach dahinfloß, und Lanzelot saß an seiner Seite und weinte. Und als seine Tränen versiegt waren vor Gram und der Erschöpfung des Weinens, war auch das Haupt Gawans hinabgesunken ins Gras, und dieser Ritter, der edelsten und kühnsten einer, war tot.

Der Gram Lanzelots über all dies aber war so groß, daß er seinen Helm, seinen Harnisch und sein Schwert fortwarf und im Walde umherirrte, ohne zu wissen, wohin er ging, und nicht nach Karidol zurückkam. Und Königin Ginover grämte sich sehr.

Das Ende der Tafelrunde

Währenddem waren König Artus und viele seiner Ritter mit ihren Knappen und Dienern auf die Schiffe gegangen, um die Reise ins Heilige Land anzutreten. Mordred aber war mit seiner zahlreichen Anhängerschaft zurückgeblieben, und als der König und die Seinen eine Tagesreise entfernt auf See waren, stellte Mordred ein großes Heer zusammen, besetzte das Schloß und die Burgen des Landes, rief sich zum Herrscher aus und nahm die Getreuen des Königs gefangen. Viele auch wurden im Kampf erschlagen, und andere flohen. Von denen, die entkamen, war einer, der ein sehr schnelles Boot hatte, mit dem ging er in See, holte die Schiffe ein und berichtete dem König, was zu Hause geschehen war.

König Artus kehrte sogleich um und landete an der Küste, um sich dem Verräter zur Schlacht zu stellen. Mordred hatte überall im Volke verbreiten lassen, daß es unter der Herrschaft König Artus' nichts als Hader und Blutvergießen, unter König Mordred aber eitel Jubel und Wohlstand gäbe. Da waren viele, die ihm glaubten und wieder viele andere dazu überredeten. Von denen hatte König Artus vielen Länder und Höfe und Felder gegeben, und nun wußten sie kein gutes Wort mehr über ihn zu sagen, und überdies waren sie gierig nach etwas anderem und neuem.

So vermochte also Mordred ein großes Heer zusammenzustellen und damit an die Küste zu ziehen, um Artus am Landen zu hindern. Es waren nicht so viele gute Ritter unter ihnen als vielmehr Landleute und Knechte und gewöhnliches Kriegsvolk, aber auf jeden einzigen guten und kühnen Ritter, der zu König Artus hielt, kamen wohl hundert Reisige, die für Mordred stritten.

Da gab es eine erbitterte Schlacht an der Küste unter den kreidigen Felsen, wo der Strand seicht war. Dort sprangen die Männer des Königs Artus ins Wasser und wateten den Feinden, die am Ufer waren, entgegen, und viele wurden auf beiden Seiten erschlagen. Aber es gelang König Artus' Männern, die Feinde zurückzudrängen und das Ufer zu gewinnen; da

floh Mordred mit seinem Heer weit ins Land hinein und ordnete es von neuem zur Schlacht. Denn viel Blut war geflossen, aber es machte dem Heere Mordreds weniger aus als dem seines Vaters.
Bevor König Artus nun dem Heere Mordreds nachsetzen wollte, ruhten er und die Seinen sich aus und schliefen, und im Schlaf träumte dem König, daß der edle Ritter Gawan ihm erschien, der hatte nur einen Arm, denn der Schwertarm war ihm abgetrennt worden, und sein Antlitz war bleich wie Linnen. Gawan sagte zu ihm: »Geh jetzt nicht in die Schlacht, denn da wirst du erschlagen werden, so ist es bestimmt. Sondern trachte, die Waffen einen Monat ruhen zu lassen, und deinem Sohn biete an, er möge die Hälfte deiner Länder zur Herrschaft erhalten und nach deinem Tode das ganze Reich. Darauf wird er eingehen, und in der Zwischenzeit sammle ein größeres Heer, als du jetzt hast.«
Am Morgen rief der König seine Ritter zusammen und trug ihnen dies vor, und sie fanden es alle richtig und gut. Darauf wurde zwischen den feindlichen Parteien verabredet, daß in der Mitte zwischen den Heeren ein Tisch aufgestellt werden sollte, an dem sollten von jeder Seite zehn Ritter Platz nehmen und den Vertrag machen. Und König Artus sagte zu seinen Rittern: »Es darf bei dieser Zusammenkunft keine Klinge gezogen werden, wo aber die andern doch zum Schwert greifen, da fallt über sie und schlagt alles nieder, was vor euch steht.« Genau dasselbe aber sagte Mordred zu den Seinen.
Als sie nun alle an dem Tisch Platz genommen und ihren Vertrag gemacht hatten und Wein geholt wurde und sie tranken, da wurde einer von Mordreds Männern von einer Natter in den Fuß gebissen, und ohne sich etwas Böses dabei zu denken, zog er sein Schwert und hieb der Natter den Kopf ab. Als die Heere auf beiden Seiten das gezückte Schwert sahen, da bliesen sogleich die Trompeten und Posaunen und Hörner, daß es über das Feld schallte, und die zwanzig Ritter am Tisch fielen übereinander her, und die Heere rückten ihnen nach, und es hub ein fürchterliches Morden an. Schmerzlicher war nie eine Schlacht in der Christenheit geschlagen als diese, die aus einem Irrtum entbrannte.
Als die Nacht kam, lagen wohl hunderttausend Streiter tot auf dem Boden, und König Artus selbst blutete aus vielen Wunden, nachdem er kühne Heldentaten verrichtet hatte, und war dem Tode nah. Da sah er im Schein des Mondes, der eben aufging, eine Gestalt zwischen den Toten stehen, aufs Schwert gelehnt, und erkannte, daß es Mordred war. Neben Artus stand einer seiner Ritter, mit Namen Lucan, zu dem sagte er: »Gib mir deine Lanze, denn dort steht der Verräter, der alles dieses Leid und Weh bewirkt hat.« Er nahm dem Herrn Lucan die Lanze weg und nahm sie in beide Hände und rannte gegen Mordred, und Mordred rannte mit gezücktem Schwert gegen ihn. Artus aber stieß mit einem Stoß seiner Lanze Mordred durch den Harnisch hindurch und mehr als einen Klafter tief in den Leib,

daß die Spitze am Rücken wieder heraussah, und Mordred schlug im Sterben seine Klinge auf König Artus' Helm, daß dieser zersprang und ihm das Blut über die Stirn floß, aber er blieb noch am Leben.
Da ging König Artus weinend zu den Seinen zurück und klagte: »Wehe, so ist alles in Erfüllung gegangen, was der Jüngling Galahad vorausgesagt hat!« Sie führten ihn in eine Kapelle am Walde und legten ihn dort nieder, wo er sich ausruhen konnte, und verbanden seine Wunden. Während er so dalag und über all das große Unglück grübelte, das ihn und sein Land betroffen hatte, vernahm er von dem Felde her, wo die Schlacht geschlagen war, Geschrei und allerlei Lärm. Er glaubte, das Kämpfen habe von neuem angehoben, und wollte aufstehen, aber Herr Lucan hinderte ihn daran, weil er zu arg verwundet war, und ging selbst, um nachzusehen.
Nach einer Weile kam er zurück und sagte: »Es treiben sich da Plünderer und Räuber herum, die den Gefallenen ihre Waffen und alle Sachen von Wert rauben, und wenn einer, der einen Ring trägt, noch nicht tot ist, erschlagen sie ihn.«
Da weinte der König von neuem und rief: »So ist es nun mit meinem Lande gekommen, daß Räuber und Plünderer das Feld behaupten! Ja, wehe, alles ist so gekommen, wie der Jüngling Galahad, der der Ritter vom Letzten Platz war, gesagt hat!«

Damit endet die Geschichte von König Artus und seinen Rittern von der Tafelrunde; aber welches Ende König Artus selbst genommen hat, ist nicht bekannt. Die einen sagen, er sei in der Kapelle an seinen Wunden gestorben, andere aber bestreiten dies und haben vernommen, daß folgendes sich abgespielt habe.
Ein Einsiedler trat in die Kapelle, in der der König lag, und gab sich als der Ritter Lanzelot vom See zu erkennen. Da bat ihn der König, er möge ihn in die Arme nehmen und ans Meer tragen. Als sie dorthin kamen, lag eine Barke am Ufer, darin saßen schwarzgekleidete Frauen, die Kapuzen übers Gesicht gezogen. Nur eine von ihnen bot ihr Gesicht dar, das war Ginover. Von Lanzelot gestützt, bestieg der König den Nachen und bettete den Kopf in den Schoß seiner Frau. Sie streichelte seine bleiche Stirn und flüsterte: »Wie spät du gekommen bist!«
Lanzelot schauderte, die Frauen faßten die Ruder, und schnell entfernte sich die Barke vom Ufer. Lanzelot sah, daß der König lächelte, und rief angstvoll: »Mein König, wohin geht Ihr?«
Und König Artus' letzte Worte klangen über das stille Wasser: »Nach Avalon, in ein wundersames Land. Dort werde ich genesen.« Langsam verschwand das Schiffchen in die Weite des Meeres, und Lanzelot nahm keine Speise mehr zu sich, bis er starb. Die Leute aber sagen, König Artus sei nicht gestorben, sondern lebe im Märchenland Avalon, von wo er einst wiederkommen werde, wenn die Zeit reif sei.

Herzog Ernst

STIEFSOHN DES KAISERS

Wie es einem tapferen und edlen Ritter durch die Leichtgläubigkeit und den Wankelmut eines Kaisers erging, geht aus der Geschichte des Zwistes hervor, der zwischen dem Kaiser Otto und seinem Stiefsohn und Lehnsmann Herzog Ernst entbrannte und der ohne triftigen Grund viel Gram und Leid und Not über deutsche Länder brachte.

Zuletzt ging alles noch gut aus, aber wir wollen es von vorn an erzählen.

Einst regierte ein Herzogpaar – Ernst und Adelheid – über die Länder Bayern und Österreich. Sie bekamen einen Sohn, der nach seinem Vater den Namen Ernst erhielt und zu einem schönen, kräftigen Jüngling heranwuchs. Als er halb erwachsen war, starb der alte Herzog zum großen Kummer seiner Frau, die nun die Regierung übernahm. Der junge Ernst wurde in allen ritterlichen Tugenden wohl unterwiesen und versprach, wenn er volljährig war, ein edler und gerechter Fürst zu werden, und seine Mutter hatte Freude an ihm. Sein bester Freund war ein gleichaltriger junger Rittersohn namens Wetzel, und diese beiden hielten treu und unzertrennlich zusammen.

Es sollte aber nicht lange dauern, daß Adelheid das Land allein regierte. Viele ihrer Untertanen baten den jungen Herzog Ernst, er solle doch seiner Mutter zureden, sich wieder zu verheiraten, auch an sie selbst traten sie mit diesem Anliegen heran. Sie wollte lange Zeit nichts davon wissen, aber endlich versprach sie ihrem Sohn auf sein stetiges Drängen, wenn es ihrer Sippe keinen Schaden brächte und der rechte Mann von bestem Adel sich fände, wolle sie wohl mit sich reden lassen.

Damals herrschte über das Heilige Römische Reich Deutscher Nation, wie die Länder in der Mitte Europas genannt wurden, der Kaiser Otto aus dem Stamme der Sachsenherzöge. Als er noch jung war, wurde ihm die schöne junge Ottegebe aus dem Hause des Königs von England angetraut, und kurze Zeit lebte der Kaiser glücklich mit ihr, aber dann starb sie.

Jahre verbrachte Otto in Trauer und Einsamkeit; dann beschloß er, da dies sich für einen Kaiser geziemte, sich wieder zu verheiraten. Er rief seine Räte zusammen und trug ihnen die Sache vor. Es gab ein langes und gewissenhaftes Überlegen; dann legten sie ihm nahe, sich durch einen Abgesandten an die Herzogin von Bayern und Österreich, Adelheid, zu wenden und sie um ihre Hand zu bitten.

Dies geschah. Auf die Botschaft des Kaisers hin rief Adelheid sogleich die Edlen des Landes und auch ihren Sohn Ernst zu sich und bat sie um ihre Meinung, denn sie war unsicher, wie sie sich entscheiden sollte. Die Edlen waren einstimmig für diese Heirat, auch der junge Herzog Ernst. Alle baten ihn eindringlich, seiner Mutter gut zuzureden, denn auf seinen Rat gab sie mehr als auf jeden andern. Aber sie war erschrocken darüber, daß ihr Sohn ihr zu dieser Ehe riet, und sagte: »Lieber Sohn, ich fürchte sehr, wenn ich dem Kaiser Otto meine Hand reiche, kann es zwischen dir und ihm, weil er gar zu mächtig ist, Zwietracht geben. Denn sieh, mit den Mächtigen ist nicht gut Kirschen essen, und mit Kaisern am allerwenigsten. Großen Kummer würde mir dies bereiten.« Sie wußte, als sie diesen Gedanken äußerte, selbst nicht, wie recht sie damit hatte!

Der junge Ernst war nicht so klug wie sie, dafür aber um so beredter, und er redete ihr eifrig zu: »Liebste Mutter, da siehst du gewiß Gespenster. Es ist nicht vom Kaiser Otto bekannt, daß er schon jemals unedel und machtgierig gehandelt hätte. An mir aber soll es nicht liegen, ich will ihm als sein Sohn im Glück wie im Unglück immer gehorsam und treu sein.«

Denn er war ohne Arg von Natur, und vielleicht schmeichelte es ihm auch, der Stiefsohn des Kaisers zu werden. Er sprach noch weiter so auf sie ein, und zuletzt gab Adelheid nach und ließ dem Kaiser sagen, daß sie zur Ehe geneigt sei.

Kaiser Otto war hoch erfreut und machte sich alsbald mit einem großen Gefolge von Fürsten und Lehnsherren und Räten zur Stadt Regensburg in Bayern auf, wo die Herzogin Adelheid hofhielt. Dort wurde sie ihm von ihrem Sohn Ernst mit festlichem Gepränge entgegengeführt. Der Kaiser brachte sie von da unter dem Jubel des Volkes in die Stadt Mainz, die er zum Schauplatz seiner Hochzeit bestimmt hatte, und hier wurde die Ehe geschlossen.

Danach besuchte das kaiserliche Paar, wie es Sitte war, noch andere Städte des Reiches, und Otto zeigte dem Volk seine neue Gemahlin. Auch zog er seinen Stiefsohn, den jungen Herzog Ernst, an seinen Hof, der bald in Speyer, bald in Aachen und auch in noch anderen Städten abgehalten wurde, und gewann den Jüngling lieb, so daß er zu ihm sagte: »Du sollst

mir wie mein eigener Sohn sein. Denn vor allem liebe ich deine Mutter von ganzem Herzen, und ihr zu Gefallen, aber auch aus Zuneigung für dich, will ich dir deine Länder Bayern und Österreich vergrößern und mit meinen Räten überlegen, wie das am besten zu machen ist.«
Und Adelheid, die nun Kaiserin war, sagte zu ihrem Sohn: »Ich bitte dich, vergiß dein Versprechen niemals, deinen Vater in Ehren zu halten und ihm immer treu und gehorsam zu sein. Dir aber sollen künftig, außer meinen Ländereien, alle Kleinodien und sonstigen Schätze gehören, die von deinem Vater auf mich überkommen sind.« Zugleich beschenkte sie auch alle seine Ritter und Diener, die zu seiner Umgebung gehörten, jeden nach seinem Stand, die reichsten bekamen am meisten und die weniger reichen bekamen weniger, wie das immer so Sitte gewesen ist. Darauf schieden sie voneinander, und Herzog Ernst ging nach Regensburg zurück, das seine Hauptstadt war, und regierte von dort seine Länder.

Hass und Verleumdung

Alles hätte so friedlich und ersprießlich weitergehen können, wie es sich anließ; aber das Leben ist so, daß oft Haß und Neid und Eifersucht und Lüge entsteht, auch wo gar kein Grund dazu vorhanden ist, und die menschliche Natur gibt keine Ruhe, sondern sinnt Böses.
Einer der Pfalzgrafen des Reiches hieß Heinrich, und der war ein rechter Unruhestifter und Ränkespinner und hatte seinen Haß auf den Herzog Ernst geworfen – warum, das wußte kein Mensch sich zu erklären. Wahrscheinlich war es der Neid auf das Ansehen, das Ernst beim Kaiser genoß, oder auf den Machtzuwachs, den der Kaiser ihm versprochen hatte, oder das Mißbehagen über das ruhige und friedliche Leben, das am Hofe des Kaiserpaares wie in der Umgebung des jungen Herzogs herrschte. Genug, er begann, Lügen über Ernst zu verbreiten und dafür zu sorgen, daß sie auf geschickten Umwegen an das Ohr des Kaisers gelangten; auch schmeichelte er dem Kaiser und besaß ohnehin dessen Gunst. Und warum er dessen Gunst besaß, auch das wußte kein Mensch, aber es war so. Otto mochte ihn aus irgendeinem Grunde gern und vertraute ihm. Irgendwann hatte Heinrich ihm wohl einmal irgendeinen Dienst geleistet. Kaiser Otto war kein guter Menschenkenner, und Pfalzgraf Heinrich war ein guter Höfling, darauf lief es hinaus.
Eines Tages trat er dann mit einer offenen Anklage hervor. Er sprach zum Kaiser: »Ihr habt Euern Stiefsohn, den Herzog Ernst, lieb, denn er hat es verstanden, sich bei Euch in Gunst zu setzen. Ich aber habe Schwerwiegendes gegen ihn vorzubringen. Ich habe lange geschwankt, ob ich es tun sollte, denn fast unglaublich klingt meine Beschwerde; aber ich muß es doch tun, denn es ist meine Pflicht als Euer Vasall. Nur bitte ich Euch inständig zuvor, diese Sache nicht mit der Kaiserin zu bereden, denn sie ist seine

liebreiche Mutter und wird sich mit aller Macht dagegen wehren, daß Schande über ihn komme.«
»Ihr macht mir Sorge, und Ihr macht mich neugierig, Herr Heinrich«, erwiderte der Kaiser. »Aber kommt nur heraus mit der Sprache. Wenn etwas dran ist, will ich ihr mein Ohr leihen.«
Heinrich redete noch eine gute Weile darüber, wie ungern er Ungutes berichte, aber wie begründete Furcht er habe, um das Leben des Kaisers, mindestens aber um den Frieden im Reiche zu bangen, und wenn er nicht unbezweifelbar zuverlässige Kunde hätte, würde er den Mund nicht auftun, doch da es um so schreckliche Dinge ginge, könne er nicht schweigen. Kurzum: »Herzog Ernst, der Sohn Eurer hohen Gemahlin, trachtet nach der Kaiserkrone; und um diese zu erlangen, trachtet er zuerst dem Kaiser nach dem Leben.«
Dem Kaiser verschlug es die Sprache. Er befragte den Pfalzgrafen hin und her, woher er dies wüßte und welche Beweise denn vorlägen. »Nicht von einem allein habe ich es gehört«, berichtete der Bösewicht, »sondern von mehreren; vor allem aber habe ich selbst es mit meinen Ohren erlauscht, als er zu einem, den ich indessen nicht kenne, darüber sprach. Ich warne Eure gnädigste Majestät: Tut etwas, ehe es zu spät ist.«
In Kaiser Otto sammelte der Zorn sich an, nicht Zorn auf den Verleumder, sondern auf den Unschuldigen, der so verleumdet wurde. Heinrich brachte seine Sache so beredt und treuherzig vor, daß dem Kaiser alle Zweifel allmählich schwanden. »Was ratet Ihr?« fragte er zuletzt den Verleumder.
»Er hält sich wie gewöhnlich in Regensburg auf«, war die Antwort. »Ihr braucht nur einen Trupp tüchtiges Kriegsvolk unter einem verläßlichen Feldhauptmann hinzuschicken, die Stadt einzunehmen und den Herzog aus dem Land zu verjagen ... Nein, besser noch: ihn gefangenzusetzen. Im peinlichen Verhör wird er gewiß seine schändlichen Anschläge gestehen. Nur vor einem warne ich Euch: die Kaiserin etwas davon wissen zu lassen. Sie wird sich allem, was Ihr darin unternehmt, in den Weg stellen.«
Wäre die Lüge kleiner gewesen, der Belogene hätte sie wohl nicht geglaubt. Aber je ungeheurer eine Lüge ist, desto eher wird ihr Gehör geschenkt, das hat sich oft im Leben der Völker erwiesen. Kaiser Otto konnte sich nicht vorstellen, daß ein treuer und erprobter Untertan sich eine solche Ungeheuerlichkeit aus der leeren Luft griffe – also glaubte er ihm. Er betraute ihn sogar mit der Aufgabe, den Feldzug gegen Ernst zu führen. Und der Kaiserin Adelheid wurde das Ganze ängstlich verheimlicht.
Pfalzgraf Heinrich zog mit einer Streitmacht los und hauste auf dem Wege wie in Feindesland, um die Anhänger des Herzogs einzuschüchtern: er steckte Häuser in Brand, zertrampelte Äcker, vor allem aber ließ er Männer, die eine Waffe trugen, niedermachen. Das alles wurde dem Herzog hinterbracht, die Bürger seiner Städte flehten ihn um Hilfe an, auch wurde ruchbar, welche Vorwürfe und Verdächtigungen gegen ihn vorgebracht waren.

Herzog Ernst war außer sich. Sonnenklar war ihm, daß böswillige Machenschaften gegen ihn am Werke waren, und erklären konnte er sich's nicht, woher sie stammten. Erst nach und nach wurde ihm klar, wer sein Todfeind geworden war. Und nun hieß es kämpfen. Er sammelte an viertausend streitbare Männer um sich und führte sie dem Heervolk Heinrichs entgegen, das von Bamberg aus heranzog. Es kam zu einer erbitterten Schlacht, in der die Männer Herzog Ernsts die Oberhand behielten. Der Pfalzgraf entkam mit nur wenigen Reitern.

Er entkam, flüchtete sich zum Kaiser und meldete ihm jammernd und mit wohlgespielter Empörung, daß Ernst seine Truppe heimtückisch überfallen und seine besten Leute grausam ermordet hätte. So drückte er es aus und tat, als sei er selbst mit den edelsten Absichten, Herzog Ernst aber mit Arglist und Mordlust ins Feld gezogen. So wurde es zu aller Zeit oft und oft von denen gemacht, die einen Streit vom Zaun brechen und dann den Gegner als Bösewicht hinstellen.

Kaiser Otto ließ sich auch dieses Mal täuschen, zumal unter den Getöteten viele gute Untertanen waren, die seine Sache verteidigt hatten. Zornig erklärte er: »Das will ich nicht ungerächt lassen! Dieser soll nicht mehr mein Sohn heißen, von all seinem Besitz soll er verjagt und geächtet soll er werden.« Er setzte eine Belohnung aus für den, der ihm Ernst tot oder lebendig herbeischaffe.

Danach sammelte er ein bedeutendes Heer und zog gegen Bayern. Gegen sein Heer war die Streitmacht Ernsts nur ein kleines Häuflein. Der junge Herzog sandte einen Boten nach dem andern an seinen Stiefvater, den er immer noch mit Vater anredete, und flehte ihn an, mit den Feindseligkeiten innezuhalten; er führe nichts Böses gegen ihn im Schilde, habe ihm niemals ein Leid zugefügt noch zufügen wollen.

Als ein Bote dem Kaiser diesen Brief brachte, war Ernsts Mutter, die Kaiserin Adelheid, zugegen und erfuhr alles, was sich zugetragen hatte. Weinend trat sie vor den Gemahl und rief: »Allergnädigster Herr, das kann nicht sein, beharrt nicht in solchem Zorn gegen unseren Sohn, sondern untersucht zuvor, was an den Vorwürfen gegen ihn wahr ist! Mein Herz, das Herz einer Mutter, sagt mir, daß es nicht wahr sein kann, sondern lauter Lüge ist, Ernst habe dir nach dem Leben getrachtet!«

Kaiser Otto ließ nicht mit sich reden, zu tief hatte sich der Verdacht schon in ihn eingefressen, nicht einmal die Liebe zu seiner Frau belehrte ihn eines Besseren. Seine frühere Zuneigung zu Ernst hatte sich in ihr Gegenteil verkehrt und war darum um so verbissener. Zornbebend gab er zur Antwort, der Beweis sei erbracht, daß Ernst ihn habe ermorden wollen, um die Kaiserkrone für sich zu erlangen – der Pfalzgraf, ein höchst zuverlässiger Mann, habe es mit eigenen Ohren erlauscht. Adelheid weinte verzweifelt, ja sie warf sich dem Kaiser zu Füßen, aber seinen Starrsinn konnte sie nicht erweichen.

Am Abend empfing sie einen Boten ihres Sohnes und ließ ihm sagen, sie habe Gewißheit, wer der tückische Verleumder sei, der Pfalzgraf Heinrich. Und sie gab ihm den Rat, selbst vor dem Kaiser zu erscheinen, der in Kürze den Reichstag zu Speyer abhielte, und das Gottesurteil anzurufen – im Zweikampf mit dem Schurken möge sich die Wahrheit erweisen.
Das tat Ernst. Er ließ sich nur von seinem Freunde Wetzel und von einem Diener begleiten und ritt unerkannt nach Speyer. Dort erlangte er durch Palastdiener, denen er vertraut war, Zutritt zu dem Gemach des Kaisers; dieser saß – der Reichstag sollte erst am nächsten Tage beginnen – in einem Gemach seines Palastes zusammen mit dem Pfalzgrafen Heinrich, mit dem er eine vertrauliche Unterredung hielt. Als Ernst hereinkam, fiel sein Blick sogleich auf seinen Todfeind, und der Anblick versetzte ihn in solchen Zorn, daß er laut schrie, ohne den Kaiser auch nur zu beachten: »Du ehrloser, tückischer, gemeiner Schuft und Verleumder, du übler Bösewicht, was verleumdest du mich, warum willst du mich verderben!«
Und seine eigenen Schimpfworte rissen ihn so heftig mit sich fort, daß er, ohne sich weiter zu besinnen, sein Schwert aus der Scheide riß und den Überraschten niederstach, und nicht genug damit, er hieb ihm die Schneide der Waffe wild über kreuz und quer ins Gesicht.
Entsetzt über diesen Zornesausbruch, sprang der Kaiser von seinem Sitz und floh aus der Tür durch den Flur und den anschließenden Hof in die Kapelle des Palastes, denn er glaubte nichts anderes, als daß der Wütende nun auch ihn niederhauen wollte. Dort schob er den Riegel vor und wagte kaum noch zu atmen. Das Ganze war so schnell gegangen, daß die Diener zu spät begriffen, was geschehen war und daß man dem Kaiser nach dem Leben trachtete. Sie brüllten »Verrat! Verrat! Haltet ihn fest!« und stürmten in das Gemach; aber Ernst hatte schon schneller die Flucht ergriffen, war durch die Pforte, durch die er hereingekommen war, auf die Straße gelaufen, wo sein Freund und sein Diener mit den Pferden warteten, und alle drei schwangen sich in den Sattel und stoben von dannen.
In der ganzen Stadt entstand großer Aufruhr, als sich die Nachricht verbreitete, es sei ein Attentat auf den Kaiser versucht worden, dem aber nur der edle Pfalzgraf Heinrich zum Opfer gefallen war. Reiter wurden nach allen Seiten ausgeschickt, den Übeltäter zu fassen, und hatten den Auftrag, alle drei tot oder in Ketten zu bringen. Sie wurden für vogelfrei erklärt.
Der Leichnam des Pfalzgrafen Heinrich wurde mit hohen Ehren bestattet, die Tugenden, die er gar nicht gehabt hatte, wurden hoch gerühmt und in den Himmel gehoben, er wurde als das unschuldige Opfer eines verbrecherischen Mordanschlages, der dem Kaiser gegolten hatte, hingestellt.
Ernst und Wetzel schickten den Diener, der sie begleitet hatte, fort, um ihn nicht in Gefahr zu bringen, und entkamen nach Regensburg. Dorthin aber rückte der Kaiser mit einem großen Heer, und die beiden jungen Ritter

flüchteten sich zu dem Herzog von Sachsen, der ihnen wohlgesinnt war. Dieser wandte sich an den Kaiser, um Fürsprache für Enrst einzulegen: »Vergebt Eurem Sohn, oder hört ihn wenigstens an. Wer weiß, ob er wirklich schuldig ist.«

Aber der Kaiser ließ auch jetzt nicht mit sich reden, sondern fuhr den Herzog von Sachsen ungnädig an: »So haltet Ihr es mit meinem Feind, der mir nach dem Leben trachtet? Er hat vor meinen Augen meinen getreuen Pfalzgrafen Heinrich erschlagen und Miene gemacht, sich auf mich zu stürzen, ich bin nur mit Mühe und Not entkommen!« Denn so stellte sich das, was vorangegangen war, nun in seiner Einbildung dar. »Dies soll ich meinem eigenen Sohn, denn als Sohn habe ich ihn betrachtet, nachsehen? Niemals, er hat keine Schonung verdient. Hütet Euch, Herzog, ihn zu beschützen!«

Traurig und eingeschüchtert ritt der Herzog von Sachsen zu seinem Freund zurück und sagte, es bestünde keine Hoffnung, den Sinn des Kaisers zu erweichen. Er riet ihm zu fliehen. So sammelte Ernst die treuesten seiner Freunde um sich und zog unter dem Wehklagen der Regensburger aus dieser Stadt fort. Die Stadt ergab sich darauf dem kaiserlichen Heer und bat um Gnade. Der Kaiser gewährte sie: »Weil ihr freiwillig die Tore geöffnet habt, will ich euch verzeihen und eure Stadtrechte achten.«

Danach aber eroberte er alles Land, das dem Herzog Ernst gehört hatte, und keine Stadt wagte ihm mehr Widerstand zu leisten. Und es verbreitete sich selbst unter den Anhängern Ernsts der Glaube, er habe wirklich den Kaiser ermorden und nach der Krone greifen wollen. Denn wer im Unglück ist, dem wird auch noch Schande aufgeladen.

Die einzige, die unbeirrt zu ihm hielt, war Adelheid, seine Mutter. Sie machte den Fluchtweg des Sohnes ausfindig und sandte ihm reichlich Geld und Kleinodien, damit er in der Fremde keine Not litte.

Flucht in die Fremde

Herzog Ernst und seine Ritter zogen die Donau entlang und erreichten nach einigen Monaten Konstantinopel, die große Stadt zwischen Europa und Asien, die einstmals Byzanz hieß und heute Istanbul heißt. Dort fanden sie Zuflucht beim Kaiser des Oströmischen Reiches, der dort residierte und der ihnen große Ehre erwies. Längere Zeit blieb Ernst mit seinen Rittern dort, aber sein Ziel war es, ins Heilige Land nach Jerusalem zu ziehen, um dort an den heiligen Stätten der Christenheit zu beten. Dieser Wunsch wurde immer mächtiger in ihm, und als es ihn gar nicht mehr litt, tatenlos am prunkvollen Hofe dieser Stadt, wo es nichts als Ritterspiele und Gastmähler gab, zu weilen, ergriff er die Gelegenheit, mit seinen Freunden ein Schiff, das im Hafen lag, zu kaufen, gute Matrosen zu mieten und in See zu gehen, um auf dem Seeweg durch das inselreiche Ägäische Meer nach Palästina zu gelangen.

Es sollte eine lange und abenteuerliche Reise werden, an gefahrvollen Küsten und fremdartigen Völkern vorbei, auch von Stürmen bedroht, so daß sie sich im Gewirr der unbekannten Gewässer und Gestade verirrten und bald nicht mehr wußten, wo sie sich befanden, so daß es ihnen nicht anders erging als Sindbad, dem morgenländischen Seefahrer, von dessen Fährnissen und absonderlichen Erlebnissen die arabischen Märchen erzählen.
Einmal steuerten sie nach einem schrecklichen, viele Tage und Nächte andauernden Sturm eine Küste an und erreichten das Land. Sie hatten es bitter nötig, nach frischem Wasser zu suchen. Daher machte sich eine Gruppe von ihnen ins Innere des Landes auf und erblickte in der Ferne eine Stadt, die von einer hohen, starken Mauer und einem breiten Wassergraben umgeben war. Sie wanderten um die ganze Stadt herum und zögerten lange, hineinzugehen, fanden auch kein Stadttor, sondern nach einigem Suchen nur eine versteckte schmale Pforte, die unter Gebüsch versteckt war. Sie war jedoch nicht verschlossen, und so faßten sie sich ein Herz und betraten die Stadt.
Aber kein Mensch befand sich darin, Totenstille herrschte in den Straßen. Endlich aber gelangten sie vor ein Schloß. Dessen Tor war offen, sie traten ein und fanden im Speisesaal gedeckte Tische, die mit Speisen und Getränken reichlich versehen waren. Da sich auch hier niemand blicken ließ, faßten sie sich ein Herz, setzten sich nieder und stärkten sich mit einer köstlichen Mahlzeit. Da schickten sie auch mehrere von ihnen zum Schiffe zurück, um den zurückgebliebenen Gefährten und dem Schiffsvolk Lebensmittel und Wasser zu bringen. Zuletzt blieben nur noch Ernst und Wetzel in dem geheimnisvollen Schloß, gingen von einer Kammer zur andren und gelangten in einen wohlgepflegten Garten mit herrlich blühenden und duftenden Blumen, dergleichen sie noch nie gesehen hatten. Dort befand sich ein Teich mit glasklarem Wasser und einer sprudelnden Fontäne, und Wetzel sagte: »Hier laß uns baden!«
Sie badeten, erfrischten sich und legten sich dann in einer der Kammern, wo zwei prunkvolle Betten standen, zum Schlafen nieder. Danach machten sie wieder einen Gang durch die verlassene Stadt. Aber plötzlich sahen sie von weitem einen Zug höchst sonderbarer Menschen daherkommen. Es waren aber keine richtigen Menschen, obwohl alles an ihnen menschlich war außer den Gesichtern: sie hatten statt einer Nase und einem Mund lange Schnäbel im Gesicht wie Kraniche, und da erinnerten sie sich an eine Kunde, die sie früher schon in ihrer Kindheit gehört und nie geglaubt hatten: daß es auf einer fernen Insel, deren Namen kein Mensch kannte, Kranichmenschen gäbe.
Sie traten schnell in das Schloß zurück und versteckten sich auf einem Korridor, um den Zug der Kranichmenschen zu beobachten und zu sehen, was jene nun täten. Da sahen sie, daß sich in ihrer Mitte eine Jungfrau mit einem Menschenantlitz befand, die in ein Hochzeitsgewand gekleidet und

als Braut geputzt war, aber deren Miene tiefe Furcht und Trauer zeigte. Die Kranichmenschen setzten sich an die Tafel, der am reichsten gekleidete, der ihr König war, zuoberst, und zeigten sich erstaunt, daß die Speisen berührt und zum großen Teil verzehrt waren, und sie schnatterten durcheinander wie eine Schar von Vögeln.

Leicht war es zu sehen, wie unglücklich die Braut war, daß sie einem Kranichfürsten angehören sollte, und offenkundig war sie geraubt und gezwungen worden, sich zu fügen. Ernst flüsterte seinem Freund zu: »Wenn wir nur alle beisammen wären, so wollten wir diese Dame heraushauen, aber was richten wir zu zweien aus?«

Wetzel erwiderte: »Wahrhaftig, dieser Unhold verdient es, getötet zu werden, so wahr dieses Mädchen verdient, sich wieder unter richtigen Menschen zu bewegen. Wir wollen warten, bis er schlafen geht, dann holen wir die Jungfrau.«

Als das Mahl zu Ende war, gingen die Gäste auseinander. Das Gesinde war betrunken und schnalzte und schnatterte wie Enten. Der König aber zog das Mädchen mit sich in seine schön geschmückte Kammer. Ernst und Wetzel schlichen ihm nach, wurden aber von einem Diener gesehen, der gleich Lärm schlug und schrie: »Die Inder sind da und wollen die Prinzessin holen!« Er hatte die Worte kaum ausgestoßen, da sprangen Ernst und Wetzel herzu und schlugen ihn tot. Gleich eilten noch andere Diener herbei; der Kranichkönig aber drehte sich zu seiner Braut um und zischte: »So hast du also Verrat geübt und deine Landsleute hergerufen!« Und er war so erbost, daß er das Mädchen mit seinem spitzen Schnabel in die Brust stach, daß es blutüberströmt zu Boden sank. Als die beiden Ritter dies sahen, erfaßte sie wilder Zorn, und beide durchbohrten den Unhold gleichzeitig mit ihren Klingen und stachen ihn tot.

Nun wurden sie von den Dienern umringt, daß sie sich mit ihrer Waffe nur mit Mühe wehren konnten. Aber es gelang ihnen, die Angreifer, die keine Waffen hatten, zur Kammer hinauszutreiben und die Tür zu verriegeln. Sie hoben die Jungfrau auf, aber sie war so schwer verwundet, daß sie kaum reden konnte. Mit Mühe flüsterte sie: »Ihr tapferen Helden, hättet ihr mich meinem Vater lebend heimgebracht, er hätte mich einem von euch zur Ehe gegeben, jetzt aber kann es nicht mehr sein, ich muß sterben.«

Dann verschied sie.

Nun aber durften die beiden keine Zeit verlieren, bis die Kraniche Verstärkung bekämen. Sie stießen die Tür auf und rasten, kräftig mit den Schwertern um sich schlagend, daß die Kranichleute laut schnatternd und hilflos zu Boden fielen, ins Freie, rannten durch die Stadt, wobei sie wiederum keiner Seele – weder einer mit Menschen- noch mit Kranichgesicht – begegneten, fanden die Pforte und liefen zum Schiff, wo schleunigst der Anker gelichtet wurde, und alsbald dankten sie Gott, daß sie in Sicherheit

waren, aber tief betrübt, daß sie der unglücklichen Braut keine Hilfe hatten bringen können.
Später kam ihnen das ganze Erlebnis nur noch wie ein Traum vor, aber es war erst das erste einer ganzen Reihe von wilden Abenteuern, die allzu sonderbar waren, um überhaupt erzählt werden zu können.
Als sie einmal wieder an Land gingen, um nach einer Quelle mit Wasser zu suchen, tat gleichzeitig ein anderes Schiff dasselbe, und dieses war mit lauter Negern bemannt. Die weißen Ritter begrüßten die Schwarzen freundlich, und diese erwiderten die Begrüßung ebenso freundlich. Neugierig fragte Ernst den Kapitän, wer sie wären und woher sie kämen; er hatte noch nie so schwarze Menschen gesehen. Der Neger sagte: »Wir kommen aus dem fernen Osten, aus Indien, und sind vom Wind hierher getrieben worden.« Ernst fragte sie weiter nach ihrem Glauben, und sie antworteten, sie seien gläubige Christen und ihr Herrscher stamme vom König Salomo ab.
Weiter fragte Ernst, ob ihr Land auch Kriege zu führen habe, und der Mann entgegnete: »Eine Zeitlang mußten wir einen schweren Krieg gegen den Sultan von Babylon führen, der uns unseres Glaubens wegen angegriffen und unser halbes Land mit Feuer verwüstet hat. Seit einem Jahr gab es dann Frieden, aber jetzt hören wir, daß der Sultan von Babylon von neuem Krieg machen will.«
Da beredeten Herzog Ernst und seine Ritter sich und sagten: »Wollen wir nicht gemeinsame Sache mit diesen guten Leuten machen, die unseres Glaubens sind, und ihnen gegen die Heiden beistehen? Wir sind es doch satt, fortwährend unter Ungläubigen zu leben und uns unter Kranichmenschen und sonstigen Wilden herumzutreiben!«
Das fand allgemeinen Beifall. Sie luden den fremden Schiffsherrn auf ihr Schiff und bewirteten ihn und seine Männer, dann trugen sie ihren Wunsch vor und fanden freudige Zustimmung. Gemeinsam fuhren sie in das ferne Land, welches Äthiopien hieß, wurden auf das freundlichste aufgenommen und schlossen mit dem Negerkaiser, der vom König Salomo abstammte, ein Bündnis.
Als bald darauf der Sultan von Babylon mit einem Heer erschien, um die Neger zu bekriegen, beruhigte Ernst den Kaiser, der schon ganz verzagt war, und sagte: »Hab keine Furcht, wir werden dreinschlagen, daß dem Babylonier Hören und Sehen vergeht, und Ihr sollt sehen, wie deutsche Ritter zu kämpfen verstehen.«
Als dann die Schlacht entbrannte, verging den Heiden wahrhaftig Hören und Sehen, denn sie waren nicht darauf gefaßt, mit so kühnen Kämpen anzubinden. Ihrer viele wurden getötet, und den Sultan selbst nahm Graf Wetzel gefangen, nachdem er ihn im Zweikampf zu Boden gezwungen hatte. Es war aber dieser Zweikampf kein Kampf mit Waffen gewesen, sondern Wetzel, der Bärenkräfte besaß, hatte sich den Spaß gemacht, dem

Gegner den krummen Säbel aus der Hand zu schlagen, sein eigenes Schwert wegzuwerfen und den Mann so fest zu umschlingen, daß ihm der Atem verging, und ihn so im Ringkampf zu bezwingen.
Da sagte der Unterlegene: »Wenn ihr mich freilaßt, gelobe ich bei Allah, nie wieder Krieg gegen die Äthiopier zu führen; euch Ritter aber will ich, wenn es euer Wunsch ist, sicher nach Jerusalem geleiten, denn ich kenne den Weg, und keinerlei Gefahr werdet ihr unterwegs ausgesetzt sein.«
Denn er wußte, wenn abendländische Ritter im Morgenland auftauchten, so war es ihr Ziel, in Jerusalem am Grabe des Stifters ihres Glaubens zu beten.
Darauf gingen die Ritter ein, und sicher geleitete der Sultan mit seinen übriggebliebenen Kriegern sie des weiten Weges bis nach der Heiligen Stadt, und dort begrüßte sie der König von Jerusalem voller Ehrerbietung als Gäste in seinem Palast, wo sie von den vielen Abenteuern und Fährnissen und Entbehrungen ausruhten.

Heimkehr

Dann dauerte es wieder ein halbes Jahr, vielleicht auch ein ganzes oder noch länger, daß den Herzog Ernst das Heimweh plagte und der Überdruß an dem untätigen Dasein in dem Lande, das die Sehnsucht so vieler anderer Ritter war; und seinen Gefährten erging es nicht anders. Zwar lud ihn der König von Jerusalem zum Bleiben ein, so lange es ihm behagte, und bot ihm auch an, sich ein Mädchen des Landes zum Heiraten auszusuchen, aber das alles lockte ihn nicht mehr. Besonders aber saß der Stachel in seinem Herzen, daß er zu Unrecht aus seinem Lande verjagt worden war und daß er doch nicht sein ganzes Leben unter dieser Schmach verbringen durfte, statt sie von sich abzuwaschen; und so viele Abenteuer er auch erlebt hatte, so war er doch immer noch kein anderer, als er war: der Herzog von Bayern und Österreich. Wer mochte jetzt diese seine geliebten Länder regieren?
Endlich aber fraß auch die Sehnsucht, seine Mutter wiederzusehen, an seinem Herzen. Und auch alle seine Gefährten hatten irgendwen, an den sie dachten. So wuchs in ihnen allen der Entschluß, in die Heimat zurückzukehren, und wenn es nicht anders ging, unerkannt und in Verkleidung.
Sie nahmen Abschied von ihrem königlichen Gastgeber und dem Lande und allen, denen sie darin begegnet waren, und gingen auf ein Schiff, das nach Rom fuhr. Als es ernst mit der Abfahrt wurde, waren nur noch zwei unter ihnen, die ihren Entschluß bereuten und doch lieber in der Fremde bleiben wollten, die ihnen keine Fremde mehr war, weil sie dort ein Mädchen liebgewonnen hatten und zu heiraten gedachten.
Auf dem Meer erging es ihnen ähnlich wie dem Apostel Paulus, der nach schrecklichen Stürmen, auf der Reise von Palästina nach Rom, an den mal-

tesischen Strand verschlagen wurde und Schiffbruch erlitt. Schiffbruch erlitten sie nicht, mußten aber am Strande von Malta notlanden, konnten jedoch ihre Reise schließlich fortsetzen und gelangten glücklich nach Rom.

Dort kauften sie Pferde und setzten ihre Reise über die Alpen nach Deutschland fort. Unerkannt und in Verkleidung gelangten sie nach Speyer, aber Herzog Ernst und Graf Wetzel trennten sich zuvor von den übrigen Gefährten, die einzeln ihre Heimreise weiterführten, und nahmen heimlich in der Residenz des Kaisers ein bescheidenes Quartier. Inzwischen aber hatte der Kaiser beschlossen, einen Reichstag in der Stadt Nürnberg abzuhalten, und so mußten die beiden Jünglinge sich nach dorthin auf den Weg machen.

Später traf der Kaiser mit seiner Gemahlin und dem Gefolge in Nürnberg ein, und die Kaiserin war von mehreren Jungfrauen begleitet. Ernst sah seine Mutter von weitem und war unschlüssig, was er tun, ob er sich ihr zu erkennen geben sollte. Das Ziel seiner Heimkehr war doch, sich mit dem Kaiser wieder zu versöhnen, vielleicht mit Hilfe seiner Mutter, und sofern all die Jahre den Kaiser versöhnt haben mochten.

Vor der Eröffnung des Reichstages war Kirchgang, und als Ernst – wiederum von weitem – seine Mutter in die Kirche gehen sah, sagte er zu seinem Gefährten: »Was meinst du – soll ich mich ihr zu erkennen geben oder vor sie hintreten als ein Fremder, um kein Aufsehen zu erregen?« Wetzel erwiderte: »Tu, was die Gunst oder Ungunst des Augenblicks dir eingibt.«

Sie traten miteinander in die Kirche, und Ernst ging auf die Kaiserin zu, grüßte sie ehrerbietig und sprach: »Gebt mir doch ein Almosen um Eures Sohnes willen!«

Sie entgegnete: »Lieber Freund, ich hab' meinen Sohn viele Jahre lang nicht gesehen. Warum sprecht Ihr von ihm? Kennt Ihr Ihn? Wollte Gott, daß er noch am Leben wäre, da würde ich Euch ein gutes Geschenk geben und dem Himmel danken!« Denn sie erkannte ihn nicht, so sehr hatten die Jahre in der Fremde ihn verändert, auch verhüllte eine Kapuze sein Gesicht zur Hälfte.

Da sagte er: »So gebt mir schnell eine Wegzehrung, denn ich muß mich wieder davonmachen, weil ich bei meinem Vater in Ungnade und für vogelfrei erklärt bin.«

Erst da erkannte sie ihn und rief: »Wie, Ihr seid mein Sohn Ernst!«

»Ja, Mutter, ich bin es«, sagte er. »Helft mir, daß ich wieder in Gnaden komme und meine Schande gelöscht wird. Du hast doch gewiß nicht geglaubt, daß ich den Mann, der mir wie ein Vater war, habe ermorden wollen!«

»Mein geliebter Sohn«, sagte sie, »da wir nicht Zeit haben, hier ungestört miteinander zu reden, will ich dir einen Weg zeigen, wie du bei deinem

Vater Gnade finden kannst. Komm morgen, wo der Kaiser dem Gottesdienst beiwohnt, wieder in die Kirche, und sobald der Bischof das Evangelium gesungen hat, tritt vor den Kaiser hin, falle vor ihm auf die Knie und bitte ihn, dir, um Christi willen, zu verzeihen. Ich will noch heute mit dem Bischof sprechen und ihn bitten, sich bei dem Kaiser für dich zu verwenden, daß er dir Gnade gewährt. So hoffe ich, daß sich sein Herz für dich erweicht.«

»Geliebte Mutter«, erwiderte da Ernst, »wie kann ich um Gnade flehen, wenn ich nichts Unrechtes getan habe? Was ich zu erlangen suche, ist das Recht und nicht die Gnade.«

»Wenn du darauf pochst, daß du im Recht seiest und dir bitter Unrecht geschehen wäre, so wird es den Kaiser nur ärgern, und er wird dir erst recht zürnen und dich von sich stoßen. Nein, du mußt seine Knie umfassen und um Vergebung flehen für etwas, was du nicht getan hast, dann wird sich, wenn der Bischof deine Flehen unterstützt, seine Huld dir wieder zuwenden.«

Als ihr Sohn sie verlassen hatte, ließ sie den Bischof zu sich kommen und bat ihn, wenn Ernst vor dem Kaiser knien würde, so solle er den Kaiser an das Gebot Christi mahnen, einem reuigen Sünder zu vergeben. Das versprach er gern.

Am nächsten Tag ging der Kaiser mit seinem Gefolge in die Kirche, um zu beten. Da traten unter den zahlreichen übrigen Kirchgängern auch Ernst und Wetzel in die Kirche und näherten sich dem Kaiser, aber Wetzel blieb hinter einem Pfeiler stehen, um abzuwarten, was geschähe. Denn wenn der Kaiser seinem Stiefsohn nicht verzieh, sondern ihn zum Kerker verurteilte, so wollte Wetzel dem Freund zu Hilfe eilen und mit ihm fliehen.

Der Kaiser saß in vollem Prunk auf seinem Stuhl, und Adelheid nahm neben ihm Platz. Der Bischof begann das Evangelium zu singen. Dann wartete er kurz mit der Predigt, wie es mit der Kaiserin verabredet war. Nun trat Herzog Ernst mutig vor seinen Stiefvater hin. Er hatte seinen Mantel über das Gesicht gezogen, fiel auf die Knie nieder und sprach: »Allergnädigster Herr und Kaiser, ich bitte Euch, daß Ihr einem Sünder verzeihen möget, der sich vor langer Zeit gegen Euch vergangen hat, aber dessen Schuld nicht erwiesen ist.«

Der Kaiser hörte sich dies an und erwiderte: »Ohne daß ich die Übeltat kenne, für die du dich entschuldigst, kann ich dir keine Verzeihung gewähren.«

Da stand die Kaiserin von ihrem Sitz auf und sagte: »Gnädiger Herr, vergebt diesem Menschen, weil er Euch an einem festlichen Tag so inständig bittet.«

Desgleichen trat der Bischof herzu und sprach: »Um Christi willen, vergebt einem reuigen Sünder. Ihr wißt wohl, vor Gott ist keine Sünde so groß, daß sie nicht verziehen werden könnte.«

Da erklärte der Kaiser: »So soll ihm verziehen sein, doch will ich wissen, wer er ist, der hier vor mir kniet.«
Da warf Herzog Ernst seinen Mantel zurück, und der Kaiser erkannte ihn. Zorn zog über sein Gesicht, aber verging rasch, als er sah, wie sie alle so eifrig Fürbitte für den Jüngling einlegten. Er fragte: »Sohn, bist du allein gekommen, oder sind welche von deinen Freunden bei dir?«
»Dort hinter dem Pfeiler steht mein Freund Wetzel«, sagte Ernst, und der Gerufene trat näher. Da sie so vor dem Kaiser standen, glättete sich dessen Miene vor Rührung, und ohne noch etwas zu sagen, gab er ihnen nacheinander den Friedenskuß.
Hierauf wurde ein Festmahl gerichtet, und als sie alle gegessen und getrunken hatten und guter Dinge waren, sagte Herzog Ernst zu dem Vater: »Wie kam es, daß Ihr meinem Feinde Glauben geschenkt habt? Ich habe nie Böses gegen Euch im Schilde geführt.« Seine Mutter gab ihm heimlich ein Zeichen, er solle schweigen, aber Ernst fuhr fort: »Der König von Jerusalem hörte sich meine Geschichte an und sendet Euch diesen Karfunkelstein als Geschenk und zum Zeichen, daß er an meine Unschuld glaubt.« Damit überreichte er dem Kaiser einen kostbaren Edelstein, den ihm der König von Jerusalem zum Abschied geschenkt hatte.
Der Kaiser konnte des Staunens über all das, was sein Sohn an Abenteuern erlebt hatte, kein Ende finden und sagte: »Schon dadurch, daß du so viel durchgemacht hast, verdienst du meine Huld. Du sollst all dein Land wiederhaben und mein lieber Sohn sein, an dem kein Makel mehr haftet.«
Den Karfunkelstein ließ er durch seinen Hofgoldschmied in die Kaiserkrone einfügen, und er wird heute noch in der Schatzkammer zu Wien aufbewahrt.

Die Rolandsage

Wie Kaiser Karl nach Spanien zog

Von den Ufern des Atlantischen Ozeans bis tief in die Wälder Deutschlands, vom Nordseestrand bis zu den schneeigen Berggipfeln der Alpen und weiter bis nach Rom, der »Ewigen Stadt«, erstreckte sich das Reich Kaiser Karls des Großen. In ihm herrschte Friede und die Eintracht des christlichen Glaubens. Noch heute spricht man in Ehrfurcht von diesem Herrscher.

Auch außerhalb der Grenzen seines Reiches hatte sich das Christentum durchgesetzt, doch hatte es harte und mächtige Feinde. Der Islam hatte von Arabien aus seinen Siegeszug angetreten, die ganze afrikanische Küste des Mittelmeeres erobert und sich Spanien unterworfen, und von den Pyrenäen her bedrohten die Mauren das Reich Kaiser Karls. Schwer bedrängte die grüne Fahne des Propheten Mohammed die christlichen Länder, und tiefe Sorge erfüllte den Kaiser, wenn er an die kommenden Kämpfe mit den kampferprobten Heeren der Mauren und Sarazenen dachte.

Zwar herrschte eine Zeitlang noch Friede und gutes Einvernehmen zwischen Christen und Mohammedanern unter der Herrschaft des Kalifen Masul in Spanien; aber als dessen Macht anwuchs, wuchs auch sein Ehrgeiz, seine Religion zur alleinigen in seinem Reich zu machen, und er begann die Christen mit Feuer und Schwert zu verfolgen und ihre Kirchen zu zerstören.

In ihrer Not wandten sie sich an Kaiser Karl um Hilfe. Ihre Abgesandten traten vor seinen Thron in Aachen und warfen sich ihm zu Füßen. Ihre Schilderungen des Elends, das über sie gekommen war, empörten den Kaiser um so tiefer, als er bisher Grund gehabt hatte, an die freundschaftliche, friedliche Gesinnung des Kalifen zu glauben. Er sprang schier rasend vor

Zorn von seinem Thron auf und rief: »Diese Tücke und Grausamkeit soll nicht ungerächt bleiben, ich schwöre es! Ich will die ganze Streitmacht meiner Länder nach Spanien führen – Masul und die Heiden sollen für ihre Untaten büßen!«
Und am gleichen Tage befahl er seine Paladine zu sich, die tapfersten der Ritter, die ihm dienten, und sie kamen vollzählig: allen voran die noch jungen Helden Roland und Oliver, die Grafen Walther und Otto, Ritter Ganelon, der für seine Listigkeit berühmt war, und viele andere der Adligen aus dem Frankenland und aus Burgund, vom Rhein und der Donau, auch der kampflustige Erzbischof Turpin war dabei, denn dazumal gab es Kirchenmänner, die zugleich weltliche Fürsten mit Land und einem Heerbann waren.
Keiner von all diesen war dem Kaiser so ans Herz gewachsen wie sein Neffe Roland, der Sohn seiner Schwester. Der hatte trotz seiner Jugend schon in manchen Schlachten mitgekämpft und sich Ruhm erworben, und wo er das Schwert für seinen kaiserlichen Herrn und seinen Christengott führte, flohen die Feinde, ehe daß sie sich zum Kampf stellten, so gefürchtet war er schon in jungen Jahren.
Dieser strahlende Held besaß drei köstliche Schätze. Der eine war sein Schwert, das den Namen Durendart hatte, was soviel bedeutet wie: »unzerbrechlicher Stahl«. Dieses war eine Schmiedearbeit wie kaum eine zweite – doch hatten auch die andern Edlen gute Schwerter. Sein zweiter Besitz war das Horn Olifant, dessen Ton so meilenweit hindröhnte, daß man es wie Donner über ganze Länder hinweg vernahm. Manches Mal schon hatte sein Drommetenschall in der Schlacht die Feinde in Schrecken versetzt.
Rolands drittes kostbares Gut aber war eins des Herzens, zweier Herzen. Er liebte die Schwester seines Freundes und Kampfgefährten Oliver und wurde von ihr wiedergeliebt, und eines Tages wollten die beiden den Ehebund schließen.
Doch hatte ein hartes Schicksal es anders beschlossen.
Der Heilige Krieg gegen die Mauren wurde verkündet, und an der Spitze eines großen Heeres zog Kaiser Karl nach Spanien gegen das Kalifat von Córdoba, wie Masuls Herrschaftsbereich genannt war. Das Kampfgeschrei der fränkischen Krieger erscholl: »Wider die Heiden, für unsere christlichen Brüder all unsern Mut, all unser Blut!«
Schon hatten Truppen der Mauren und Sarazenen das Gebirge der Pyrenäen überschritten und brachten Tod und Brand und Elend ins Frankenland. Aber als dem Kalifen das Nahen des Frankenheeres gemeldet wurde, zog er sich wieder zurück. Ihm nach folgte das Heer Kaiser Karls, entschlossen, die Entscheidung auf spanischem Boden herbeizuführen.
Doch indem die Märsche sich in die Länge zogen, gedachte er noch einmal einen Versuch zu machen, den Gegner zu einem friedlichen Nachgeben zu

bewegen. Er sandte Boten an den Kalifen und verlangte, den Christen im Bereiche des Kalifats sollte volle Glaubensfreiheit gewährt werden. Der Kalif aber tat etwas, was zu allen Zeiten und bei allen Völkern als eine Ungeheuerlichkeit gegolten hat: er verletzte das heilige Recht der Gesandten und ließ die Boten ermorden.

Da gab es denn kein Verhandeln, keine Nachsicht mehr. Ergrimmt warf sich Karls Heer zuerst auf die Stadt Tortosa. Auf dem Wege dorthin wurde Sieg auf Sieg erfochten. Entsetzen erfüllte das tückische Herz des Kalifen, und als beim Sturm auf die Wälle Rolands Horn gewaltig erdröhnte, so gewaltig wie die Trompeten vor Jericho, schrie Masul: »Das ist Olifant, Ritter Rolands Horn – da sind wir verloren!« So ganz verzagt war er schon gleich.

Und verloren waren die Seinen auch wirklich. Die Mauern und Palisaden der Festung Tortosa konnten dem Ansturm der Franken nicht widerstehen, und wie verbissen sich die Mauren auch schlugen, sie wurden überwältigt. Masul, der Kalif, aber entkam, wie in der Regel die Führer entkommen, während die Kämpfer ihr Leben lassen; er zog sich mit dem Rest seines Heeres weit zurück bis in seine Hauptstadt Córdoba und glaubte, so weit könne der Kaiser sich nicht ins Land hinein wagen, denn da müßte er eine lange Kette stark bemannter Festungen überwinden. Darin hatte er recht, das Land Spanien war groß; und als nach einer Reihe von Schlachten der Kaiser die große und reiche Stadt Saragossa am Flusse Ebro als Sieger einnahm, verweilte er darin, richtete sich seine Hofhaltung ein und ließ seine Truppen sich sammeln.

Ja, die Stadt Córdoba blieb übrig, aber sie war allzu fern, viele Wochen, vielleicht Monate von Märschen weit weg. Masul berief seine Ratgeber um sich: »Saragossa ist gefallen. Der Tag kann kommen, wo der Zorn der Barbaren über uns herfällt.«

Denn in den Augen der Mauren und aller Araber waren die Franken und alle Völker Europas Barbaren, und in den Augen der Franken waren wiederum jene Barbaren. Ungläubige Hunde schalten sie alle einander, weil sie für ihren Gott verschiedene Namen hatten.

Die Ratgeber des Kalifen schwiegen ratlos. Man konnte nicht wissen, was der Kaiser unternähme. Dann nahm ein Höfling, der Blankandrin hieß, das Wort: »Ein friedlicher Ausgleich wäre das beste – wenn Ihr nur nicht die Gesandten des Kaisers getötet hättet! Das war gegen alle unter den Völkern geheiligte Sitte.«

»Ist nicht im Krieg alles erlaubt?« sagte Masul. »So weißt du also auch keinen Rat?«

»Ich weiß nur diesen einen: Fügt Euch. Unterwerft Euch, und sei es nur zum Schein. Legt Schwüre ab, schmeichelt ihm, schickt ihm großartige Geschenke. Seine Reichtümer sind nur gering gegen Eure.«

Andere Ratgeber sagten: »Das wird alles nichts nützen«, aber wieder andere fanden den Rat richtig, und Masul entschied nach langem Bedenken und Grübeln: »Es ist das einzige, was uns bleibt. Führe du, Blankandrin, der du so geschickt zu reden verstehst in der Sprache der Franken, vor dem Kaiser das Wort. Belade zehn Pferde mit Schätzen, wirf dich dem Kaiser zu Füßen, versprich ihm alles, was dir in den Sinn kommt, betöre ihn mit Geschenken, biete ihm an, ich wollte sein treuster Vasall sein. Was danach kommt, später – das möge Allah fügen.«

Blankandrin tat wie befohlen und erschien mit einer Gesandtschaft und einer Fülle von Schätzen in Saragossa vor Karl und führte seine Sache geschickt mit schmeichelnder Zunge.

Karl wandte sich an seine Paladine: »Was, ihr Herren, ratet ihr?«

Erzbischof Turpin, dessen Rat hoch geachtet war und als der klügste galt, nahm das Wort: »Masul hat eine schwere Schuld auf sich geladen. Er hat das Verbrechen des Gesandtenmordes begangen. Ein Fürst, der solcher Abscheulichkeit fähig ist, ist des kaiserlichen Vertrauens nicht würdig.«

Andere stimmten ihm bei, doch nicht alle. Auch Ganelons Wort galt viel, und er äußerte Bedenken. »Eure Macht, Majestät«, sprach er, »würde nicht ausreichen, die unermeßliche Streitmacht der Mauren und Sarazenen zu vernichten oder aus dem ganzen Lande Spanien hinaus und nach Afrika zurückzujagen, woher sie gekommen ist. Unendliches Blutvergießen müßte aus der Fortsetzung des Krieges entstehen. Nein, Majestät, strebt die Versöhnung an; dieser Augenblick, wo Masul sich hart geschlagen fühlt, ist günstig, und vielleicht kehrt er nicht wieder. Wenn jetzt der Kalif sich unterwirft, so daß Christen und Mohammedaner in Spanien friedlich miteinander leben, ist es besser, als wenn beide Völker einander noch weiter zerfleischen.«

Es war kein schlechter Rat, aber dem jungen ungestümen Roland, den nach Kampf dürstete, gefiel er nicht. Darum tat er eine unbedachte Rede: »Euch haben die Schätze und das Gold, das Masul schickt, verblendet?«

Diese beiden standen miteinander nicht gut, obwohl sie verwandt waren. Ganelon neidete dem jungen Edlen seinen Waffenruhm, Roland aber haßte des Älteren Neigung zu Listen und Schlichen. Fortan trug Ganelon im Sinne, Roland zu verderben. Noch schluckte er seinen Groll hinunter und entgegnete: »Nicht mir kämen ja Masuls Geschenke zugute, sondern dem Kaiser und der gesamten Christenheit!« Und er fuhr fort, für einen friedlichen Ausgleich zu reden, und so geschickt war seine Zunge, daß er allmählich auch die anderen Ritter und Räte auf seine Seite brachte.

Da nahm Roland noch einmal das Wort: »So mag doch Ganelon nach Córdoba reiten und erkunden, ob Masuls Absichten ehrlich gemeint sind«, und das leuchtete dem Kaiser ein. Er entschied: »Reite du, Ganelon, mit einer Gesandtschaft zu Masul und prüf ihn auf Herz und Nieren. Findest du seinen Vorschlag aufrichtig gemeint, so nimm seine Unterwerfung an und mach Frieden in meinem Namen.«

So machte sich Ganelon auf den Weg, während ungewisse und böse Pläne sich in seinem Sinne regten. Das Wort, das Roland ihm gesagt hatte, empfand er als Schimpf. Und da sich der Haß immer tiefer in ihn hineinfraß, wurde er zum Boten des Unheils.

Wie Ganelon zum Verräter wurde

Ganelon, so erwähnten wir schon, war für seine Listigkeit berühmt; aber keiner am Hofe Kaiser Karls, auch der kluge Kaiser nicht, hätte ihm zugetraut, daß er sich für ein paar unbedachte Worte des heißblütigen jungen Roland so hinterlistig rächen würde. Sein Haß wurde noch dadurch geschürt, daß Roland recht hatte: die Reichtümer, die die Gesandten Masuls vor dem Kaiser ausbreiteten, hatten seine Goldgier geweckt.

Nicht nur das, sondern er hatte den Jüngeren obendrein in dem Verdacht, ihn durch die Reise zu den Mauren verderben und sich, als Verwandter, seine Güter aneignen zu wollen. So krumme Wege kann ein Haß gehen!

Masul empfing ihn an seinem Hofe mit hohen Ehren und hütete sich diesmal wohl, einen Gesandten anzutasten. Ein eigener Palast wurde dem Franken zur Wohnung angewiesen, und ein stattliches Aufgebot von Sklaven und Mägden hatte für sein Wohlbefinden zu sorgen.

Der Maurenfürst und seine Ratgeber hatten bald herausgefunden, daß die Freude an Reichtümern und Wohlleben und üppigen Festen die Schwäche des fränkischen Ritters waren. Namentlich Blankandrin, der Ganelon an Listigkeit glich oder gar überlegen war, durchschaute den Fremden und gab dem Kalifen den Rat: »Besteche ihn. Besteche ihn mit märchenhaften Geschenken, dann ist er der Unsrige, und wir werden mit seiner Hilfe die Franken übertölpeln.«

Masul gefiel das, und die Gelegenheit, den Fremden auf die Probe zu stellen, ergab sich schon bald. Während sie einmal wieder tafelten, ertönte Rossegewieher vom Hofe, und Masul fragte: »Hört Ihr das feurige Wiehern meiner andalusischen Hengste? Edlere Tiere gibt es auf der Welt nicht.«

Sie traten ans Fenster, und beim Anblick der prachtvollen arabischen Vollbluthengste geriet Ganelon in Begeisterung. und er gestand: »Solch herrliche Tiere hab' ich noch niemals gesehen!«

Und wirklich gab es im ganzen Abendland nicht solch edle Rosse, wie die Araber sie aus den Wüsten ihres Landes mit nach Spanien gebracht hatten. Es waren vier an Zahl, die in den Palasthof geführt wurden.

»Es freut mich«, sagte Masul, »daß ich wenigstens eins bieten kann, was selbst die mächtigen und reichen Franken nicht haben. Ich bitte Euch, nehmt diese vier Tiere als Gastgeschenk an zum Zeichen meiner freundschaftlichen Gesinnung.«

Ganz außer sich vor Freude nahm Ganelon diese Gabe an und stellte sich vor, wie sehr er daheim den Neid aller anderen erregen wollte.

Nicht genug damit, lud Masul ihn am nächsten Tag ein, ihn durch seine Schatzkammern zu begleiten, um sich nach vollem Belieben weitere Gaben für ihn selbst und für seinen Kaiser und seine Landsleute auszusuchen.
Ganz geblendet von all dem Glanz und der Üppigkeit — an Reichtum waren die Mauren allen Völkern Europas überlegen –, schritt Ganelon an Masuls Seite durch die Gewölbe, und seine Sinne wurden von alledem betört. Zuletzt winkte der Kalif einen Diener herbei und befahl ihm, ein großes goldgetriebenes Becken zur Hand zu nehmen, dann wandte er sich an seinen Gast: »Wir wollen es füllen bis zum Rand, denn niemand soll sagen dürfen, der Kalif von Cordoba und Andalusien habe seinen hochberühmten Gast mit Bettelkram ziehen lassen. Sagt mir, was Euch gefällt, und es sei Euer.«
»Und Ihr fordert dafür nichts von mir?« entgegnete Ganelon zweifelnd. Wußte er doch, wie sehr große Gaben verpflichten.
»Wenn Ihr so etwas vermutet, tut Ihr mir unrecht!« rief da Masul. »Es ist nicht die Art maurischer Fürsten, Bedingungen zu stellen, wenn wir schenken. Freigiebigkeit unsern Freunden gegenüber gehörte immer zu unsern Tugenden. Nehmt also, was Euch gefällt, und zieht damit in Euer Land. Oder besser noch: Bleibt doch ein wenig.«
Sie schritten durch die Kammern, gefolgt von dem Diener mit dem Bekken, das noch leer war. »Welch ein Schwert!« rief Ganelon entzückt beim Anblick einer besonders kunstvoll geschmiedeten Klinge, und Masul nahm sie und legte sie in das Becken. »Ach, welch eine Spange von Diamanten... Welch eine Halskette aus Jaspis ... Welch ein Becher aus Gold ...«
Ein Ausruf nach dem andern entrang sich dem Manne Kaiser Karls, der unter der Betörung, deren er selbst nicht bewußt ward, immer mehr zum Manne des Kalifen wurde, und jedesmal nahm Masul das, was Ganelon bewunderte, und tat es in das Becken. Zuletzt nahm Ganelon einen reich verzierten Dolch in die Hand, und Masul sagte: »Das ist eine Arbeit aus Damaskus, und die Edelsteine stammen aus Indien. Ich sehe, diese Klinge füllt das Becken bis oben, jedoch ...«
Er machte eine kunstvolle Pause. »Jedoch?« fragte Ganelon.
»Jedoch ist eine Bedingung daran geknüpft, daß sie Euch gehört.« Er lächelte verschmitzt.
»Also doch eine Bedingung?« fragte Ganelon argwöhnisch.
»Die Bedingung der Freundschaft«, sagte Masul und legte dem Franken die Hand auf die Schulter. »Wem dieser Dolch, der ein Zauberdolch ist, gehört, der muß mein Freund sein. Darin besteht sein Zauber.«
Und Ganelon verstand. »Fällt es Euch schwer?« fragte Masul noch.
»Nein, es fällt mir nicht schwer«, entgegnete Ganelon ganz benommen. »Laß uns Brüder sein!« Und er umarmte den Mauren.
Wußte er es, oder wußte er es nicht, oder wußte er es nur halb, daß er sich mit diesem Wort und dieser Umarmung ganz in die Gewalt des Kalifen gegeben hatte?

Wie Rolands Heer im Tal von Roncesvalles überfallen wurde

In der eroberten Stadt Saragossa hielt Kaiser Karl hof und wartete ab, welche Nachricht Ganelon ihm brächte. Dorthin begab sich nun Ganelon, beladen mit Schätzen, und berichtete, er habe den Kalifen für treu und aufrichtig befunden und verbürge sich dafür, daß er seine Zusicherungen einhalten und zu seinen Abmachungen stehen werde.

»Sag genauer«, forderte Karl ihn auf, »was uns Masul verspricht.«

»Er verspricht, das Christenkreuz künftig zu achten, Frieden mit den Christen zu halten, jährlich so viel Tribut an Gold zu entrichten, wie siebenhundert Maultiere tragen können, was doch einen gewaltigen Reichtum ausmacht, stellt es Euch vor, Majestät. Endlich erklärt er sich bereit, zum Zeichen seiner Friedlichkeit eine Besatzung fränkischer Soldaten unter dem Befehl auserlesener Ritter in seinem Lande zu dulden. Sein Herrschaftsbereich aber erstreckt sich von der Meerenge von Gibraltar bis zum Ebro!«

Karl strich sich bedächtig den Bart: »Das Angebot gefällt mir. Nun aber zur Hauptsache: Was fordert der Kalif als Gegenleistung von uns?«

Ganelon erwiderte: »Er verlangt, daß das fränkische Hauptheer abzieht. Der Ebro sei die Grenze, und die Stadt Saragossa sei wieder maurisch.«

Und als er sah, wie der Kaiser noch überlegte, fügte Ganelon rasch hinzu: »Die Besatzung, die jenseits des Ebro zurückbleibt, wird dafür bürgen, daß Masul seine Versprechungen einhält. Ich meine, und auch Masul weiß es, wenn ein Held wie der junge Roland diese Schar befehligt, ist sie unüberwindlich.«

Dem Kaiser leuchtete all dieses ein. »Mein Wunsch war es nie«, sagte er heiter, »mein Leben unter der glühenden Sonne Spaniens zu verbringen. Mich zieht es nach meiner Pfalz in Aachen, wo ich mein Reich in Ruhe überschauen und lenken kann. Spanien zu erobern läge mir fern! Darum soll der Pakt mit Masul, dem Kalifen, besiegelt sein. Eine ausgewählte Schar meiner Krieger soll im Land bleiben und achtgeben, daß der Maure sein Wort hält. Roland und Oliver, das Freundespaar, soll diese Truppe anführen, dann ist Gewähr gegeben, daß nichts Unrechtes geschieht. Und nach einiger Zeit, wenn kein Zweifel mehr an der Ehrlichkeit Masuls besteht, rufe ich diese Besatzung wieder zurück.«

So geschah es. Der Kaiser brach mit seinem Heer aus Saragossa auf, um das fremde Land zu verlassen. Bis an das Pyrenäengebirge gaben die Paladine, die zurückbleiben sollten, ihm das Geleit. Im Tal von Roncesvalles, wo die Straße durch wilde Schluchten nordwärts ins Heimatland führte, nahmen sie Abschied voneinander.

Als nun die kleine Schar der Tapferen allein war und ganz auf sich gestellt, ließ Roland seine Blicke gedankenvoll über die steilen Felswände schweifen, die den Paß und das Tal Roncesvalles einsäumten. »Meine Freunde«, sagte er dann, »laßt uns fürs erste hier ein Lager aufschlagen und abwarten, was

die nächsten Tage bringen und ob das falsche Sarazenenherz des Kalifen auf Verrat sinnt.«
Einer der jüngeren seiner Krieger, der wissensdurstig war, fragte dazwischen: »Sind's eigentlich Mauren oder Sarazenen, mit denen wir's zu tun haben, oder sind's Araber oder Berber, es geht alles so durcheinander.«
Er wurde von denen, die es wußten, belehrt: »Alle miteinander, die aus den arabischen Wüsten und aus Afrika kommen, Araber, Mauren, Berber, werden Sarazenen genannt. Warum, das weiß man nicht.«
Roland fuhr fort: »Sollte sich Unheil über uns zusammenziehen, so kommen wir unter den Schutzmauern dieser Berge leichter gegen eine Übermacht an als in der Ebene.«
Wie sehr hatte er sich da getäuscht!
»Du siehst zu schwarz«, sagten die andren, aber fügten sich doch seinem Rat.
Sie schlugen dicht vor dem Ausgang des Tales, wo es sich zur Ebene öffnete, eine Zeltstadt auf und richteten sich ein, dort eine Weile zu bleiben, die Rosse zu tränken, die Vorräte zu ordnen, die Glieder zu entspannen und die Waffen zu putzen. Einer der Ritter, Graf Walther, wurde beauftragt, auf einen nahe gelegenen Felskegel zu klettern und Wache zu stehen, denn von hier gab es einen weiten Ausblick in die Ferne, um das Lager vor jeder Überraschung zu sichern. Als die Nacht kam, wurde er abgelöst, und nacheinander hielten die Ritter Eckerich und Samson Wache und nach ihnen noch einer, dessen Name nicht bekannt geworden ist.
Als nun der Morgen graute, wollte dieser Mann seinen Augen nicht trauen: Drunten in der Ebene sah es aus, als bewegte sich ein ferner Haufe von Ameisen auf das Frankenlager zu. Ein unabsehbares Heer zog heran, totenstill und drohend, und allerorten blitzten Waffen auf, und hier und da wallte die grüne Fahne des Propheten über den Massen.
Da stürmte der Wächter ins Lager und schlug Alarm: »Auf, Freunde, die Feinde kommen, wir werden im Schlaf überfallen!«
Als sie aus ihren Zelten stürzten, sahen sie ein Heer, zahllos wie der Sand am Meer, ihnen entgegenrücken. Und sofort ging ihnen auf, was geschehen war: Ganelon hatte sie verraten, sie saßen in der Falle. Da galt es denn, das Leben teuer zu verkaufen.
»Blas in dein Horn, Roland!« rief Oliver. »Der Schall mag das abziehende Heer des Kaisers noch erreichen, daß es uns zu Hilfe eilen kann!«
Aber das schien Roland wider seinen Stolz. »Olifant erhebt seine Stimme nur in der äußersten Not«, erwiderte er. »Wir werden kämpfen, und solange unsere Kraft ausreicht, ist auch der Sieg noch möglich. Hundert Sarazenen gegen einen von uns, so ist es recht. Erst das Schwert, dann das Horn!«
Denn noch nie hatte er in seiner Jugend erlebt, daß Niederlage und Untergang nahe waren, und für anderes als Sieg und Triumph war in seinem Herzen kein Raum.
Seine Zuversicht riß auch den Freund mit fort und alle die Seinen des-

gleichen. »Gut denn!« rief Oliver, »zeigen wir den Schuften, daß ein Christenheld mehr wiegt als hundert Sarazenen!«
Und Roland dachte bei sich: Ich kämpfe für Christ und den Kaiser, aber auch für deine Schwester, Freund Oliver, der mein Herz gehört.
Die Franken hatten in Windeseile zu den Waffen gegriffen und stellten sich in Schlachtreihe auf. Im Engpaß zwischen der Ebene und dem Tal prallte das anrückende Sarazenenheer auf die eiserne Mauer der Franken. Es war aber nicht die ganze Streitmacht Masuls, sondern, wenn auch den Franken an Zahl schon weit überlegen, nur ein Vortrupp unter der Führung Adalrots, des Neffen Masuls. Der Hauptteil seines Heeres hatte in nächtlichem Marsch das Tal von Roncesvalles umgangen und näherte sich den Feinden im Rücken.
Schrecklich war der Anprall, und als die Streiter einander einen Steinwurf nah waren, erscholl wie aus einem Mund das Kampfgeschrei der Mohammedaner: »Allah il Allah« – denn Allah war der Name ihres Gottes, und der Ausruf bedeutete, daß ihnen Allah der einzige Gott war, und sie verehrten ihn so inbrünstig, wie die Franken Christus verehrten.
Allen voran sprengte auf einem herrlichen weißen Rosse der Anführer Adalrot, der seinem Oheim versprochen hatte, ihm als Siegesbeute das Haupt Rolands zu bringen. Und gleich sprengte ihm Roland entgegen, und als erste stießen die beiden aufeinander. Adalrot schrie: »Die Raben kreisen schon über deinem Kopf, Christenhund! Sie krächzen dir das Totenlied!«
Aber dieser Schimpf fruchtete ihm nichts. Denn nicht nur war Rolands Arm schneller, auch war das Schwert Durendart härter als die Damaszenerklinge des Mauren. Wie der Blitz fuhr es hernieder, durchschlug die Abwehr des andern, daß dessen Klinge in zwei Teile gespalten niederfiel, und krachte auf den Helm des maurischen Jünglings, der wie morsches Holz zerbrach, wiewohl es ein kostbarer persischer Helm war, und drang tief in dessen Schädel, daß der Mann lautlos in den Sand fiel.
»Allah il Allah!« erscholl das Kampfgeschrei ringsumher, denn nicht wurden die maurischen Scharen im Getümmel gewahr, daß ihr Anführer den Tod gefunden hatte so früh in der Schlacht, und wütend waren die Streitenden ineinander verkeilt. Es konnten aber die Angreifer ihre Überzahl nicht zur Geltung bringen, da sie auf zu engem Raum fochten, und im Einzelkampf waren die fränkischen Helden die härter Gewappneten und an Körperkraft stärker. Krachend zersplitterten die kleinen runden Schilde der Mauren unter den Hieben der fränkischen Schwerter, tief fuhren die Klingen in die Kettenpanzer der Wüstensöhne, die mit dem Namen ihres Gottes auf den Lippen dahinsanken. Und es fiel Falsaron, einer der Tapfersten, von dem Speer Olivers durchbohrt, und es rollte der Kopf Corsars, eines andern der maurischen Hauptleute, durch Ritter Eckerichs Streich vom Rumpfe getrennt, über die Kuppe seines Rosses zu Boden, und Margaris, der Anführer der zweiten Welle des Stoßkeils, stieß mit

Walther zusammen und mußte daran glauben: daran nämlich, daß Walther der Stärkere war und der bessere Fechter.

Waffengetöse, Rossegewieher, Schmerzgeschrei, Wutgebrüll derer, die sich um den erhofften leichten Sieg betrogen sahen, erfüllten das ganze Tal, schon wurde der Ruf »Allah il Allah« kleinlauter, und dann wichen die Reihen der Mauren und kletterten über die Leiber ihrer getöteten Mitstreiter mühsam zurück, und die Haufen der Toten lagen so hoch, daß die Franken, in ihre schweren Rüstungen gehüllt, nicht rasch genug nachfolgen konnten, und so wogte die Schlacht noch lange, und das Blut rann in Bächen durch den Boden der Schlucht.

Hinter der Schlachtreihe hielt Masul mit seinem Gefolge, die Schlacht zu lenken, an der doch nicht recht mehr etwas zu lenken war, denn sie war nur noch ein Getümmel; aber langsam sammelten sich seine Krieger hinter dem Feld, das sie nicht hatten gewinnen können, und hielten schwer atmend inne. Und vor dem Kalifen schwankte Margaris, der mit Mühe und schwer verwundet den Streichen Walthers entkommen war, um zu berichten, daß der Sieg noch fern war und die Helden Falsaron und Adalrot tot sind.

Als Masul vom Tode Adalrots, seines geliebten Neffen, vernahm, übermannte ihn der Zorn, denn dieser Tod ging ihm mehr zu Herzen als der Tod tausend anderer, und er ließ Margaris, den Verwundeten, in Ketten legen und ins Hinterland zurückschaffen und schrie: »Dort warte, bis die seidene Schnur dir dein Los verkündet!«

Das aber bedeutete seit den Tagen der römischen Kaiser, daß einer, der den Unwillen des Herrschers erregt hatte, eine Schnur aus Seide überbracht bekam mit dem Befehl, sich selbst zu erdrosseln.

So geschah es denn auch, aber während Masul sich noch im Schmerz den Bart zerraufte und »beim Barte des Propheten« schwur, daß die Franken dennoch vernichtet werden sollten, wurde ihm die Kunde überbracht, daß weit hinten im Gebirge Trompetenschall erklang, was das Zeichen war, daß die Hauptmacht seines Heeres das Lager im Tal von Roncesvalles umgangen hatte und die Franken im Rücken angriff. Da frohlockte er: »Jetzt ist es soweit! Ganelon ist zum Angriff bereit, und mein ganzes Heer wirft sich in der Vernichtungsschlacht auf die Christenhunde!«

Nun rückte eine unermeßliche Schar von sarazenischen Streitern von vorn und von hinten gegen die Schlucht von Roncesvalles. Das furchtbarste Ringen hub an, das jemals zwischen den Söhnen Afrikas und den Helden des Abendlandes ausgetragen wurde. Ungezählte Sarazenen starben, aber wo ihrer zehn fielen, rückten hundert nach, die Männer fochten auf den Leibern der Toten, aber auch die Franken hatten so schwere Opfer zu beklagen, daß ihre Zahl dahinschmolz wie Schnee unter der Sonne. Ihrer wurden immer weniger: die Paladine Eckerich und Samson und Otto und Wieland und Alrich und Dieter und wie sie alle hießen, sie waren nicht mehr, ihre zerstückelten Leiber waren in der Schlucht zerstreut.

Oliver keuchte, zu Roland gewandt: »Es geht zu Ende mit uns, mein Freund. Es ist Zeit für Olifant, das Horn.«
Da setzte Roland das Horn an den Mund und blies. Und mit ungeheurem Getöse, dem Donner gleich, erscholl der Hilferuf Olifants, daß den Umstehenden das Blut erstarrte, und der Schall drang weithin durch die Schlucht und über die Felskämme hinweg in die Ebene an der Nordseite des Gebirges, wo das Frankenland anfing, und eilte den Truppen Kaiser Karls nach, die nordwärts zogen, holte sie ein und erfüllte das Herz des Kaisers und der Seinen mit Entsetzen, denn es war das Zeichen, daß Verrat geübt und die zurückgebliebene Schar dem Tode geweiht war.

Welch trauriges Ende die Schlacht von Roncesvalles nahm

Für das letzte übriggebliebene Häuflein der fränkischen Ritter und ihrer Kriegsmänner im Todestal von Roncesvalles hatte es nur noch eine allzu kurze Atempause gegeben. Tief erschöpft hatten beide Seiten die Waffen sinken lassen. Das schmale Feld in der Schlucht war mit Toten bedeckt.
Die angreifenden Mauren, auch sie schon am Rande äußerster Erschöpfung, hatten in ihrem Ansturm innegehalten, um abzuwarten, daß das Hauptheer im Rücken der Franken in den Kampf eingriffe: dann erst war ihnen ja der Sieg gewiß.
Um ein Vielfaches war dieses Heer größer als die Vorhut Masuls, aber es kam nicht auf Rossen, denn durchs Gebirge war die Reiterei nicht von Nutzen, sondern marschierte zu Fuß. Als Trompetenschall dem Kalifen anzeigte, daß der Kampf endlich auch im Rücken der Franken entbrannte, gab er das Zeichen zum letzten Angriff. Es war sein Sohn Jurfalu, ein tapferer, waffenkundiger Jüngling, dem er den Oberbefehl übergab; aber auch Masul selbst legte nun endlich die Rüstung an, um in den Kampf zu gehen, da nun der Sieg nur noch eine Frage einer einzigen Stunde sein konnte.
Nun fochten die Franken nach zwei Seiten: unter Rolands Führung nach vorn und unter Olivers Führung nach hinten. Hundertfach war die Übermacht ihrer Feinde. Eine frische, ausgeruhte Abteilung berittener Mauren auf ihren schnellen arabischen Rossen sprengte auf Roland zu, allen voran der junge Jurfalu, der seinem Vater geschworen hatte, ihm den Kopf Rolands zu bringen: diese Tat sollte seinen Ruf als Kämpfer begründen.
Roland war vom Pferd gestiegen und erwartete wie ein Standbild aus Erz seinen Gegner, der ihm nach sarazenischer Sitte den Schimpf ins Gesicht schrie: »Mich sendet Allah, jetzt fährst du zur Hölle, christlicher Hund!«
Roland erwiderte gelassen: »Mit dem Maul zu fechten ist nicht meine Art – hier hast du mein Schwert!« Sie prallten aufeinander, beider Rosse brachen, Brust an Brust gedrängt, in die Knie, beider Schwerter schlugen einander mit blitzschnellen Paraden aus dem Weg, und beider Schläge fuhren dem Gegner ein zweites Mal hart gegen den Schild. Dann sprangen sie beide

aus dem Sattel und traten einander zu Fuß entgegen. Aber nun dauerte der Zweikampf nicht lange, sondern Rolands Schwertarm war der schnellere, und Durendart war die härtere Klinge, kaum konnte das Auge dem Streiche folgen, der nur zum Schein gegen Jurfalus Schild geführt, dann aber abgewichen und auf seinen Helm niedergesaust war, so daß dieser wie durch einen Zauberspruch gespalten ward und der Jüngling tot zu Boden stürzte.
Der Kalif sah es von weitem, und da übermannte ihn der Schmerz und die Wut, so daß ihn alle Beherrschung verließ. Er spornte sein Roß und flog Roland entgegen, den Tod seines Sohnes zu rächen. Aber das war ein hoffnungsloses Beginnen. Allzu lange hatte der Herrscher über das Maurische Reich die Klinge nicht mehr selbst geführt, allzu sehr hatte das Wohlleben ihn verweichlicht, auch war er an Jahren um vieles älter und dem Jüngeren unterlegen. Kaum hatten sie die Klingen gekreuzt, als ein Schmerzensschrei des Sarazenen das Ende anzeigte – Roland hatte mit einem grimmigen Streich dem Gegner die Schwerthand vom Arme getrennt. Doch gelang es dem so schwer Verwundeten, sein Roß herumzureißen und das Weite zu suchen. Roland brauste ihm nach, aber holte ihn nicht ein, das arabische Roß war ausgeruht und frischer. »Das war deine Hand, die falsche Eide geschworen hat!« knirschte er, »ich will aber nun deinen Kopf, der so üblen Trug ersonnen hat!« Doch es half ihm nichts, der Kalif verschwand in den Reihen der Seinen, die ihn schützend umgaben, und sank ohnmächtig zu Boden, und nicht hat man vernommen, ob er von seiner Wunde geheilt wurde oder daran starb.
Roland aber spürte, wie sein Roß unter ihm in die Knie brach. Es war von einem Speerstich getroffen. Er sprang ab und weinte, denn er sah, daß es mit dem geliebten Tier zu Ende ging, das brach ihm schier das Herz, seine Tränen flossen ihm in die zahlreichen Wunden hinein, die ihm in all den Zweikämpfen schon geschlagen waren, aber er weinte nicht aus den Schmerzen seiner Wunden, sondern um sein Roß und den Tod seiner Gefährten.
Und er führte abermals das Horn Olifant an die Lippen und blies aus voller Kraft: Vielleicht erreichte der Schall doch noch das Heer Kaiser Karls und führte es schneller herbei, um den Verrat zu rächen. Wie Sturmvögel auf den Schwingen des Donners brausten die Töne zum drittenmal weit über das Gebirge hinweg, und in Eilmärschen eilte Karls Heer, voran die Reiterei, ihm zu Hilfe. Sogleich stockte wieder der Kampf, als wären die maurischen Krieger zu Bildsäulen erstarrt, und erst als der letzte Widerhall verklang, wich das Entsetzen, und der Kampf ging weiter.
So sehr hatte die Wildheit der Schlacht und der Gießbach des Blutes die Gemüter umnebelt, daß Roland und Oliver einander erst im letzten Augenblick erkannten, als sie aufeinander trafen und die Schwerter gegeneinander erhoben. Dann aber sanken sie sich in die Arme, und wie Roland es gespürt hatte, als die Kräfte sein Roß verließen, so spürte er auch jetzt, daß sein Freund in seinen Armen zu Boden sank. »Ich kann nichts mehr sehen«,

klagte Oliver. »Es sind die Schatten des Todes, mein Roland, vergib mir, daß ich dir nicht mehr zur Seite bin.«

Das waren seine letzten Worte. Er sank zu Rolands Füßen und starb. Nun weinte Roland nicht mehr, er war zu müde, er hatte keine Tränen mehr.

Er hieb nur noch mit letzter Kraft um sich, als die Mauren, des Sieges gewiß, zu Haufen auf ihn eindrangen, und viele mußten unter seinen Streichen ihr Leben lassen. Er dachte dann nur noch dieses: Durendart, die treue herrliche Waffe, soll eher zerbrechen als mein Herz. Und als er keine Feinde mehr um sich sah, schlug er mit der letzten furchtbaren Kraft seines Armes das Schwert auf einen Felsblock, der hart war wie Marmor, aber Durendart zerbrach nicht, sondern der Felsblock ward zerspalten.

Da mußte er lachen, aber es war das letzte Lachen seines Lebens. Er flüsterte vor sich hin: »Mein Kaiser – und du, mein Mädchen . . .« dann starb er. Er lag nur noch unter Toten.

Die letzten Kämpfer der Mauren entflohen, denn das Heer des Kaisers war da und fiel mit Trompetengeschmetter über die Reste der Mauren her, aber keinem der Franken konnten sie mehr Rettung bringen. Roland war der letzte gewesen, der starb. Lautes Wehklagen brach aus, als sie vor seiner Leiche standen, und auch der Kaiser konnte seinen Tränen nicht wehren. Er stieg vom Pferd, nahm den Leichnam des geliebten Neffen in seine Arme und küßte die bleiche, schweißüberströmte Stirn.

Der Krieg war nicht zu Ende. Der Kaiser zog südwärts und setzte den Mauren nach über den Ebro. Dort traf er auf eine neue Streitmacht, die des Kalifen von Babylon, des berühmten Balignant, der Masul zu Hilfe gekommen war. Eine grimmige neue Schlacht entbrannte, die mit dem Sieg der Franken ihr Ende fand. Erst da war die Sache der Christen gewonnen, und Jahrhunderte lang herrschte wieder Frieden.

Ganelon war gefangengenommen worden und bettelte um Gnade. Auch leugnete er seinen Verrat und behauptete, an allem schuldlos zu sein. In den Reihen der Kämpfenden hatte ihn keiner gesehen, denn er hatte sich listig zurückgehalten, um nicht zur Rechenschaft gezogen zu werden. Und da es an Beweisen gegen ihn fehlte, befahl ihn der Kaiser zum Gottesurteil.

Es bedeutete, daß er gegen einen der Ritter, der sich dazu bereit fand, auf Tod und Leben zu kämpfen hatte. Es fanden sich viele bereit, und das Los fiel auf den Ritter Gottfried von Anjou. Unterlag dieser Tapfere, so sollte Ganelon freigesprochen sein; unterlag aber Ganelon, so war sein Verrat durch den Spruch Gottes erwiesen und seine Strafe zugleich vollzogen.

Der Kampf währte nur kurz: Ganelon fiel.

Rolands Braut aber, Olivers Schwester, begrub ihr Herzeleid und ging in ein Kloster, wo sie fortan ihr Leben wohltätigen Werken widmete. Doch Roland, ihren Bräutigam, vergaß sie nie, und unvergessen lebte er auch im Gedächtnis des Frankenlandes und der ganzen Christenheit weiter.

Inhaltsübersicht

5 Tannhäuser

Ritter Windbeutel 5 – Frau Venus 6 – Der Büßer 11 – Der falsche Richterspruch 14

16 Parzival

Wie Gahmuret die Königin Herzeloide gewann und wieder verließ 16 – Wie Parzival als reiner Tor aufwuchs, vom lieben Gott erfuhr und Rittern begegnete 18 – Wie Parzival als Narr in die Welt hinauszog 23 – Wie Parzival seine Herkunft erfuhr und vor König Artus trat 25 – Wie Parzival für Jeschute eintrat 32 – Wie Parzival von Gurnemanz von Graharz empfangen und unterwiesen wurde 33 – Wie Parzival das Herz der Königin Kondwiramur gewann 35 – Wie Parzival die Gralsburg fand und wieder verlor 38 – Die Blutstropfen, die Tafelrunde und Kundrys Fluch 44 – Wie Parzival zum Einsiedler Trevrezent kam 46 – Wie Parzival zum zweitenmal zur Gralsburg kam und Gralskönig wurde 48

50 Lohengrin

Lohengrins Sendung 53 – Der Zweikampf 54 – Die Frage 58

62 Tristan und Isolde

Tristans Jugend. Er wird verschleppt, aber gerettet und kommt zum König Marke nach Tintagel zurück 62 – Tristan kämpft mit dem Riesen Morolt und empfängt eine schreckliche Wunde 65 – Tristan verwandelt sich in Tantris, den Spielmann 68 – Tristan kommt als Brautwerber und begegnet Isolde, der Goldhaarigen, wieder 69 – Tristan und Isolde werden vom Liebestrank verzaubert 72 – Sie erfahren die Seligkeit und die Not der Liebe 74 – Die Liebenden entgehen dem Tod und kommen ins Elend 77 – Die andere Isolde tritt in Tristans Leben 82 – Wie die Sehnsucht die Liebenden nicht ruhen läßt 83 – Isolde Weißhands Rache und die Nachricht vom schwarzen Segel 86

88 König Artus' Tafelrunde

Artus' Geburt 88 – Wie Artus König wurde 91 – Der Kampf um den Thron 95 – Der Zug gegen den Kaiser von Rom 99 – Die Tafelrunde und Merlins Ende 103

106 Die Abenteuer Iweins (Aus: König Artus' Tafelrunde)

Kalogreants Erzählung 106 – Lunete und Laudine 109 – Iweins Demütigung 114 – Der Ritter mit dem Löwen 118 – Lunetes Drangsal 120 – Iweins letzter Kampf und die Versöhnung 123

126 Erek und Enite und die wahre Liebe (Aus: König Artus' Tafelrunde)

Wie Erek auf Enite trifft 126 – Der Schönheitswettbewerb 128 – Erek trifft den kleinen Guivreiz 132 – Das Geheimnis der Burg Brandigan 135

142 Die Abenteuer Gawans (Aus: König Artus' Tafelrunde)

Wie Gawan Obilots Minne gewann und ihr diente 142 – Wie Gawan und Antikonie sich mit Schachfiguren wehrten 145 – Wie Gawan in Klingsors Schlingen geriet und heil daraus hervorging 148

155 Lanzelot vom See (Aus: König Artus' Tafelrunde)

Lanzelot und das Schloß Namenlos 155 – Galahad auf Karidol 160 – Lanzelots Herzensnot 162 – Ginovers Entführung 164 – Der Zwist 167 – Das Ende der Tafelrunde 171

175 Herzog Ernst

Stiefsohn des Kaisers 175 – Haß und Verleumdung 177 – Flucht in die Fremde 182 – Heimkehr 188

192 Die Rolandsage

Wie Kaiser Karl nach Spanien zog 192 – Wie Ganelon zum Verräter wurde 196 – Wie Rolands Heer im Tal Roncesvalles überfallen wurde 199 – Welch trauriges Ende die Schlacht von Roncesvalles nahm 204